Judith S. Kestenberg
Janet Kestenberg-Amighi

Kinder zeigen, was sie brauchen

Band 4222

Das Buch

Vom ersten bis zum vierten Lebensjahr macht ein Kind ganz gewaltige Entwicklungsschritte: Niemals mehr wird es so viel in so kurzer Zeit lernen. Dies wird leichter, wenn Kinder ihren Rhythmus selbst bestimmen können. Sie zeigen, was sie brauchen, und Eltern können die vielen Signale, die Kinder ihnen geben, positiv aufnehmen. Sie müssen sie nur richtig entschlüsseln. Kinder drücken durch ihren Körper mehr aus, als Eltern ahnen. Die Autorinnen zeigen, was in den jeweiligen Entwicklungsphasen des Kindes angemessen ist. Das psychoanalytische Entwicklungsmodell liefert hier konkret und anschaulich den Orientierungsrahmen. Vieles wird den Kindern schon dadurch eingeprägt, wie Eltern ihnen als kleines Baby begegnen. Wie soll ein Baby gehalten werden, damit es Stabilität und Sicherheit vermittelt bekommt? Wie können Eltern den ganz natürlichen Bewegungsdrang, die ganz natürlichen Entwicklungsschritte ihres kleinen Kindes fördern, zum Beispiel wenn es ums Essen oder um die Sauberkeitserziehung geht? Aufreibende Auseinandersetzungen müssen nicht sein – und alle können sich zufrieden über die neuen Entwicklungsschritte freuen.

Die Autorinnen

Judith S. Kestenberg, geb. in Polen, verheiratet und Mutter zweier Kinder. In Wien studierte sie Medizin und begann mit ihrer psychoanalytischen Ausbildung. Emigration nach New York. Sie hat mit ihren Mitarbeiterinnen das „Bewegungsprofil" entwickelt, das ermöglicht, aufgrund von Bewegungsmustern zu psychologischen Erkenntnissen zu kommen. Für ihre Arbeit am CENTER FOR PARENTS AND CHILDREN ist es sehr hilfreich geworden.

Janet Kestenberg-Amighi, Tochter von Judith S. Kestenberg, ebenfalls Mutter zweier Kinder, ist Anthropologin, die sich besonders mit den Beziehungen zwischen Mutter und Kind beschäftigt.

Judith S. Kestenberg
Janet Kestenberg-Amighi

Kinder zeigen, was sie brauchen

Wie Eltern kindliche Signale
richtig deuten

Aus dem Amerikanischen
von Ursula Emhofer

Herder
Freiburg · Basel · Wien

Alle Rechte vorbehalten – Printed in Germany
Verlag Herder Freiburg im Breisgau 1993
© Verlag Anton Pustet Salzburg 1991, herausgegeben
von Anna Sieberer-Kefer
Herstellung: Freiburger Graphische Betriebe 1993
Umschlaggestaltung: Joseph Pölzelbauer
Umschlagbild: Valerie Winckler, © Focus, Hamburg 1993
ISBN 3-451-04222-3

INHALT

Einleitung 7
Wie sich die Rolle von Erziehungsfachleuten verändert 12
Das Tauziehen zwischen Eltern und Experten 13
Säuglinge auf der nonverbalen Ebene verstehen lernen 15

**Wie Kinder gehalten werden:
Die Entwicklung des Körperbildes** 19

Wechselseitiges Halten: die Position beim Stillen 20
Wechselseitiges Halten: die Position beim Tragen 21
Das Körpergedächtnis 24
Verschiedene Körperbilder entwickeln sich 27

**Das erste Lebensjahr: Stillen, Schlafen, Loslösung und
Entwöhnung im Rahmen der natürlichen Entwicklung** 37

Verschiedene Betrachtungsweisen der Entwicklung 37
Vom Neugeborenen zum Säugling 38
Die Anfänge der oralen Phase: Der Säugling 43
Die spätere orale Phase 51

**Kommunikation: Wie Bewegung und Sprache
der Erwachsenen von Kindern übersetzt werden** 62

Wörtliche Übersetzungen 65
Unvollständige Information 67
Tod, Sexualität und Gewalt:
Wieviel sollen Kinder davon erfahren? 69
Kinder erinnern sich 73

**Sauberkeitserziehung
im Rahmen der natürlichen Entwicklung** 80

Die frühe anale Phase 80
Die spätere anale Phase 83

Trockenwerden im Rahmen der natürlichen Entwicklung .. 111

Der Anfang des Harnlassens 111
Die betreffenden Organe kennenlernen 113
Das Kind in der urethralen Phase (zwei bis drei Jahre) 114
Einnäßzwischenfälle 129

Aus Babys werden Mädchen und Jungen 132

Was für eine Phase ist das? 133
Die inner-genitale Phase 136

Die Grenzen sprengen, den Himmel stürmen – und wieder auf der Erde landen 156

Die frühe phallische Phase: die narzißtische Periode 157
Die phallische Periode 164
Die spätere phallische Phase 167

Väter 182

Schwangerschaft – der erste Schritt zur Elternschaft 192

Gefühlsmäßige Bande knüpfen 195
Der Einfluß der Eltern 195
Die Entscheidung, ein Kind zu haben 196
Empfängnis 197
Das erste Drittel der Schwangerschaft 197
Das zweite Drittel 202
Der dritte und letzte Schwangerschaftsabschnitt 210
Wehen und Entbindung 214

Anhang 217

Beispiel für eine Bildergeschichte 217

EINLEITUNG

Dieses Buch wurde in der Absicht geschrieben, das gesellschaftliche Ansehen des Eltern-Seins zu verbessern und Eltern mehr emotionale und intellektuelle Befriedigung zu ermöglichen. Unserer Ansicht nach sollte der Begriff „Elternschaft" so erweitert werden, daß auch ein wissenschaftliches Verständnis kindlicher Entwicklung mit eingeschlossen ist. Eltern, die darum Bescheid wissen, daß sich die kindliche Entwicklung von selber vollzieht, werden fähig sein, jene Art der Kindererziehung zu wählen, die für ihre Familie am zufriedenstellendsten ist und zugleich die selbstbestimmte Entwicklung und Reifung des Kindes in den Mittelpunkt stellt.
Kinder als Individuen erfahren heutzutage mehr Hochachtung als je zuvor, während andererseits, völlig im Widerspruch dazu, die Anforderungen und Leistungen des Mutter-Seins generell unterschätzt werden.
Die Mütter von heute, sogar jene von Kleinkindern, werden ermutigt, ihre Kinder bei Aufsichtspersonen zu lassen und dafür im öffentlichen Arbeitsleben tätig zu werden. Viele wählen diesen Weg, weil ihnen die Gesellschaft wenig finanzielle oder soziale Anerkennung für ihre Arbeit als Mütter bietet. Darüber hinaus empfinden Frauen es als einsames Unterfangen, den ganzen Tag mit kleinen Kindern zu Hause zu verbringen; ihr Intellekt findet keine Anregung, Talente und Ausbildung werden beiseite geschoben. Diejenigen Mütter, die nicht arbeiten gehen, versuchen, möglichst viel außer Haus zu unternehmen, um so ihrem Leben mehr Bedeutung zu verleihen.
Andererseits sind viele Eltern bemüht, für ihre Kinder die bestmögliche Umgebung zu schaffen. Eltern, die den Großteil des Tages außer Haus sind, aber große Erwartungen in bezug auf ihre Kinder haben, lösen diesen Widerspruch, indem sie behaupten, die Zeit, die sie mit ihren Kindern verbringen, sei „Zeit von hoher Qualität".
Was aber bedeutet „qualitativ wertvolle Zeit"? Einige Eltern verfügen anscheinend über unerschöpfliche Energien. Sie kommen nach Hause und starten verschiedenste Aktionen, um die Welt der Kinder zu

bereichern, vermutlich in der Absicht, Wiedergutmachung für ihre Abwesenheit zu leisten. Sie beschließen möglicherweise, einen sechs Monate alten Säugling das Lesen zu lehren, oder bringen ein Kleinkind, das gerade laufen kann, zum Tanzunterricht oder in die Turnstunde. Sie wollen Spaß mit ihren Kindern haben, und da sie am Ende eines langen Tages müde sind, tun sie beinahe alles, um Konflikte zu vermeiden: Solche Eltern sind nachgiebig. Die meisten dieser Kinder lernen niemals Grenzen kennen. Es braucht dann schon eine Menge guter Absichten, um auch nur ein paar Stunden mit einem solchen Kind zu verbringen, das[1] sich einbildet, eine Königin zu sein, und dessen Befehlen daher unbedingter Gehorsam zu leisten ist. Wenn sich das steigert, werden die Eltern beleidigend und benützen das Benehmen des Kindes als Rechtfertigung für ihr nächstes Weggehen, weil sie sich in ihren Bemühungen verkannt fühlen. Es gibt Eltern, die sich einerseits schuldig fühlen, weil sie glauben, nicht genug für ihre Kinder zu tun, und sich andererseits beklagen, daß das, was sie tun, nicht genügend Anerkennung findet.

Viele suchen deshalb Rat bei Freunden, in Büchern oder bei Experten, um mit besonderen Problemen fertig zu werden oder einfach nur, um etwas zur Verbesserung ihrer allgemeinen Lage zu tun. Sie kommen voller Zuversicht von einem Vortrag nach Hause, aber wie schnell verblassen die guten Vorsätze, wird der gute Ratschlag vergessen oder scheint einfach nicht zu funktionieren. Manchmal, wenn unerfahrene Eltern einen guten Rat bekommen, haben sie oft nicht den Mut oder das nötige Wissen, diesen Vorschlag ihrem eigenen Wertesystem und ihrer eigenen Situation anzupassen. Sie wenden sich dann an ein anderes Buch oder an andere FreundInnen, aber irgendwie scheint sich das alte Verhaltensmuster immer wieder durchzusetzen, egal wie gut der Ratschlag auch war. Wen sollte es da noch

---

[1] Die englische Sprache unterscheidet beim Personalpronomen für die Begriffe „child" und „baby" zwischen weiblich und männlich (durch den Gebrauch von „she" bzw. „he"). Im Originaltext haben die Autorinnen zum Teil der weiblichen Form („she") den Vorzug gegeben mit der Begründung, daß in der Alltagssprache ohnehin die männlichen Formen dominieren. Im Deutschen sind jedoch die Wörter „Kind" bzw. „Baby" grammatikalisch sächlich. Es ist daher in der Übersetzung grammatikalisch korrekt nicht möglich, diese im Original vorgenommene Differenzierung wiederzugeben.

wundern, daß es auf dem Büchermarkt beinahe so viele Erziehungsratgeber wie Diätanleitungen gibt!
Es ist schon eine Ironie des Schicksals, daß Kindererziehung als intellektuell anspruchslos gilt, während diese Aufgabe doch inmitten sich verändernder Geschlechterrollen, neuer Erkenntnisse und Forschungsmeinungen zu einem komplexen Unterfangen geworden ist. Wir sind fest davon überzeugt, daß Kindererziehung intellektuell anregend sein kann, etwas, das man genießen kann; und sie kann noch erfolgreicher werden, wenn Eltern sehen lernen, wie sich jede Verhaltensweise des Kindes in den größeren Rahmen seines Reifungsprozesses einfügt. Dann werden sie in der Lage sein, verschiedene Expertenmeinungen zu beurteilen, sie werden wissen, wie sie die Theorien auf ihre Situation anwenden können und wie sie allgemein gehaltene Grundsätze für ihre eigene Persönlichkeit und ihren individuellen Lebensstil nutzbar machen können. Die Eltern werden damit selbst zu Experten.
Die wichtigste Botschaft, die wir vermitteln wollen, ist folgende: Die Entwicklung und Reifung eines Kindes erfolgt schrittweise als eine Entfaltung und Verbesserung neuer Fertigkeiten; eine Entwicklungsphase baut auf der anderen auf und wird von den vorhergehenden Phasen bestimmt. Das bedeutet, daß – bis zu einem gewissen Maß – das Entwicklungsmuster seinen Verlauf selbst bestimmt. Wir alle versuchen, uns darin einzumischen, um den Bestimmungen unseres Kulturkreises und unserem persönlichen Lebensstil Rechnung zu tragen. Manchmal tun wir dann zuviel des Guten in der Überzeugung, daß das Kind niemals reif werden wird, wenn wir es nicht kneten und formen, ihm gut zureden oder es zu etwas zwingen. Dadurch arbeiten wir unfreiwillig ständig gegen den Reifungsprozeß, und dadurch wird „Erziehung" zu einem für Kinder und Eltern gleichermaßen qualvollen Unternehmen. Es ist eines der größten Anliegen dieses Buches, Eltern und Erziehungspersonen zu zeigen, wie sehr ein Kind aus eigener Initiative wachsen und reifen kann, wenn diese Initiative angemessen unterstützt wird.
Indem wir unsere Erkenntnisse über kindliche Entwicklungsmuster veröffentlichen, sollen Eltern und andere Betreuungspersonen sehen und schätzen lernen, wie sich die neuen Fähigkeiten und Fertigkeiten des Kindes entfalten, wie sie sichtbar werden und wie das Kind

zu jenen neuen Verhaltensweisen hingeführt wird, die wir von ihm erwarten. Mit anderen Worten: Ein begünstigendes Umfeld vorausgesetzt, wird sich ein Kind selbst von der Brust entwöhnen (nicht immer reibungslos, aber auf seine eigene Art), es wird sauber werden und vieles andere mehr erlernen. Darüber hinaus wird das Kind eine emotionale Selbstsicherheit gewinnen, die daher rührt, daß es auf selbstbestimmte Weise die Aufgaben des Großwerdens bewältigt hat. Natürlich gehört zur kindlichen Entwicklung mehr als nur der Erwerb neuer motorischer Fertigkeiten, wie beispielsweise des Sitzens oder des Gehens. Von frühester Kindheit an wachsen die scheinbar zufälligen Aktivitäten der Kinder fortlaufend zu einem größeren Ganzen zusammen und bilden die physische und psychische Grundlage neuer, komplexer Verhaltensweisen. Die Bedeutung dieser Aktivitäten wird nicht immer sofort erkannt, und viele Konflikte entstehen, wenn Eltern gegen die Biologie ankämpfen, anstatt den fein abgestimmten Reifungsprozeß zu unterstützen. Wir erfahren aus Büchern, daß Zweijährige eine Phase von Wutanfällen durchmachen und daß wir uns wegen dieser Proteste nicht allzu sehr sorgen sollten. Das hilft uns aber nicht in einer Situation, in der wir mit Trotz konfrontiert sind. Wenn wir uns andererseits darüber im klaren sind, wie sich diese Anfälle in einen größeren Zusammenhang einordnen lassen und die Bedeutung dieser Phase verstehen, dann können wir ihr auch richtig begegnen. Mit dem Wissen, daß das eineinhalbjährige Kind gerade seine Stärke übt und damit die ersten Schritte für seine Unabhängigkeit setzt, werden wir es nicht daran hindern, seine Stärke zu gebrauchen, sondern versuchen, diese Kraft in konstruktive Bahnen zu lenken. Wenn wir darüber hinaus wissen, daß Dickköpfigkeit und das Herumwerfen von Gegenständen die Voraussetzungen für die Darmkontrolle schaffen, dann werden wir dieses Verhalten des Kindes als Signal dafür erkennen, daß es nun bereit ist, etwas Neues zu lernen, und wir können es dazu ermutigen.

Das Wichtigste ist die Wahl des richtigen Zeitpunkts. In bestimmten Entwicklungsphasen ist das Kind am ehesten bereit, eine bestimmte neue Fertigkeit zu erlernen – alles hat seine Zeit. Früher hat man Eltern dazu aufgefordert, sehr bald mit der Sauberkeitserziehung zu beginnen. Heutzutage raten viele Ärzte den Müttern zum Aufschub, weil man erkannt hat, daß zu frühe Sauberkeitserziehung zu Trotzanfällen führt. In den meisten Fällen wissen jedoch auch diese Ärzte nichts darüber, wann das Kind wirklich bereit ist, sauber zu werden, sondern beschränken sich auf den Rat, den Zeitpunkt zu verschieben. Eltern werden so in ihrem Vorgehen verunsichert und geraten in Panik, wenn ihr Kind den Kindergarten besuchen soll und noch immer Windeln trägt. Dreijährige leisten dem Sauberkeitstraining oft mehr Widerstand, als sie es noch ein Jahr zuvor getan hätten.

Die Entwicklung eines Kindes zu verstehen, bedeutet nicht nur eine Erleichterung der Aufgabe, Eltern zu sein, sondern wird schlichtweg zu einer faszinierenden Sache, sobald wir verständnisvolle Beobachter sind. Es ist aufregend zu beobachten und zu verstehen, wie sich jede einzelne Phase entwickelt, ihren Höhepunkt erreicht und dann langsam wieder ausklingt; wie das Kind zu neuen Aktivitäten hingeführt wird, zu neuen Interessen und zu neuen Beziehungen zur Außenwelt.

Viele der in diesem Buch präsentierten Theorien wurden in unserem Eltern-Kind-Zentrum in Roslyn (New York)[2] entwickelt und basieren auf Gesprächen zwischen Eltern und BetreuerInnen. Wir haben von den Eltern gelernt, so wie sie von uns gelernt haben. In manchen Punkten konnten wir uns nicht einigen, und einige dieser unterschiedlichen Ansichten sind in die folgenden Kapitel mit eingebracht. Manchmal konnten wir unsere Unstimmigkeiten klären, manchmal einigten wir uns darauf, verschiedene Meinungen zu haben. Viele Dinge müssen wir noch lernen. Wir hoffen, daß Sie durch die Lektüre dieses Buches mehr Verständnis für Ihre Kinder gewinnen und für sich selbst Neuland entdecken. Möglicherweise gefallen Ihnen einige unserer Ideen nicht; manche anderen Anregungen ver-

---

[2] Das *Center for Parents and Children* (New York) wurde von Judith S. Kestenberg und ihren Mitarbeitern 1972 in der Absicht gegründet, junge Familien mit einem pädagogisch-präventiven Programm zur Neurosenverhütung zu begleiten. (Theoretische und praktische Grundlagen sind die Psychoanalyse, die umfassenden Bewegungsstudien der Sands Point Movement Study Group und die in israelischen Kibbuzzim gesammelten Erfahrungen mit Gruppenerziehung von Kleinkindern.) Von der Geburt bis etwa zum vierten Lebensjahr bietet das Zentrum für eine Gruppe von ca. 15 Kindern mit je einem Elternteil an zwei Vormittagen pro Woche ein begleitendes Setting, in dessen Rahmen Platz ist für alle Fragen und Probleme des Alltags mit Kindern.

ändern vielleicht Ihre Ansichten über Kindererziehung von Grund auf. Wir möchten, daß unsere LeserInnen die Theorien jeweils so in die Praxis umsetzen, wie es ihnen passend erscheint – wie das auch die Eltern in unserem Zentrum tun. Wenn wir unsere Ratschläge und Theorien anbieten, so tun wir dies immer in der Annahme, daß Gruppenerziehung von es bei den Eltern liegt, unsere Angebote zu bewerten und sie entsprechend ihren eigenen Einsichten und Erfahrungen zu verändern. Dann werden sie wirklich in der Lage sein, ihren Kindern „qualitativ wertvolle Zeit" zu schenken.

Wir haben dieses Buch in der Hoffnung geschrieben, unsere These untermauern zu können, wonach kindliche Denk- und Verhaltensweisen am besten im Zusammenhang mit dem jeweiligen Entwicklungsstand verstanden werden können. Unsere Vorschläge beruhen allesamt auf der Annahme, daß Kinder an der Lösung von Problemen und Aufgaben uneingeschränkt beteiligt werden können, vorausgesetzt, daß die Eltern nicht nur wissen, worauf die Kinder hinauswollen und welche Probleme sie zu bewältigen suchen, sondern auch sehen, welchen Weg die Kleinen eingeschlagen haben, um ihr Ziel zu erreichen.

Wie sich die Rolle von Erziehungsfachleuten verändert

Bei Problemen in der Kindererziehung wenden sich Frauen traditionellerweise an ihre Mütter oder an andere weibliche Verwandte; nur selten schlagen sie in einem der vorhandenen Fachbücher nach. Im 20. Jahrhundert hat aber dennoch der Einfluß der Fachleute für Kindererziehung deutlich zugenommen.

In unserer geographisch mobilen Gesellschaft leben viele junge Paare weit entfernt von ihren Eltern, die sie beraten könnten. Darüber hinaus haben kulturelle Umwälzungen den Rat der älteren Generation deutlich abgewertet. Dagegen gewannen die Ansichten von Experten so sehr an Einfluß, daß richtiggehend erzieherische „Modeströmungen" hervortraten. In den dreißiger Jahren wurde den Müttern eingeschärft, die Kinder nur gemäß einem strengen Zeitplan auf dem Arm zu halten und zu stillen. Trotz der Tatsache, daß sich das Kind

nicht wohl fühlte, durfte es keinesfalls außerhalb des Zeitschemas hochgenommen oder gefüttert werden. Auf diese Periode der strengen Vorschriften folgte eine freiere Zeit in den fünfziger Jahren, als die Experten zu größerer Nachgiebigkeit rieten. Die Kinder wurden gefüttert, wenn sie Hunger hatten, Abstillen und Sauberkeitserziehung wurden auf einen späteren Zeitpunkt verschoben. In den siebziger und achtziger Jahren achtete man wieder stärker darauf, Grenzen zu setzen, und wählte insgesamt eine gemäßigtere Vorgangsweise.
Die wichtigste Entwicklung aber ist, daß Frauen anfangen, ihre Rechte als Mütter einzufordern. Sie verlangen im Krankenhaus Rooming-in, beanspruchen Mutterschaftsurlaub und bestehen darauf, sich ein eigenes Urteil über ihre Kinder zu bilden.

Das Tauziehen zwischen Eltern und Experten

Als ich (JSK)[3] im Jahr 1946 mein erstes Kind bekam, zeigte das Personal im Krankenhaus (von Berufs wegen ExpertInnen im Umgang mit Kindern) wenig Verständnis für meine Vorstellungen als Mutter. Als meine Tochter geboren war, schrie sie aus Leibeskräften, so daß die Schwestern nur mehr seufzten: „Das Kestenberg-Baby brüllt schon wieder!" Meine kleine Tochter war hungrig, aber sie wurde mir nur alle vier Stunden gebracht. Nachdem ich dem Krankenhaus „entflohen" war, gab ich ihr einen Schnuller, der damals modern war; man hatte herausgefunden, daß Babys mit Bauchkoliken auf diese Art beruhigt werden konnten. Tatsächlich hat sie sich auch beruhigt.
Dann versuchten mir meine Verwandten und mein Kinderarzt mit vereinten Kräften einzureden, daß es besser sei, das Kind mit der Flasche zu füttern, als es zu stillen; dadurch könnte ich auch den langverdienten Urlaub machen. Ich entwöhnte meine Tochter schrittweise von der Brust, und als sie drei Monate alt war, fuhr ich weg und ließ sie bei einer Kinderschwester, die sie von Geburt an kannte.

[3] JSK = Judith S. Kestenberg.

Meine Einwände wurden von AnalytikerkollegInnen entkräftet, die mir versicherten, daß mein Kind mich noch nicht kenne (wie Spitz sagt) und mich daher nicht vermissen würde. Ich fuhr für zwei Wochen weg.

Als ich nach Hause zurückkehrte, erfuhr ich, daß meine Tochter jede Nacht aufgewacht war; sie tat das auch noch lange nach meiner Rückkunft. Versuchsweise bot ich ihr meine Brust an, in der noch etwas Milch war. Sie sah mich an, als ob sie sagen wollte: „Ach so, du bist das." Niemand wollte mir glauben, daß sie mich an meinem Busen erkannt hatte.[4]

Zehn Jahre später, als ich wieder ein Kind bekam, erlebte ich, daß mir von den Fachleuten für Kindererziehung als Mutter noch immer nicht jener Respekt gezollt wurde, der unter KollegenInnen üblich ist, obwohl ich doch selber Kinderanalytikerin war. Mein Mann und ich entdeckten z. B., daß unser zwei Wochen alter Sohn unsere Mundbewegungen nachahmte, wenn wir mit ihm sprachen und dabei einen Abstand von ca. 30 cm einhielten. Wir machten ihm Vokale vor, und er brachte seine Lippen in eine ähnliche Stellung. Nach kurzer Zeit begrüßte er uns mit einem Laut, der wie „Halla!" klang, und unterhielt sich mit uns nicht nur durch Schreien, sondern auch mit diesem Wort. Das ging einige Monate lang so, bis ihn ein eifriger Babysitter lehrte, wie ein Gummispielzeug zu quietschen. Von da an verwendete unser Sohn dieses Geräusch anstelle des „Halla!" Aber meine Kollegen wollten mir nicht glauben: „Bestimmt hast eher du die Stellung seiner Lippen nachgeahmt als umgekehrt. Bestimmt hat er auch geschrien, und du hast dir nur eingebildet, daß er's nicht tat."

Obwohl heutzutage die mütterlichen Rechte mehr Anerkennung finden als früher, sehen sich viele Mütter immer noch Situationen gegenüber, in denen sogenannte Fachleute das Urteil der Eltern über ihr eigenes Kind nicht akzeptieren oder nicht einmal anhören wollen. Eine Mutter erzählte in unserem Eltern-Kind-Zentrum, ihr

---

[4] „Wie konntest du mich nur allein lassen!" ereiferte sich meine Tochter Jahre später. Nun haben wir gemeinsam ein Buch über Kindererziehung geschrieben und konnten dabei eine Menge derjenigen Einsichten verarbeiten, die wir als Mutter und Tochter gewonnen haben.

eineinhalbjähriges Kind habe bei jedem Arztbesuch geweint. Eines Tages habe sie seine Schmusedecke mitgenommen, und tatsächlich sei ihr Sohn ruhig geblieben. Aber als sie ihn auf den Untersuchungstisch setzte – mit der Decke in der Hand – , habe ihr der Arzt vorgeworfen, aus ihrem Kind ein abhängiges Wesen zu machen, und habe dem Kind die Decke weggenommen. Ihr Sohn habe daraufhin wieder zu weinen angefangen, was den Arzt überhaupt nicht gerührt habe. Er sei fest davon überzeugt gewesen, die Lage richtig beurteilt und korrekt gehandelt zu haben. Die Mutter hatte nichts gesagt, aber sie fühlte, daß sie und ihr Kind gekränkt worden waren. Es war für sie keine einfache Entscheidung, einen anderen Arzt zu suchen, der ihre Einschätzung dessen, was ihr Kind brauchte, respektieren würde.

Eltern sind nun einmal mächtig stolz auf die Errungenschaften ihrer Kinder und lieben es, von den erstaunlichen Taten ihrer Sprößlinge zu erzählen. Ihre Beobachtungen und Entdeckungen werden häufig skeptisch aufgenommen, weil sie ja keine ausgebildeten ForscherInnen sind, die schon unzählige Babys gesehen haben. Eltern haben jedoch den Vorteil, ihre Kinder über einen längeren Zeitraum hinweg beobachten zu können, und auch so manche ForscherInnen stützen sich auf die Beobachtung ihrer eigenen Kinder.

Ich war befriedigt, als die neuesten Forschungsergebnisse zeigten, daß schon sehr kleine Babys ihre Mutter an der Stimme wiedererkennen oder an der Art, wie sie sie an die Brust legt oder sie im Arm hält. Es ist auch bestätigt worden, daß Neugeborene den Gesichtsausdruck Erwachsener imitieren und ihre Zunge herausstrecken, wenn es ein Erwachsener in einer bestimmten Entfernung von ihrem Gesicht vormacht. Leider bitten nur wenige ForscherInnen Eltern darum, ihnen mitzuteilen, was sie täglich an ihren Kindern entdecken. Wenige würden zugeben, daß sie als Fachleute für Kindererziehung von Eltern etwas lernen können.

Säuglinge auf der nonverbalen Ebene verstehen lernen

Nachdem ich mehrere Jahre lang mit Säuglingen und Kleinkindern gearbeitet hatte, kam ich zu der Überzeugung, daß Babys auf nichtverbale Weise Dinge wahrnehmen und mitteilen können. Es schien mir, als ob sich die ErziehungsexpertInnen allzu oft nur auf die Worte der Kinder verlassen würden und dabei die weniger offenkundigen Ausdrucksformen von Ärger, Schmerz und Niedergeschlagenheit außer acht ließen.

Vor einigen Jahren wurde ein 18 Monate alter Junge mit hohem Fieber in ein New Yorker Krankenhaus aufgenommen. Das Krankenzimmer war klein, und die Eltern wurden gebeten, nach Hause zu gehen. Die Schwestern waren der Ansicht, daß das Kind in Abwesenheit der Eltern schneller einschlafen würde. So war es auch. Der kleine Junge war so geschockt durch die Trennung von seinen Eltern, daß er es vorzog zu schlafen, um nicht die Krankenschwester ansehen zu müssen, die ja nicht seine Mutter war. Die Eltern wollten bei ihrem Kind bleiben, doch das Krankenhauspersonal wies sie darauf hin – richtigerweise –, daß der Junge beim Anblick seiner Eltern sofort zu weinen anfangen würde. Nach Meinung der Schwester bedeutete dieses Verhalten, daß der Besuch der Eltern dem Kind Unbehagen bereitete, während es in Wirklichkeit bedeutete, daß sich der Junge erst in Gegenwart seiner Eltern soweit geborgen fühlte, daß er sein Unbehagen ausdrücken konnte. Untersuchungen in England (Robertson und Robertson) belegen die Traumatisierungen, die Kinder erleiden, wenn sie im Krankenhaus von ihren Eltern getrennt werden.

In diesem Bereich ändert sich nun einiges. Dasselbe Krankenhaus, das damals die Eltern zum Gehen aufgefordert hatte, schafft jetzt Räume und Möglichkeiten, damit Eltern bei ihren Kindern bleiben und Geschwister zu Besuch kommen können. Aber selbst heutzutage gibt es von Spital zu Spital verschiedene Vorgangsweisen. In ähnlicher Art bestehen Kindergärten darauf, Mütter mögen sich radikal und entschieden von ihren Kindern trennen, weil die Kinder dann angeblich weniger Schwierigkeiten machen.

Ich (JKA)[5] war überrascht, als ich erfuhr, daß Pferdezüchter ihre Fohlen entwöhnen, indem sie sie von einem Tag auf den anderen von ihren Müttern wegbringen. Eine radikale Trennung sei leichter

---

[5] JKA = Janet Kestenberg Amighi.

zu verkraften! Anscheinend machen auch Pferde weniger Schwierigkeiten, wenn sie niedergeschlagen und geschockt sind von der Tatsache des Alleingelassenwerdens.

Ich (JSK) wollte einen Weg finden, die Bewegungen von Säuglingen aufzuzeichnen, um die Kommunikation zwischen Mutter und Säugling besser zu verstehen und um zweiflerische Wissenschafter zu überzeugen, daß Mütter Bedeutsames entdecken, weil sie bewußt oder unbewußt nonverbale Botschaften aufnehmen. Meine Forschungen stießen auf vielerlei Hindernisse. In unserer Zivilisation verläßt man sich so ganz und gar auf verbale Mitteilungen, daß trotz der unglaublich gewachsenen Zahl an Untersuchungen zur „Babysprache" Laien und Fachleute gleichermaßen die nonverbale Kommunikation in den Bereich der außersinnlichen Wahrnehmung einordnen, nach dem Motto: Falls es so etwas überhaupt gibt, dann können es die meisten Leute ohnehin nicht verstehen.

Wir aber wissen, daß sich Säuglinge und Kleinkinder auf vielfache Weise auch ohne Worte ausdrücken können – durch Gesten, Körperformen, Bewegungsrhythmen und in außersprachlichen Medien wie Kunst, Tanz und Musik. Alle diese Ausdrucksformen sind kindliche Kommunikationsmittel. Ein Kind kann oder will vielleicht einen schmerzlichen Gedanken nicht in Worten ausdrücken, sondern zeichnet ihn. Ein Kind kann seine Gefühle nonverbal mitteilen, indem es zu Musik tanzt. Wir wiederum können diese Kanäle dazu benützen, um den Kindern bestimmte Gefühle und Vorstellungen zu vermitteln. Die Melodien, die Mütter ihren Kindern vorsummen, die Art, wie die Kleinen gehalten werden, all das vermittelt ihnen eine Botschaft. Ein Bilderbuch kann ziemlich komplexe Inhalte an Kinder vermitteln, die diese auf der verbalen Ebene noch nicht verstehen würden.

Während ich das nonverbale Verhalten von Säuglingen und Kleinkindern beobachtete, faszinierte mich ganz besonders der Zusammenhang zwischen verschiedenen Bewegungsmustern und bestimmten Entwicklungsstadien. Die Art, in der ein Kind sich bewegte, verriet sein Temperament, die Entwicklungsstufe, auf der es gerade stand, Probleme, die dabei auftauchten, und die Bereitschaft, neue Aufgaben anzugehen. Eltern und PädagogInnen haben die Möglichkeit, ein Vielfaches über die Bedürfnisse der einzelnen Kinder zu erfahren, wenn sie deren Bewegungsmuster und andere nonverbale Aktivitäten beobachten.

Die SpezialistInnen stellen allgemeine Grundsätze zur Verfügung, gewonnen durch das Studium und die Beobachtung vieler Kinder. Die Eltern steuern die Fallgeschichten bei, ihre Feinfühligkeit gegenüber einzelnen Kindern und ihre Beobachtungen über einen längeren Zeitraum hinweg. Indem sie mit gegenseitigem Respekt miteinander reden, können Eltern und ExpertInnen neue Wege für eine erfolgreiche Kindererziehung entwickeln und verfeinern. Dieses Buch ist das – hoffentlich – erfolgversprechende Ergebnis der Zusammenarbeit zwischen Eltern und Fachleuten in unserem Eltern-Kind-Zentrum. Wir hören nicht auf zu lernen und freuen uns auf Reaktionen unserer LeserInnen, die uns ihre Erfahrungen und Ansichten mitteilen.

WIE KINDER GEHALTEN WERDEN: DIE ENTWICKLUNG DES KÖRPERBILDES

Eine der ersten Aufgaben, die Eltern bewältigen müssen, ist es, einen Säugling hochzunehmen und zu halten. Wenn man Handwerker werden will, muß man zuerst eine Lehre machen. Wenn man LehrerIn werden will, muß man zuerst Erziehungswissenschaften studieren. Aber es wird erwartet, daß man das Mutter- oder Vater-Sein wie selbstverständlich beherrscht. Dennoch nehmen die meisten Mütter und Väter ihr Neugeborenes nur mit großer Ängstlichkeit in den Arm, denn sie fürchten, etwas falsch zu machen. Unter der Aufsicht der Kinderschwester im Krankenhaus, von Familienmitgliedern und FreundInnen lernen junge Eltern, wie sie ihr Baby aufnehmen können, ohne daß dabei der wackelige Kopf nach hinten fällt. Mütter halten das Kind so, daß es die Brust findet und saugen kann (Abb. 1).[1] Nach kurzer (oder auch gar keiner) Unterweisung scheint es die natürlichste Sache der Welt zu sein, ein Baby zu halten. Warum?

Abb. 1

---

[1] Manche Neugeborenen brauchen einige Augenblicke, um die Brustwarze der Mutter zu finden, aber sie lernen das ziemlich schnell, indem sie reflexhaft den Kopf zur Brust hindrehen. Die Milchflasche ist viel schwerer zu orten, weil sie sich nicht an einer bestimmten Stelle des mütterlichen Körpers befindet und das Baby seine Wange nicht dagegenpressen kann. Normalerweise wird die Flasche dem Kind einfach in den Mund gesteckt. Das Baby versteht bald, dem zuvorzukommen und den Mund kurz vorher aufzumachen. Es wäre besser, die Wange des Babys mit dem Flaschensauger anzustupsen und so seinen Suchreflex anzuregen. Dann nimmt das Kind den Sauger von selbst in den Mund.

Als Harlow kleine Affen mit einem leblosen Drahtgestell als Mutterersatz aufzog, fand er heraus, daß sie später als Mutteraffen unfähig und uninteressiert waren. Im Umgang mit ihren Babys verhielten sie sich ungeschickt und ließen sie häufig fallen. Harlows Untersuchung zeigte, daß die spätere Fähigkeit, selber eine haltgebende Mutter zu sein, davon abhing, ob und wie das Kind von seiner Mutter gehalten wurde. Wir fanden heraus, daß Mütter ihr Baby in derselben Art aufnehmen und halten, wie sie selbst als Baby von ihren Müttern gehalten wurden, unabhängig davon, was sie später gelernt haben. Natürlich erinnern sich Erwachsene nicht aktiv an ihre Zeit als Baby, doch gibt es anscheinend einen Erinnerungsspeicher im Körper, der die Zeiten überdauert und durch die Ankunft eines neuen Babys aktiviert wird.

Mittels Training können Eltern lernen, ihr Kind so zu halten, daß es besser gestützt wird, als sie selbst im Babyalter gestützt wurden. Wie aber können wir die für ein Baby günstigste Halteposition feststellen? Wir beobachteten viele Mutter-Kind-Paare. Bei etwas größeren Babys war es offensichtlich, daß einige wie ein Sack Kartoffeln an ihrer Mutter hingen, während sich andere beim Getragenwerden an der Mutter anhielten. Die Mütter, deren Babys sich selbst festhielten, genossen das Zusammensein, während die Mütter passiver Säuglinge über die Anstrengung des Tragens klagten. Letztere lehnten sich oftmals nach hinten, um das Kind abzustützen, sie beschwerten sich über die Schwere des Kindes und in der Folge über Rückenschmerzen.

Wechselseitiges Halten: die Position beim Stillen

Die Schlußfolgerung drängte sich auf, daß es wünschenswert wäre, würden Mutter und Kind sich gegenseitig halten. Wir beobachteten, daß wechselseitiges Halten schon beim Stillen begann. Neugeborene zeigen einen sogenannten tonischen Nackenreflex. Wenn sich beim Stillen der Hals des Säuglings nach links dreht, streckt sich gleichzeitig sein linker Arm aus und legt sich um den Rücken der Mutter.

Der rechte Arm winkelt sich ab und ruht auf der mütterlichen Brust. Auf ähnliche Weise schlingen sich die Beine um die Mutter. In dieser Position gestützt, hält auch der Säugling die Mutter (Abb. 2). Bei der Einatmung der Mutter spürt das Baby die mütterliche Ausdehnung zu ihm hin, wenn sie ausatmet, fühlt das Kind, wie sich Mutters Körper von ihm wegbewegt. Auch das Baby atmet ein, wächst der Mutter entgegen und saugt, dann atmet es aus, löst sich und schluckt die Milch. Eine faszinierende Entdeckung war auch, daß sogar die Milch in einem ähnlichen Rhythmus in die Brustwarze strömt. So stimmen sich der Atem und das Saugen des Babys auf den Atem und den Milchfluß der Mutter ein. Sie wiederum gleicht ihren Rhythmus dem des Kindes an. Diese wunderbare Einstimmung und das gegenseitige Halten werden erreicht, wenn das Kind so gehalten wird, daß der tonische Nackenreflex eintreten kann.

Abb. 2

Wechselseitiges Halten: die Position beim Tragen

Kinder werden von Müttern, Vätern und anderen Betreuungspersonen getragen. Dabei gibt es viele Möglichkeiten. Manchmal setzt man sie auf die Hüfte der Mutter, mit dem Rücken an Mutters Vorderseite, oder so, daß sie sie ansehen. Eine optimale Stellung gibt sowohl dem Kind als auch der Betreuungsperson Halt. Wenn man dem Kind unter dem Po Unterstützung gibt, schlingt es die Arme um den Hals der Mutter, seine Brust ruht an Mutters Brust, der Kopf an ihrer Schulter. Je größer das Kind wird, umso deutlicher wird an dieser Position die gegenseitige Umarmung (Abb. 2).

Manche Eltern wollten jedoch nicht darauf verzichten, ihr Kind so in den Arm zu nehmen, wie es ihnen spontan und natürlich erschien. Hatten wir das Recht, Änderungen vorzuschlagen? Um mehr darüber zu erfahren, wie sich auf verschiedene Weise getragene Säuglinge fühlen, erfanden wir Übungen, in denen es um den Verlust und das Wiedergewinnen von Halt und Stütze ging. In einer dieser Übungen stehen sich zwei Leute im Abstand von ca. 2,5 m gegenüber, eine dritte Person steht zwischen ihnen und pendelt vor- und rückwärts. Mit zunehmendem Mut läßt sich die mittlere Person so weit nach vorne bzw. hinten fallen, daß sie darauf angewiesen ist, von den beiden anderen aufgefangen zu werden (Abb. 3). Wir sahen zwei

Abb. 3

Verhaltensmuster: 1) Manche Personen konnten sich problemlos nach vorne fallen lassen, sie verließen sich völlig auf die Person vor ihnen, hatten aber Angst, nach hinten zu pendeln. 2) Überraschenderweise fühlten sich manche Leute wohl beim Rückwärtsfallen, voller Vertrauen, die Person hinter ihnen würde sie auffangen, aber sie konnten nicht sehr weit nach vorne pendeln. Wir beobachteten die TeilnehmerInnen während des normalen Gehens und fanden heraus, daß diejenigen mit Verhalten 1) sich nach vorne lehnten und sich quasi mit dem Brustkorb abzustützen suchten, während die anderen zurückgebeugt gingen, als würden sie sich mit ihren Schultern und ihrem Rücken anlehnen.

Wir baten diese Personen, Babyfotos mitzubringen. Es war evident: Die nach hinten gebeugten Erwachsenen bekamen als Baby eine gute Unterstützung des Rückens, nicht aber des Brustkorbs. Dementsprechend gingen diejenigen vorwärtsgebeugt, deren Brustkorb abgestützt worden war. Als sie selbst Eltern wurden, hielten sie ihre Kinder genau in derjenigen Stellung, in der sie von ihren Eltern gehalten worden waren. Sybil z. B. trug ihr Kind so, daß es nach vorne schaute, während sie es mit ihrem Arm stütze. Es waren ihre Arme, die das Kind davor bewahrten, nach vorne zu fallen (Abb. 4). Ihr Brustkorb, der dem Baby eine feste Stütze geben sollte (wie eine Matratze einem liegenden Körper), krümmte sich jedoch in die andere Richtung. Sybil selbst war ängstlich beim Rückwärtsfallen. Sie hatte kein Vertrauen ins Aufgefangenwerden, und es fiel ihr schwer, ihren Rumpf als Stütze für das Kind zu benützen.

Abb. 4

Wir trafen auf die verschiedensten Arten, Babys zu halten. Eine Mutter beispielsweise hielt ein Bein des Kindes fest, während sie das andere locker baumeln ließ. Eine andere trug ihr Kind auf der Hüfte und bemerkte nicht, wie sehr es sich mit seinen Beinen anklammern mußte und wie wenig der Rücken gestützt war (Abb. 5). Wenn wir die kleinen Kinder beim Sitzen, Krabbeln und Spielen beobachteten, fielen uns mehr und mehr die Zeichen ins Auge, die verrieten, wie sie gehalten wurden. Wir kamen zu der Überzeugung, daß Eltern ihren Kindern Halt, Stütze und Gleichgewicht geben müssen, um sie im aktiven und koordinierten Gebrauch ihres eigenen Körpers sicher zu machen.

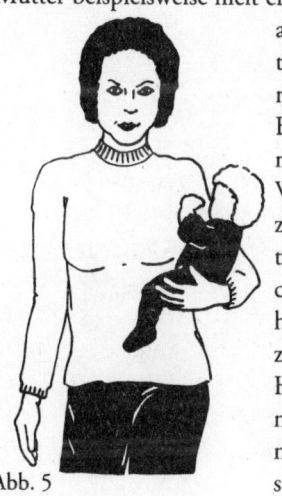

Abb. 5

Es wäre einfach gewesen, den Eltern beizubringen, wie sie ihr Kind am besten stützen können – wenn es nicht die in ihrem Körper gespeicherte und wirksame Erinnerung an ihr eigenes Säuglingsalter gegeben hätte. Um auszulöschen, was durch die frühen mütterlichen Gewöhnungsprozesse geprägt worden ist, sind hohe Motivation und fleißiges Üben notwendig. Daher bezeichnen wir unser Programm „Bewegung in der/für die Kindererziehung" lieber als Umgewöhnung.

Das Körpergedächtnis

Körpererinnerungen sind Erinnerungen besonderer Art. Jeder von uns kann sich gut vorstellen, von wie unterschiedlicher Qualität verschiedene Berührungen sein können. Wenn man verliebt ist, fühlt man die Hand der geliebten Person selbst dann noch auf dem Arm, wenn sie nicht mehr anwesend ist. Als Babys wurden wir berührt, gestreichelt, getätschelt. Als Erwachsene haben wir Vorlieben, wo und wie wir angefaßt werden wollen, ohne zu wissen, warum. Bestimmte Körperregionen wurden von unseren BetreuerInnen berührt und gestützt, bevor wir selbst unseren Kopf oder Rücken aufrecht halten konnten. Solange wir gestützt wurden, fühlten wir uns sicher, bewegten uns, strampelten, wackelten hin und her. Als wir lernten, uns selber zu stützen, nahmen wir das Gestütztwerden von Vater und Mutter als Modell, und unsere Haltung ergab sich aus der Art, wie sie uns hielten.
Falls wir als Kinder häufig mit einem Griff unter die Achseln hochgehoben wurden, versuchen wir als Erwachsene, unsere Eltern darin zu übertreffen, und ziehen die Schultern hoch (Abb. 6).

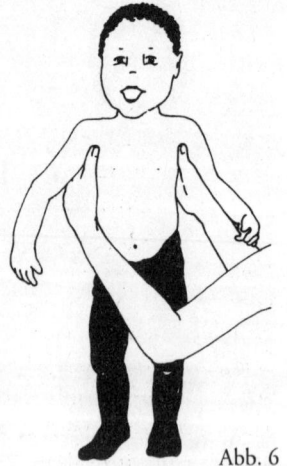

Abb. 6

Vielleicht empfinden wir die hochgezogene und angespannte Schultermuskulatur als haltgebend in Situationen, in denen wir uns unbehaglich fühlen und gerne in den Arm genommen werden würden. Wir können uns nicht mehr bewußt daran erinnern, wie es war, wenn Mutter uns hochnahm, aber die Erinnerung daran spiegelt sich in unserer jetzigen Körperhaltung wider. Es ist nicht leicht, diese Gewohnheit aufzugeben, selbst wenn sie uns Nackenschmerzen verursacht und uns die Verspannung spüren läßt. Manchmal halten wir sogar am Unangenehmen fest, weil es die Verbindung zum sicheren Hafen unserer Kindheit – unserer Mutter – darstellt.

Wir haben Zusammenhänge gesucht – und gefunden – zwischen der Art, wie sich Kleinkinder aufrecht halten und bewegen, und jener, wie sie von ihren Eltern getragen wurden. Einige Beispiele sollen erläutern, welche Schlüsse wir daraus gezogen haben.

Viele Mütter halten ihre Babys mit dem Rücken zum mütterlichen Brustkorb. Manche umklammern dabei die Körpermitte des Kindes, damit es nicht nach unten rutscht. Andere sacken in sich zusammen und ziehen die Brust nach hinten ein, so daß der gerundete Rücken des Kindes genau in diese Aushöhlung paßt. Es ist nicht angenehm, einen krummen Rücken zu machen, andererseits klagen ebendiese Personen über Schmerzen, wenn man sie zum Geradesitzen auffordert. Es schafft Sicherheit, wenn man seine Haltung in den mütterlichen Körper einpaßt und Mutters Griff spürt. Daher sacken manche Kinder lieber genauso wie ihre Mütter in sich zusammen, bevor sie durch eine aufrechte Haltung den Körperkontakt verlieren.

Ein Kind braucht Stütze und Bewegungsfreiheit zu gleichen Teilen. Wenn es sich zu drehen versucht, während es gehalten wird, kann Mutters Arm seiner Bewegung folgen und so „Erlaubnis" signalisieren. Drücken sich schon etwas größere Babys von Mutters Brustkorb weg, gibt man mit einer Hand unter dem Po Unterstützung und mit der anderen Hand am Rücken, für den Fall, daß das Gleichgewicht verlorengeht. Hält man ein Kind in einer Art, daß beim Herumdrehen ein Bein völlig ruhig bleiben muß, dann schließt es daraus, daß eines der Beine nicht so aktiv gebraucht werden darf wie das andere. Beim Krabbeln verläßt es sich in der Folge mehr auf das eine Bein, während das andere nur nachgezogen wird. So befolgt das Kind die „Instruktionen" von früher.

Manche Erwachsene helfen den Kindern auf die Beine, indem sie sie unter den Achseln hochheben (Abb. 6). Das scheint sich anzubieten. Besser für die Kinder wäre es aber, zum Aufstehen Beine und Rumpf zu benützen. Wenn ein Erwachsener das Kind fest um die Mitte nimmt, um es aufzurichten, wird damit der Gebrauch seines Rumpfs gefördert. Es ist empfehlenswert, die Kinder langsam aufzurichten, weil man ihnen damit Zeit gibt, sich vom Boden wegzustemmen und einen aktiven Beitrag zu leisten. Diese Vorgangsweise hilft nicht nur dem Kind, sondern erleichtert die Aufgabe auch für die erwachsene Person, besonders wenn einem die Kinder gewichtiger erscheinen, als sie in Wirklichkeit sind. Ein an den Armen hochgezogenes Kind wird schlapp und schwer wie ein Kartoffelsack. Mit der Unterstützung in der Körpermitte bleibt es aktiv am Aufrichtevorgang beteiligt.
Wenn Kinder ihre ersten Schritte tun, können sich die begeisterten Eltern nicht daran sattsehen, wie sich das Kind seine Bewegungsfreiheit erobert. Die ersten Gehversuche bestehen darin (was später noch ausführlich beschrieben wird), daß sich die Kinder als einheitliche Masse fortbewegen. Sie können Arme und Beine noch nicht getrennt vorwärts oder rückwärts bewegen, daher schaukeln sie als Ganzes von einer Seite auf die andere oder schieben sich seitlich an Sofa oder Tisch entlang. Wenn man ihre Hand nimmt und sie nach vorne zieht, wird ihr Gleichgewicht gestört. Solcherart lernen sie möglicherweise auch, sich beim Gehen nach hinten zu lehnen, eben wie jemand, der gezogen wird. Durch das Ziehen wird die Balance der Kinder durcheinandergebracht – was sogar Hohlkreuz und Wirbelsäulenverkrümmungen zur Folge haben kann. Wir können nicht mit Gewißheit sagen, in wie vielen Fällen eine erbliche Veranlagung dazu bestand und in welchen Fällen schlechte Tragegewohnheiten die alleinige Ursache waren. Verbesserte Umgangsweisen können jedoch solche Probleme ungeachtet ihrer Ursache aus dem Weg räumen und den Bedarf an orthopädischer Behandlung bei Schulkindern reduzieren.
Jede neue Entwicklungsphase ermöglicht dem Kind, seine bildliche Vorstellung vom eigenen Körper zu verändern.[2] Durch eifriges Üben

---

[2] Vgl. Schilder, P.: „Image and Appearance of the Human Body". New York, Int. Univ. Press 1935.

entdecken sie, wie sie sich selbst am besten Halt geben können, und vielleicht setzen sie dabei mehr den Haltestil des Vaters um als den der Mutter. Wenn sie erwachsen sind und eigene Kinder haben, werden die Erinnerung an die eigene Kindheit wieder wach und alte Gewohnheiten aufgenommen. Viele Eltern, die ohne weiteres in der Lage sind, große Pakete zu schleppen, ohne dabei ihren Körper zu krümmen und zu winden, lehnen sich plötzlich nach hinten, wenn sie ein Kind tragen. Sie signalisieren damit, daß das Baby zu schwer sei und sie niederdrücken würde. Die Übungen, die wir in unserem Zentrum bei den abendlichen Treffen anbieten, zielen darauf ab, neue Gewohnheiten zu entwickeln und zu festigen, um so den Kreislauf der schlechten Körperhaltung, die von einer Generation an die nächste weitergegeben wird, zu unterbrechen.

Verschiedene Körperbilder entwickeln sich

In jeder Entwicklungsphase benötigen Kinder eine andere Art der Unterstützung für ihren Lernprozeß, sich selbst aufrecht halten und neue Aufgaben bewältigen zu können. Parallel dazu werden verschiedene Bilder vom eigenen Körper entwickelt, die zwar wieder verblassen, aber das Körperbild des Erwachsenen doch mehr oder weniger prägen. Jede Körperhaltung beeinflußt sowohl das physische als auch das psychische Befinden und spiegelt es zugleich wider. Wie wir später sehen werden, ist die Änderung des Körperbildes im Laufe unserer Entwicklung eng mit der Aneignung neuer Fertigkeiten und Einstellungen verknüpft.

Wenn wir beachten, wie sich ein Kind vom Neugeborenen, das seinen Kopf nicht allein hochhalten kann, zum laufenden und tanzenden Dreijährigen entwickelt, dann erhalten wir Hinweise darauf, wie wir diesen Prozeß erleichtern können, anstatt ihn zu behindern und in falsche Bahnen zu lenken.

Das erste Lebensjahr

Neugeborene können gut mit Armen und Beinen strampeln, aber ihren Kopf können sie nicht selbst hochhalten, und ihr Rumpf ist

zum Aufrichten zu schwer. Allmählich gewinnt der Säugling an Stärke und kann den Kopf stets etwas höher heben. Im fünften Lebensmonat streckt das Baby seine Arme bereits gezielt aus und benützt sie, um den Brustkorb von der Unterlage hochzustemmen. Eines führt zum anderen, das Baby dreht den Kopf nach beiden Seiten, hebt einen Arm und dann den nächsten, die Hüfte bewegt sich ein wenig nach oben, und völlig überrascht entdeckt der Säugling, daß er sich vom Bauch auf den Rücken gedreht hat. Meistens dauert es etwas länger, den Vorgang in der Gegenrichtung zu erlernen – so bleibt Mutter noch eine Weile beschäftigt.
Inzwischen üben auch die Beine. Zuerst werden Zehen und Knöchel gebeugt und gestreckt, dann das Knie, indem das Baby die Beine in die Luft streckt und strampelt. Dann werden die Beine unter dem Bauch angewinkelt und stützen so den Rumpf. Die Hüften verlassen als letzte die stützende Unterlage. Mit angezogenen Armen und Beinen und auf seinem Bauch aufliegend, vermag sich das Baby rundumzudrehen. Muskeltonus und -koordination verbessern sich, aber noch sind die Körpergrenzen des Kleinkinds fließend und ungeformt.
Ist das Kind sechs bis acht Monate alt, kann man die Entwicklung des stabiler werdenden Rumpfes verfolgen. Normalerweise können sich Babys in diesem Alter im Vierfüßerstand aufrecht halten. Sie schaukeln vorwärts und rückwärts, und man erwartet, daß sie jeden Augenblick auf und davon laufen werden – und plötzlich sind sie auch tatsächlich gestartet, entweder nach vorne oder nach hinten. Sie sind Krabbelkinder geworden, die kriechen, sich im Körper beugen und verdrehen. Ihr Rücken ist in der Krabbelposition bemerkenswert gerade. Wenn man sie hinsetzt, sollte er auch gerade bleiben. Falls das Kind zusammensackt, erkennen Sie sofort, daß es das Sitzen noch überfordert – dazu brauchen Sie keine ExpertInnen. Sie sind selbst sachverständig, weil Sie Ihr Kind genau beobachten. Man lernt nicht bei der Armee, sich gerade zu halten, sondern übernimmt es ganz selbstverständlich aus dem Vierfüßerstand (der Krabbelposition). Krumme Rücken weisen auf unzureichende Unterstützung beim Halten oder auf zu frühes Aufsetzen hin, noch bevor der Rumpf kräftig genug war, um sein eigenes Gewicht zu tragen.

Was tun, falls das Baby keine Lust zu krabbeln hat und lieber auf seinem Platz bleibt? Man könnte meinen, es wäre ein weniger aktives Kind, offenbar zufrieden damit, in seiner Ecke zu sitzen. Wie wir aber gezeigt haben, trägt das Krabbeln dazu bei, den Rumpf zu kräftigen. Darüber hinaus ermöglicht es die Loslösung von der Mutter und die Erforschung neuen Raums. Vielleicht ist Ihr Kind etwas weniger aktiv, möglicherweise aber lenken Sie es vom Krabbeln ab, indem Sie die Spielsachen in greifbarer Nähe plazieren. Dagegen könnten Sie sich auf die Ebene Ihres Kindes begeben, d. h. sich auf den Bauch legen und so von Angesicht zu Angesicht mit dem Kind reden; Sie könnten interessante Gegenstände gerade außerhalb der Reichweite des Kindes auf den Boden legen oder selbst herumkrabbeln, um das Kind anzuregen, sich auf den Weg zu machen.

Ein aktiver Säugling wird das Wechseln der Windeln als Gelegenheit nützen, seine Turnkünste vorzuführen. Man kann das Kind mit einem Spielzeug beschäftigen und das Wickeln so schnell wie möglich beenden. Sie können aber auch von der Tatsache profitieren, daß sich das Baby in seinem ersten Lebensjahr vor allem in der Horizontalen befindet (auf der Tischebene), wo es sich dreht und wendet, manchmal zu Ihnen hin, manchmal weg von Ihnen (Abb. 7, 1+2).

Abb. 7

Bald übt der Säugling das Umdrehen vom Rücken auf den Bauch auch während des Wickelns. Wenn wir uns in der Horizontalebene bewegen, ist es leicht, miteinander zu kommunizieren. Sie können mit dem Baby sprechen, ihm erklären, was Sie gerade tun, und so seine Aufmerksamkeit fesseln. „Jetzt mache ich deinen Po sauber. Heb dein Bein, und jetzt wieder runter..." Wickeln wird zum Spiel, zu dem das Kind einen aktiven Beitrag leisten kann.

Wir möchten an dieser Stelle auch ein Wort zum Füttern sagen. In erster Linie plädieren wir für das Stillen; unsere Gründe dafür werden wir später erläutern. Wenn Sie Ihr Kind jedoch mit der Flasche füttern, bitten wir Sie dringend, Ihr Baby während des Trinkens in den Arm zu nehmen. Die Nahrungsaufnahme ist in unserem Kulturkreis eine gesellschaftliche Aktivität. Oft sind die Mahlzeiten die einzigen Orte des Zusammenseins und des Gesprächs. Wenn Sie Ihr Kind in sein Bettchen legen, ihm eine Flasche in die Hand drücken und dann weggehen, um irgend etwas zu erledigen, verlieren Sie diese besondere Zeit des Beisammenseins.

Das gilt auch etwas später für den Hochstuhl: Setzen Sie sich zu Ihrem Kind und sprechen Sie mit ihm. Sie sind so auf derselben Ebene mit ihm und können kommunizieren. Wenn Sie dem Kind einen Löffel in die Hand geben, während Sie es mit fester Nahrung füttern, und es somit zum Selberessen ermuntern, wird es wahrscheinlich im Gegenzug anfangen, Sie zu füttern und Ihnen das Gesicht mit Brei zu verschmieren. Legen Sie Kartons oder Zeitungspapier unter den Hochstuhl, das erleichtert das Saubermachen, falls Essen auf den Boden fällt. Gemeinsame Mahlzeiten werden so zu vergnüglichen Angelegenheiten und nicht zu Zeiten voller Streit und Machtkämpfen. Als zusätzliche Belohnung werden Sie später bei Ihrem zweijährigen Kind erleben, daß es nicht aus Prinzip alles ablehnen wird, was Sie ihm anbieten.

Das zweite Lebensjahr

Etwa vom ersten Geburtstag an bis in die erste Hälfte des zweiten Lebensjahres versuchen Kinder aufzustehen und sich in die Lateralebene (die Türebene) zu begeben. Der aufrechte Gang hat etwas Faszinierendes an sich, schon Säuglinge genießen das aufrechte Gehaltenwerden. Das Kleinkind klammert sich an einem Möbelstück fest und kniet sich hin. Als nächstes wird ein Bein angehoben, fest auf den Boden gestellt – das Kind zieht sich hoch. Die Haltung ist noch nicht ganz perfekt: Meist steht ein Bein etwas ungelenk irgendwie hinter dem anderen. Aber schließlich steht das Kind aufrecht, gerade, gestreckt. Es hält sich nur mehr mit einer Hand am Möbel fest und wandert um es herum. Bemerkenswert ist, daß das Kind bei diesen Wanderungen noch immer – wie beim Krabbeln – Arme und Beine zum Abstützen benützt.

Vielleicht fragen Sie sich in diesem Augenblick: Wie wird das Kind solcherart jemals laufen lernen? Bedenken Sie, daß sich das Baby nicht in derselben Art fortbewegt wie ein erwachsener Mensch. Während es sich hochzieht, bewegt es sich immer noch auf allen vieren, nur diesmal in einer anderen Ebene: die Horizontale wurde in die Vertikale gekippt. Das Kind geht nicht vorwärts, sondern schiebt sich seitlich um geeignete Gegenstände oder Personen (etwa die Couch oder die Mutter) herum.

Der erste Fortschritt ist gemacht, wenn das Kind entdeckt, daß es aufrecht und frei neben der Couch stehen kann – ohne umzufallen. Als nächstes wird es sich allein aufrichten, ohne sich irgendwo festhalten oder hochziehen zu müssen. Dann steht das Kind frei mitten im Raum, voll Stolz auf sich selbst und vom eigenen Erfolg etwas überrascht. Schließlich fällt es doch um oder läßt sich zu Boden fallen und krabbelt wieder. Kurze Zeit später macht es vielleicht die ersten Schritte zum nächsten Stuhl.

Beachten Sie das neue Körperbild und die neuerworbene Beweglichkeit: Ihr Kind steht und geht in der Lateralebene, die vertikal und seitwärts ausgedehnt ist. Beobachten Sie, wie Ihr Kind um die Ecke biegt: es dreht sich noch nicht im Rumpf, sondern der gesamte Körper wird als einheitliches Ganzes in die neue Richtung geschwenkt – fast wie bei einem kleinen Roboter. Es übt den Aufenthalt in der Lateralebene, und da kann schon eine Drehung das Gleichgewicht kosten.

Wie schon früher erwähnt, laufen Kleinkinder zunächst nicht in die Vorwärtsrichtung. Man sieht, daß sie ihre Füße in weiser Voraussicht nach außen drehen. Die Arme und Beine schwingen nicht parallel zum Körper vorwärts und rückwärts, sondern werden meistens seitlich nach oben ausgestreckt, um die Balance aufrechtzuerhalten, anders als bei den Erwachsenen. Manche Kinder tragen in jeder Hand einen Gegenstand, als ob sie sich daran anhalten und aufrichten könnten. Sie bewegen sich hin und her wie Schwingtüren. Bei den abendlichen Treffen im Zentrum bitten wir die Eltern nachzuahmen, wie ihre Kinder gehen. Versuchen Sie es selbst! Kinder, die laufen lernen, lagern das Körpergewicht zuerst auf ein Bein, dann ganz auf das andere. Stabilität erreichen sie dadurch, daß sie die Beine weit voneinander entfernt auf den Boden stellen. Vergleichen Sie diese Position mit der sehr viel riskanteren Art, einen Fuß vor den anderen zu setzen.

Wenn Kleinkinder an Sicherheit gewinnen, genießen sie ihre Stärke und Stabilität. Sie lieben es, aufrecht zu stehen und sich selbst oder irgendwelche Gegenstände vor den Eltern zu präsentieren: „Hier bin ich, seht mich an!" Sie wissen, was sie wollen, und vertreten ihren „Standpunkt". Im zweiten Lebensjahr begreifen die meisten Kinder, daß sie genauso gut „Nein" sagen können wie andere Leute. Ihre geistigen und körperlichen Fähigkeiten gehen Hand in Hand.

Die laterale (Tür-)Ebene ist die Ebene der Konfrontation, in der wir einander gegenüberstehen, den anderen mit den Augen von oben bis unten messen und versuchen, seine Absichten einzuschätzen. Wir werden uns unseres gesellschaftlichen Ranges bewußt, dessen, daß einer den anderen dominieren und die/der Hilflose unterdrückt werden kann.

Sobald ein Kind sich ernsthaft in die Lateralebene begibt, ist es bereit, auf das Gestilltwerden zu verzichten. Das Kriechen und Weggehen wird wichtiger als das Saugen an der Brust. Indem der enge körperliche Kontakt mit der Mutter an Wichtigkeit verliert, gewinnt das Kleinkind an Stärke und lernt, seine Frustrationen besser zu ertragen. In einer Übergangsphase wird es weniger häufig an der Brust trinken, vielleicht ganz damit aufhören, und manchmal werden Schlafprobleme auftauchen, weil das Kind so völlig von dem Gedanken an die Fortbewegung eingenommen ist.

Wenn man all dies weiß, kann man den Kindern die notwendige Unterstützung gewähren und ihre neue Unabhängigkeit respektieren. Sieht man die Kleinen von einer Seite auf die andere schwanken, nützt es nichts, das Kind an der Hand zu nehmen und es vorwärts zu ziehen; dadurch würde die neuerworbene Stabilität nur zerstört werden. Statt dessen erlaubt man dem Kind, allein zu laufen oder sich an der Hand der Eltern festzuhalten. Die Großen müssen eine Weile geduldig sein in dem Wissen, daß die Kleinen in kurzer Zeit schon davonstürmen werden – sobald die nächste Entwicklungsstufe erreicht ist.

Erlauben Sie Ihrem Kleinkind, sich in Szene zu setzen. Lassen Sie sich seine Fundstücke zeigen. Oft beugen sich Mütter zu ihrem Kind hinunter, um die vorgezeigten Dinge zu bewundern. Diese Reaktion scheint sich anzubieten. Das Kind will aber nichts mitteilen, sondern etwas herzeigen. Wenn Sie sich hinunterbeugen, um mit dem Kind auf der Horizontalebene zu kommunizieren, dann verändern Sie die Art Ihrer Begegnung von Präsentation zu Kommunikation. Das Kind sucht nicht ein Gespräch, sondern möchte voller Stolz etwas zeigen und dann davonwatscheln. Indem Sie zusehen und stehenbleiben, gewähren Sie dem Kind die Distanz, die für seine Selbständigkeit notwendig ist.

Auch die Körperhaltung der Eltern dient dazu, verbale Botschaften zu verstärken, genauso wie das Kind die Lateralebene dazu benützt, einen festen Standpunkt einzunehmen und so die eigene Autonomie auszudrücken. Eltern vermitteln durch ihre Haltung ihre Autorität. Der Begriff des „festen Standpunkts" bezieht sich sowohl auf die geistige Haltung als auch auf das Körperbild. Es hat wenig Sinn, sich ständig auf eine Konfrontation einzulassen, aber es ist auch ein Fehler, immer sofort Verhandlungen anzubieten. Auf der horizontalen Ebene kann man darüber diskutieren, daß das Kind seine Schuhe anziehen und auch anbehalten soll. Wenn Sie stehen (= in der Lateralebene sind), können Sie dem Kind die Lage klipp und klar erklären: „Laß deine Schuhe an, wir gehen jetzt aus."

Die Zwei- bis Zweieinhalbjährigen

In der Zeit vor dem zweiten Geburtstag steigt das Interesse des Kindes am Laufen und an der Bewältigung von Entfernungen. Es scheint vorwärtslaufen zu wollen, ohne jemals anzuhalten. Sehen Sie sich jetzt die Gestalt einmal näher an: Das Kind gleicht nicht mehr einer festen breiten Masse, es wölbt sich nach vorne. Alles scheint nur darauf abzuzielen, sich von einem Ort an den anderen zu begeben, manchmal in unendlicher Trödelei, manchmal im Laufschritt.

In dieser Phase verliert sich das Kind im dreidimensionalen Raum, in dem es Menschen und Gegenstände immer aufs neue wiedertrifft.

Es übt in der sagittalen Ebene³, in der sich auch ein vorwärtsrollendes Rad bewegt (Abb. 8). In dieser Ebene lernt das Kind vorwegzu-

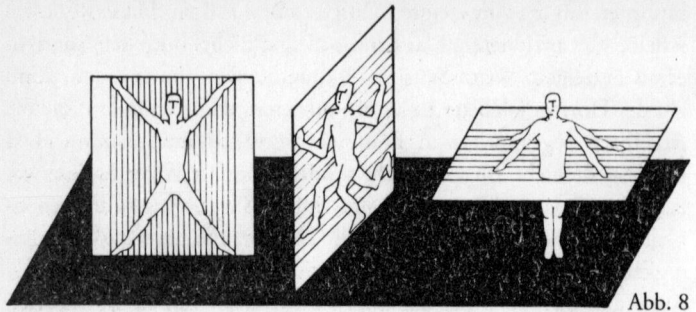

Abb. 8

nehmen, was als nächstes kommt. Es lehnt sich beim Gehen nach vorne und wackelt nicht mehr von einer Seite auf die andere. Anfangs macht das Anhalten noch Schwierigkeiten, und das Kind stößt ständig irgendwo an. Aber mit etwa zweieinhalb Jahren wird auch das Stehenbleiben gemeistert, und dann lautet das Spiel: Laufen – Anhalten – Laufen – Anhalten. Diese Fähigkeit verschafft dem Kleinkind ein gewisses Maß an Stabilität, die nun abwechselnd mit der neuen Beweglichkeit geübt wird. Das Kind kann vorwärtslaufen und dabei den Kopf nach hinten drehen, was es mit zwei Jahren noch nicht konnte. Dies ist die Zeit des „Ich kann". Vorher wollte das Kind sich selbst oder irgendwelche Dinge herzeigen, jetzt führt es seine turnerischen Fertigkeiten vor. Vorher mußte die Mutter ständig zur Eile mahnen, jetzt stürmt das Kind voraus.

Es ist ein ziemlich hoffnungsloses Unterfangen, einem Kind in dieser Phase etwas erklären zu wollen. Bevor man ausgeredet hat, ist es schon auf und davon. Weitersprechen mündet in ein Selbstgespräch. Gehen Sie neben dem Kind her, wenn Sie mit ihm sprechen wollen – es kann nicht abwarten, weil es schon ein neues Ziel im Auge hat. Sie können ihm helfen, indem sie die Dinge in eine verständliche Reihenfolge bringen, z. B.: „Du kannst nach draußen, sobald der Abwasch fertig ist!"

---

[3] Sagittalebene: Jede der Mittelebene des Körpers oder der Pfeilnaht des Schädels parallele Ebene (Def. nach Duden; Anm. der Übers.).

Jede dieser Entwicklungsphasen geht mit der Bewältigung neuer Aufgaben Hand in Hand. Im ersten Lebensjahr möchte der Säugling alles in sich aufnehmen, alles in seiner Nähe haben und es sich einverleiben – Aktionen, die in der horizontalen Ebene stattfinden. Das Baby lernt, (an der Brust) zu trinken, später feste Nahrung zu essen und mit der Außenwelt zu kommunizieren. Das Interesse an der Erforschung seiner Umgebung veranlaßt das Kind, sich selbst abzustillen. Gegen Ende des ersten Jahres wechselt es aus der horizontalen Ebene des Säuglings in die aufrechte Haltung des Kleinkinds, das zu laufen beginnt. Es fängt an, sich selbst zu behaupten, und möchte über das eigene Tun und Lassen bestimmen. Gegenstände werden fest umklammert: „Das gehört mir!" Dann wiederum werden die geheiligten Dinge wild durch das Zimmer geworfen, und prompt folgt das Gebrüll: „Ich will es wiederhaben!" Zu diesem Zeitpunkt beginnt sich das Kind für seine Ausscheidungen zu interessieren und setzt die Herausgabe seines Stuhlgangs mit dem Wegwerfen von Dingen gleich. Genauso, wie es sich am Ende des ersten Lebensjahres selbst entwöhnen konnte, kann das Kind gegen Ende des zweiten Jahres von selbst sauber werden, wenn man es läßt und ihm nicht den elterlichen Willen aufzwingt. In der Mitte des dritten Lebensjahres wird Loslaufen und Anhalten zur Hauptbeschäftigung. Besonders bei Jungen ist die Kontrolle des Urins ein wichtiger Bestandteil der Kontrolle über ihren Körper in der sagittalen Ebene. Diese Themen werden in den folgenden Kapiteln noch näher besprochen.

Manche Eltern sehe ich zustimmend nicken, wenn sie diesen Abschnitt lesen, weil sie in ihm ihre Erfahrungen mit den eigenen Kindern wiederfinden. Andere werden den Einspruch erheben, ihre Kinder seien anders. Kinder sind verschiedene Individuen, und Entwicklungsphasen verlaufen nicht nach einem festgesetzten zeitlichen Schema. Es gibt allgemeine biologische, physiologische und psychische Grundlagen, aber bestimmte Umstände können die Entwicklung eines Kindes verzögern oder verändern. Ein Kind, das sich seinen Eltern erst im dritten Lebensjahr widersetzt, mag viel länger in der horizontalen Ebene verblieben sein und wird erst mit zweieinhalb Jahren entwöhnt. Unabhängigkeitsstreben und Widerstand kommen dann eben später, und das „fürchterliche Alter" mit zwei

Jahren (das tatsächlich etwas früher beginnt) erscheint in Gestalt des „schwierigen Alters" mit drei.

Im nächsten Kapitel konzentriert sich unsere Beschreibung auf das erste Lebensjahr und die Entwicklungsaufgaben dieser Altersstufe. Wir besprechen, wie Eltern schwierige Situationen besser meistern und unmögliche Situationen vermeiden können. Wiederum bieten wir Informationen an, auf deren Basis Sie sich Ihre Meinung bilden können. Indem Sie die sorgfältige Beobachtung Ihrer Kinder und Ihr Wissen zusammenfügen, werden Sie zu ExpertInnen, zu sachverständigen Eltern.

DAS ERSTE LEBENSJAHR: STILLEN, SCHLAFEN, LOSLÖSUNG UND ENTWÖHNUNG IM RAHMEN DER NATÜRLICHEN ENTWICKLUNG

Verschiedene Betrachtungsweisen der Entwicklung

Man kann die Entwicklung des Kindes von zwei Seiten betrachten. Zum einen zeigt sich die Kontinuität, mit der sich eines aus dem anderen entwickelt: sich umdrehen, kriechen, krabbeln, laufen lernen. Auch die weniger auffallenden Fortschritte verdienen Aufmerksamkeit: wie das Kind z. B. die Muskeln gleichmäßig anspannt, zuerst, um den eigenen Kopf hochzuhalten, dann, um einen Gegenstand fest zu umklammern, schließlich, um den Darm zu entleeren und um sich auf eine Sache zu konzentrieren. Wir beobachten auch eine fortlaufende Entwicklung des Temperaments: Ein Säugling, der gerne seinen Blick umherwandern läßt, ohne dabei lange bei einzelnen Objekten zu verweilen, wird wahrscheinlich ein Kind von sprunghafter Aufmerksamkeit werden, das voll von kreativen Ideen und allgemeinen Schlußfolgerungen ist, sich aber weniger gut auf einen einzelnen, besonderen Gedanken konzentrieren kann.
Im Laufe des Entwicklungsprozesses treten aber auch Brüche auf. Die Kinder durchlaufen Entwicklungsphasen, die von bestimmten Bewegungsmustern und Gefühlslagen geprägt sind. Aufgrund unserer Beobachtungen waren wir immer wieder beeindruckt von der Art, mit der sich verschiedene Verhaltensweisen einer Entwicklungsstufe zu einem einheitlichen Ganzen zusammenfügen. In jeder Phase sind die unterschiedlichen Verhaltensweisen darauf abgestimmt, eine bestimmte Aufgabe erledigen zu helfen. Mutter Natur erlaubt es dem Kind, sich in jeder Hinsicht an sein jeweiliges Reifestadium anzupassen.
Während der ersten fünf Monate dienen – um nur ein Beispiel dafür zu nennen – sämtliche Bewegungen des Säuglings vor allem dazu, sich die Dinge der näheren Umgebung liebevoll anzueignen. Die Kleinen trinken an der Brust, schmiegen sich an die Mutter, sie wollen alles anfassen und in den Mund stecken. Sie bewundern ihre ei-

genen Hände und alle Gegenstände rund um sie. Die Bewegungen verlaufen weich und fließend und stören nicht beim Stillen.

Die Veränderung beginnt in der zweiten Hälfte des ersten Lebensjahres. Die Kinder bekommen Zähne und wollen sie benützen, wollen kauen und beißen, mit den Fingern kneifen und an Mutters Haaren reißen. Sie möchten den elterlichen Schoß verlassen und auf Forschungsreise gehen. Das heißt noch nicht, daß ein acht Monate altes Baby nicht auch gerne schmust, aber es verändert sich, und diese Veränderungen führen schließlich zur Entwöhnung. Das Kind entscheidet sich, seine Unabhängigkeit von der Mutter zu vergrößern, es lernt zu essen und braucht die Brust nicht mehr, und es kann die Welt allein erforschen, ohne von Mutter getragen werden zu müssen. Um diese Herausforderungen bewältigen zu können, benötigt das Kind mehr aggressive Triebenergien als früher. Das Kneifen und Beißen ist Bestandteil dieser Veränderung, die das Kind gerade durchläuft.

Nur wenn man sowohl die Kontinuität als auch die Brüche sieht, kann man die kindliche Entwicklung verstehen. Zu erkennen, wann ein Kind bereit ist, die Nacht durchzuschlafen, von den Eltern getrennt oder entwöhnt zu werden, ist ebenso wichtig, wie die Grundlagen für diese Fähigkeiten bereits in den ersten Lebenstagen des Kindes zu schaffen. Mit Hilfe des Wissens um den Verlauf des Reifungsprozesses und um die Entwicklungsstufen können Eltern im Beobachten ihrer Kinder feststellen, ob und wie ihre Sprößlinge in die vorgegebenen Muster passen. Gleichzeitig werden sie auch den individuellen Charakter erkennen, der jedes Kind einzigartig macht. Im Mittelpunkt dieses Kapitels stehen das Stillen, der Schlafrhythmus, die Loslösung von den Eltern und das Abstillen. Je besser wir diese Prozesse verstehen, desto leichter wird es uns gelingen, förderliche Voraussetzungen zu schaffen.

Vom Neugeborenen zum Säugling

Bindung an die Mutter

Bei Neugeborenen beobachten wir einen ausgeprägten Greifreflex in der Muskulatur der Hände und des Mundes. Sie suchen die Brustwarze, nehmen sie in den Mund und saugen sich daran fest. Sie entwickeln einen sogenannten tonischen Nackenreflex, der es ihnen ermöglicht, die Mutter zu umarmen, wie wir es im vorhergehenden Kapitel beschrieben haben (Abb. 9). Wenn das Kind seinen Kopf nach links zur Brust dreht, streckt es den linken Arm aus, während es den rechten Arm anwinkelt und damit die Brust massiert, ganz so, wie kleine Hunde mit den Pfoten gegen den Körper der Mutter stoßen. Das Bein, das Mutters Körper am nächsten ist, streckt sich, das andere wird angewinkelt und überkreuzt das unten liegende, um so auch die Mutter zu berühren. Wenn das Kind so gehalten wird, daß der Kopf leicht nach vorne geneigt ist, werden beide Arme gebeugt. Dadurch hat das Baby noch mehr Körperkontakt mit der Mutter, und der gestreckte Arm beugt sich gerade genug,

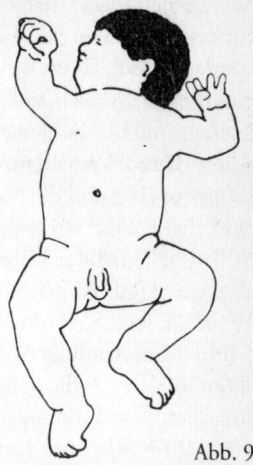
Abb. 9

um sich um Mutters Seite legen zu können und sie dort mit kleinen Bewegungen zu streicheln. All das kann aber nur eintreten, wenn Mütter bzw. die Menschen, bei denen sie Rat suchen, diesen Reflex verstehen. Wird die Hand des Babys von der Brust ferngehalten, wird auch der Reflex unterbunden. Ist der andere Arm zwischen Ihrem Körper und Babys Brustkorb eingeklemmt, kann das Kind Sie nicht seitlich umarmen. Sollten Sie sich nicht geradehalten und in sich zusammensinken, fallen auch die kleinen Füße ins Leere und können Sie nicht umschlingen.

Orale Rhythmen

Es ist interessant zu beobachten, wie das wiederholte Suchen der Brust, das Saugen, das Spiel der Finger und Zehen auf Mutters Körper im selben weichen Rhythmus erfolgt wie das Stillen. Die Hände streicheln Mutters Körper im selben Tempo, wie das Baby an ihrer Brust saugt.
Kinder entwickeln ihre Bindung an die Mutter auch auf der visuellen sowie auf der auditorischen Ebene. Wenn ein Neugeborenes sei-

ne Mutter ansieht, beginnt es, diesen Anblick liebzugewinnen. Wie die Jungen in der Tierwelt „erkennen" menschliche Kinder ihre Mutter anhand einer bestimmten Anordnung allgemeiner physischer Merkmale. Kleine Babys studieren das Gesicht ihrer Mutter beim Stillen sehr genau! Sie reagieren auch auf die Stimme der Mutter und werden so still, als ob sie sich ganz darauf konzentrieren würden. Die Bindung entwickelt sich auf allen Ebenen: auf der des Sehens, des Hörens und des Fühlens.

Allen diesen Verhaltensmustern ist gemeinsam, daß sie den Bindungsvorgang und die Nahrungsaufnahme des Babys erleichtern. Sie sind aber ebenso wichtig für die Mutter. Während sie das Baby beim Stillen hält, zieht sich ihre Gebärmutter zusammen und hilft ihr so, ihre gute Figur zurückzugewinnen. Der Körper wird straffer, und der Kreislauf wird gestärkt. In der gegenseitigen Umarmung erfahren Mutter und Kind die Nähe der/s anderen, was sowohl die Milchproduktion als auch die gefühlsmäßige Bindung fördert. Für den Säugling sind diese Bindungsvorgänge lebenswichtig.

Für Mütter, die ihre Kinder mit der Flasche großziehen, ist es viel schwieriger, diese innige Nähe zu erreichen. Kinderärzte empfehlen in letzter Zeit immer häufiger, die Babys zu stillen, da die Vorteile der Muttermilch in keiner Weise ersetzt werden können. Sie ist reich an Nährstoffen, verleiht dem Baby Immunität gegen verschiedene Krankheiten und bannt die Gefahr allergischer Reaktionen auf Kuhmilch. Es gibt jedoch Mütter, die aus verschiedenen Gründen die Fütterung mit der Flasche bevorzugen. Einige haben Angst, sie könnten vom Stillen einen Hängebusen bekommen, obwohl dieser Veränderung mit einem guten Büstenhalter begegnet werden kann. Andere wollen sich nicht an eine Leine legen lassen und möchten wohl auch, daß die Väter ihren Teil zum Füttern beitragen, vor allem in den frühen Morgenstunden. Bei einigen Müttern wachsen in den ersten Tagen des Stillens die Brustwarzen zu enormer Größe an, und sie wollen diesen Schmerzen entfliehen.[1] Aber auch bei Flaschenfüt-

---

[1] Häufig klagen junge Mütter über entzundene Brustwarzen. Ärzte empfehlen oft, die Brustspitzen vor der Entbindung zu massieren, um sie unempfindlicher zu machen; später kann man eine Salbe verwenden, um die Haut vor Austrocknung und Aufplatzen zu schützen. Nach ein paar Tagen sind die Anfangsschwierigkeiten durchgestanden.

terung kann man das Baby so im Arm halten, daß es gut abgestützt ist, obwohl die Flasche als lebloses Objekt eine gewisse Trennung zwischen Mutter und Kind schafft. Es ist aber auf jeden Fall vorzuziehen, ein Kind mit der Flasche großzuziehen, wenn das Stillen für die Mutter zu einer Belastung wird. Den meisten Müttern gelingt es jedoch, die anfänglichen Schwierigkeiten zu überwinden, und wenn sie (und das Baby) sich eingewöhnt haben, wird das Stillen zu einer bereichernden Erfahrung. Sie genießen das Gefühl, mit ihrem Kind auf eine einmalige Art verbunden zu sein, und über dieser Verbundenheit vergessen sie den Rest der Welt. (Sie sind aber trotzdem todmüde, wenn das Baby frühmorgens um drei Uhr schreit.)
Falls manche Mütter ihrer Arbeitszeiten wegen zu geringer Milchproduktion neigen oder sich aus anderen Gründen für die Flasche entscheiden, empfehlen wir, einen weichen Sauger und warme Milch zu verwenden, um somit Wärme und Körperkontakt während des Stillens möglichst gut nachzuahmen. Wir haben auch einen weichen Behälter mit den Umrissen einer Brust als „Flasche" entworfen, der aber leider bis jetzt noch nicht serienmäßig hergestellt wird.

Fütterungszeiten

In den meisten Krankenhäusern werden die Babys alle drei Stunden gefüttert, es sei denn, sie sind so klein, daß ihr Magen noch nicht viel Milch aufnehmen kann und sie daher früher hungrig werden. Heutzutage wird kaum noch jemand ernsthaft vorschlagen, ein Kind nach der Uhr zu füttern. Im Idealfall arbeiten Mutter und Kind gemeinsam daran, einen ungefähren Zeitplan zu entwickeln. Dadurch lernt das Baby, längere Schlafenszeiten einzulegen, in denen die Mutter andere Dinge erledigen oder sich ausruhen kann. Diese wertvollen friedlichen Stunden sollte man wirklich für Angenehmes und Vergnügliches nützen; die notwendigen Arbeiten geschehen dann, wenn das Baby wach ist und sich selbst unterhält.
Säuglinge können noch nicht eine ganze Nacht lang schlafen, ohne vom Hunger geweckt zu werden. Wenn das Baby schon nach zwei Stunden wach ist, kann man es während des Tages ein wenig spazierenfahren oder versuchen, seine Aufmerksamkeit abzulenken, um so

das Füttern ein wenig hinauszuzögern. Schon nach wenigen Tagen sollte das Baby an größere Abstände zwischen den Essenszeiten gewöhnt sein. Einigen Kindern fällt es leicht, von Anfang an den Vier-Stunden-Rhythmus einzuhalten, während andere öfter gefüttert werden wollen. Ein ca. vier Wochen altes Baby schläft schließlich fünf bis sechs Stunden in der Nacht.

Viele Mütter, besonders stillende, möchten beim Füttern in einem ruhigen Zimmer allein sein. Beim ersten Kind ist das meist noch machbar, beim zweiten aber kaum mehr. Wahrscheinlich ist es klüger, auf das Vergnügen des Unbelästigtseins zu verzichten, als das Geschwister auszusperren, das sich dann vernachlässigt fühlt und eifersüchtig wird. Nach einer Eingewöhnungsphase bewältigen Mutter und Kind das Stillen auch in der Öffentlichkeit. Das Wichtigste dabei ist, sich dafür einen bequemen Stuhl zu suchen, in dem Sie Ihren Arm gut abstützen können, so daß Sie das Kind ganz entspannt halten können. Ein Schaukelstuhl mit einem Kissen auf der Armlehne gibt guten Halt, und der Rhythmus des Schaukelns unterstützt auf angenehme Weise den Rhythmus des Stillens.

Die Entwicklung der wechselseitigen Bindung zwischen Mutter und Kind

Schon in der Zeit unmittelbar nach der Geburt tut das Baby alles in seiner Macht Stehende, um sich an seine Umgebung anzupassen. Vorher war es noch zusammengerollt in der Gebärmutter, jetzt beugt und streckt es sich immer mehr. Vorher, im Mutterleib, konnte es sich noch nicht Gehör verschaffen, jetzt kann es nach eigenem Gutdünken brüllen und fängt an, Laute zu bilden, die an Rülpsen oder an Schluckgeräusche erinnern. Anfangs erfolgt dies alles unkoordiniert: Zwar hat der Säugling diese Überlebensmechanismen bereits zur Verfügung, versteht es aber noch nicht, sie gemeinsam zu seinem Vorteil zu nützen. Wenn er sehr hungrig ist, gelingt es ihm nicht, die Brust zu finden, weil unkoordinierte, ruckartige Bewegungen den angeborenen Reflex stören. Die Mutter hilft dem Baby intuitiv, sich zuerst zu beruhigen und dann die Brust anzunehmen. Auch sie ist dabei, sich an ein neues Wesen zu gewöhnen, das sie lange Zeit gespürt, aber nicht gesehen hat. Auch sie braucht Zeit, um herauszufinden, welche Art des Stillens für sie und das Baby die beglückendste ist. Das erfordert Anpassungsvermögen auf beiden Seiten, in der die Funktionen der Mutter und des Kindes aufeinander abgestimmt werden, um dem Baby Überleben und Wachstum zu ermöglichen. Die wechselseitige Bindung basiert auf Verständnis und Kommunikation zwischen beiden Partnern. Margaret Mahler nennt diese Bindung eine „symbiotische Zweieinheit"; sobald sie erreicht ist, tritt das Kind in eine neue Phase ein, in die sogenannte orale Phase.

Die Anfänge der oralen Phase: Der Säugling

Freud prägte den Begriff „oral", als er entdeckte, daß die frühen lustvollen Empfindungen des Babys vor allem im Mundbereich liegen (Mund und Lippen). Sechs bis acht Wochen nach der Geburt[2] zeigten Kinder schon einen guten Geschmackssinn und verzogen das Gesicht, wenn ihnen etwas nicht schmeckte.
Jetzt, in der oralen Phase, genießt das Kind die Muttermilch. Es muß sich nicht länger abmühen, Anpassung und Koordination sind gelungen und tragen zum erfolgreichen Stillen bei. Das Baby genießt auf Zunge und Gaumen die warme, süße Milch, die in seinen Mund fließt. Wahrscheinlich nimmt es sogar wahr, wie sich sein Bauch langsam füllt. Die Lippen umspielen die geliebte Brustwarze, die Hand fühlt Mutters Brust und der andere Arm ihren Rücken. Vielleicht fängt das Baby sogar an, in satter Zufriedenheit vor sich hin zu summen. Ungeachtet des Lärms im Hintergrund und aller anderen Ablenkungsmanöver konzentriert sich die gesamte Aufmerksamkeit

---

[2] Alle Altersangaben gelten nur ungefähr. Früher wurden Kinder mehr sich selbst überlassen, heutzutage werden sie viel öfter hochgenommen und mehr Reizen ausgesetzt, daher hat sich die Entwicklung insgesamt beschleunigt. Auch der Grad an Besorgtheit um die Kinder hat zugenommen. Darüber hinaus verweilen manche Kinder einfach von ihrer Veranlagung her länger in bestimmten Phasen. Zum besseren Verständnis sollten wir uns daher mehr mit Entwicklungsphasen als mit Altersstufen befassen.

des Kindes auf das Saugen. Hier liegt die Quelle allen oralen Genusses, und auf verschiedene Weise ist der ganze Körper daran beteiligt. Beim Saugen, Berühren, Streicheln sorgt der gemeinsame orale Saugrhythmus für eine einheitliche Erfahrung.

Die horizontale Ebene der Bewegung

Wie schon einmal gesagt, bewegt sich der Säugling vor allem in der Horizontalebene, d. h. in der Tischebene. (Die Ebenen sind in Relation zum Körper des Kindes definiert: die Horizontalebene des schlafenden Säuglings erstreckt sich nach oben und zur Seite.) In dieser Ebene führt das Baby seine Finger in den Mund. Es saugt – an der Schulter einer/s Erwachsenen liegend – an seiner Schmusedecke. Wenn es nach etwas ausgreift, gelingt das am besten in der Horizontalebene. Diese Ebene, in der auch gestillt wird, hilft die enge Verbindung zwischen Mutter und Kind in der oralen Phase herzustellen.
Die Nähe zur Mutter ist Bestandteil eines umfassenden Verlangens, sich alles einzuverleiben. Das Kind versucht, seine Umgebung in sich aufzunehmen und weiß nicht, wo der eigene Körper aufhört und der andere beginnt. Es saugt, berührt, sieht, hört und fühlt. Es reagiert auf die Stimme der Mutter und macht Geräusche; es hört gebannt zu, wenn die Mutter seine eigenen Laute nachahmt.

Wenn Babys schreien

In den ersten zwei Lebenswochen gleichen Säuglinge oft kleinen „Engeln". Danach fangen einige an, häufig zu brüllen, und scheinen unter Bauchschmerzen – die meist als Koliken bezeichnet werden – zu leiden. KinderärztInnen wissen, daß bei manchen Babys die inneren Organe erst etwas später die volle Funktionstüchtigkeit erlangen. Als allgemeine Regel gilt daher, Babys unter sechs Monaten keine feste Nahrung zu geben. Aber auch ohne diese können manche Kinder unter Bauchschmerzen leiden. Schnuller helfen oftmals, doch genauso wichtig ist es, die Aufmerksamkeit der Kinder abzulenken: mit Hilfe von Mobiles, Musik, oder indem sie anderen Leuten im Haus bei der Arbeit zusehen können.

Hier geht es um ein wichtiges Thema. Wir raten davon ab, Kinder über einen längeren Zeitraum hinweg brüllen zu lassen in der Hoffnung, daß sie sich das Weinen „abgewöhnen". Wir halten diese Maßnahme für grausam. Andererseits ist es auch keine Lösung, das Kind jedesmal in den Arm zu nehmen, wann immer es schreit. Dadurch lernt das Kind, daß es nur in den Armen einer/s Erwachsenen Erlösung von seinem Unbehagen findet. Man verweigert dem Kind die Chance, eine Möglichkeit zu entwickeln, wie es sich selbst beruhigen könnte, und sich auf eine Mutter zu freuen, die es voll Liebe hochnimmt, nicht nur voller Verzweiflung und Sorge. Es verlangt möglicherweise mehr, ein Kind lernen zu lassen, sich selbst zu beruhigen, als es ständig hochzunehmen, aber auf lange Sicht gesehen lohnt es sich.

Wenn ein Baby weint, muß man zunächst feststellen, warum es das tut. Hat es Hunger? Falls es innerhalb der letzten Stunde gefüttert wurde, ist dies eher unwahrscheinlich. Manche Babys weinen, wenn ihre Windeln naß oder voll sind, anderen wiederum scheint das gar nichts auszumachen. Vielleicht muß das Kind aufstoßen. Sie können sanft auf seinen Rücken klopfen, ohne es aus dem Bett zu nehmen, oder die Lage verändern. Vielleicht hat der Säugling Krämpfe. Legen Sie ihn auf den Rücken und halten Sie seine Beine hoch: Das kann einen leichten Bauchkrampf beenden. Wenn der Schmerz nicht stark ist, könnte man das Baby durch Musik ablenken oder durch ein Mobile, das es betrachten kann. Es gibt Spielzeug, das über dem Kinderbett aufgehängt wird und das klingelt, wenn das Baby strampelt. Falls sich das Kind in einem lauten Zimmer befindet und weint, braucht es vielleicht nicht Abwechslung, sondern Ruhe. Wenn es zuviel aus seiner Umgebung aufnimmt, kann Überreizung der Grund des Weinens sein.

Sobald Sie also die Ursache gefunden haben (oder sollte man besser sagen: erraten haben?), können Sie versuchen, das Kind zu beruhigen – aber nehmen Sie es nicht sofort hoch. Lassen Sie es jedesmal ein wenig länger im Bett, sprechen Sie mit ihm, schenken Sie ihm Aufmerksamkeit, lassen Sie es manchmal allein. Auch wenn es nicht so offenkundig ist: Damit helfen Sie dem Kind, für sich zu sein, durchzuschlafen und ein Selbstgefühl zu entwickeln. Natürlich meinen wir nicht, daß man ein Baby nur ganz selten in den Arm nehmen soll;

Sie sollen das vor allem dann tun, wenn es wach ist, um Wärme und Gemeinsamkeit zu erleben.

Die Anziehungskraft der Außenwelt

Im Alter von ungefähr vier Monaten weicht die Beschäftigung mit den inneren Empfindungen derjenigen mit der Außenwelt. Zu dieser Zeit haben die meisten Babys die Koliken hinter sich. Sie sind leicht ablenkbar, nicht nur von Bauchschmerzen, sondern auch vom oralen Vergnügen. Viele Mütter ziehen sich daraufhin zum Stillen in einen halbdunklen Raum zurück. Gar nicht wenige Kinder haben Einschlafschwierigkeiten oder können nicht durchschlafen, weil sie ständig nach neuen Reizen suchen. Sie möchten schauen, hören, die Welt mit Augen und Ohren in sich aufnehmen.

Durchschlafen

Babys, die in den Schlaf gestillt werden, wachen gelegentlich mitten in der Nacht auf und weinen bitterlich. Manchmal dauert dieser Zustand Monate, manchmal auch Jahre. Ein Baby, das auf dem Arm der Mutter eingeschlafen ist, kann sich fürchten, wenn es sich plötzlich anderswo wiederfindet.
Die daraus folgende Verwirrung kennen wir alle aus Träumen und Alpträumen, in denen wir uns an einem unbekannten Ort befinden und den Weg nach Hause nicht finden können. Sobald sie einmal wach sind, wissen die Kinder darüber hinaus nicht, wie sie wieder einschlafen können. Wir glauben, daß sie weinen, um sich Aufmerksamkeit zu verschaffen, aber in Wirklichkeit brauchen sie Hilfe, um zu sich selbst zurückzufinden. Die verzweifelten Eltern, die endlich einmal eine Nacht lang schlafen möchten, nehmen vielleicht ihr Kind hoch, füttern es oder tragen es auf dem Arm spazieren, bis ihm die Augen wieder zufallen. Andere Eltern nehmen ihr Kind zu sich ins Bett. Andere fahren ihre Kinder zu mitternächtlicher Stunde im Auto spazieren, um sie müde zu machen, jedoch ein paar Stunden später wachen die Kleinen neuerlich auf. NachbarInnen, Verwandte, FreundInnen und sogar Ärzte bieten gutgemeinte Ratschläge an wie

z. B.: „Laß ihn brüllen, bis er von selbst müde wird"; „Gib ihr eine Flasche vor dem Einschlafen" oder: „Nimm sie mit dir ins Bett."
Unsere Vorgangsweise verlangt harte Arbeit. Es ist leichter, ein weinendes Baby in den Arm zu nehmen, als zu versuchen, das Kind in seinem Bett zu beruhigen. Falls das Kind allerdings gelernt hat, sich während des Tages allein in seinem Bett zu vergnügen, wird die Aufgabe etwas leichter. Wenn das nicht der Fall ist, müssen Sie damit rechnen, daß Sie einige Nächte werden opfern müssen, um für die nächsten Jahre wieder ungestörten Schlaf zu finden.
Wenn Sie also Ihren drei bis vier Monate alten Säugling am Abend gefüttert haben, legen Sie ihn zum Einschlafen in sein Bett, bevor er auf ihrem Arm einschläft. Achten Sie darauf, daß Ihr Baby noch ganz wach ist, wenn Sie es ins Bett legen, damit es sich orientieren kann und weiß, wo es ist, wenn es einschläft. Sie müssen dabei sehr entschlossen handeln. Bieten Sie dem Baby ein Übergangsobjekt an, etwa eine Schmusedecke oder eine Stoffwindel, die vorher über Mutters Schulter gelegen ist.
Ein Kind kann auch an einem Gegenstand, den die Mutter nahe an ihrem Körper hatte, Trost finden. Indem es das Gefühl der Geborgenheit (in Mutters Armen) auf das Bett oder auf das von der Mutter angebotene Übergangsobjekt überträgt, macht das Kind in seiner Entwicklung einen Schritt vorwärts.[3] Falls das Baby weinend seine Arme ausstreckt, um hochgehoben zu werden, müssen Sie widerstehen, denn falls Sie seinem Wunsch entsprächen, würde das Kind lernen: „Wenn ich nur lange genug brülle, werden mich meine Eltern schon holen." Geben Sie ihm auch nichts zu trinken, es sei denn, im Zimmer wäre es ungewöhnlich heiß und trocken. Das Trinken würde dem Baby vielleicht beim Einschlafen helfen, es würde allerdings auch dazu ermuntert werden, in der nächsten Nacht erneut nach einer „Stärkung" zu verlangen. Es sollte genügen, daß Sie den Kontakt aufrechterhalten, indem Sie mit dem Baby sprechen, ihm etwas vorsingen, seinen Rücken massieren, bis es wieder bereit ist, sich von Ihnen zu lösen und vertrauensvoll wieder einzuschlafen. Nach einigen Tagen schon könnte Mutters Stimme aus einem anderen Zim-

---

[3] Dazu auch der Anfang des Kapitels über Sauberkeitserziehung: Übergangsobjekte als Brücken zur Trennung.

mer genügen, um das Kind zu trösten, und schließlich kann es sich selbst beruhigen, indem es sich an ihre Stimme, ihr Gesicht, ihre Berührung erinnert. Es sucht Trost beim Daumen oder bei seiner Dekke. Daran erkennen Sie, daß sich Ihr Kind von Ihnen weg zu mehr Selbständigkeit hin entwickelt!

Von der Brust auf die Flasche umstellen?

Gegen Ende der frühen oralen Phase kommt für viele Mütter der Zeitpunkt für die Frage, ob sie sich jetzt für die Fütterung mit der Flasche entscheiden sollen – selbst wenn es bis dahin mit dem Stillen gut geklappt hat. Das gestillte Baby dreht und wendet sich und unterbricht das Saugen, um sich umzusehen, während ein Kind, das die Flasche bekommt, beides gleichzeitig tun kann: trinken und umherschauen. Viele Mütter sagen uns, daß sie nicht länger durch das Stillen angebunden sein wollen. Wenn das Kind mit der Flasche gefüttert wird, können sie es für eine längere Zeit verlassen. Diese Idee taucht ganz plötzlich auf und scheint ein passendes Gegenstück zu dem zu sein, was das Baby tut: Denn anscheinend hat auch das Baby genug davon, auf die Brust angewiesen zu sein. Es verlangt nach neuen Reizen, die nicht unbedingt mit der Mutter zu tun haben müssen. Die Frage ist, wer von den beiden mit der Entfremdung anfängt. Mütter sind sich oft nicht darüber im klaren, daß ihr Umgang mit anderen Erwachsenen während des Stillens für das Baby das Signal setzt, sich ebenfalls der Außenwelt zuzuwenden.[4] Daraufhin fühlen sich die Mütter gekränkt, weil das Kind nicht seine ganze Aufmerksamkeit der Brust zuwendet. Wenn sich das Baby auch für andere Menschen zu interessieren beginnt, glauben die Mütter oft vorschnell, es möchte auch von anderen gefüttert werden.
Die Argumente für und gegen eine Umstellung vom Stillen auf die Flasche müssen eine Beurteilung des Säuglings in dieser Phase mit einschließen. Mütter, die auf die Flasche umstellen wollen, meinen

---

[4] Wir empfehlen Müttern mit einem vier bis sechs Monate alten Säugling, keinerlei Gespräche während des Stillens zu führen, sondern erst, wenn die Mahlzeit beendet ist.

ein schwindendes Interesse des Kindes am Stillvorgang zu beobachten. Sobald einmal der Versuch mit der Flasche gemacht wurde, zeigt sich, daß die Babys es schätzen, mit weniger Einsatz an ihre Milch zu kommen, und meistens mögen sie dann die Brust nicht mehr. Tatsächlich akzeptieren die meisten Babys die Flasche, weil sie weniger Arbeit bei der Nahrungsaufnahme bedeutet. Einigen Müttern gefällt auch die Vorstellung, daß sie das Baby im Gitterbett einfach seiner Flasche überlassen können, während sie sich anderen Dingen zuwenden. In den Augen vieler war es zweifellos das Kind, das diese Veränderung herbeigeführt hat.

Wir möchten mehrere Argumente gegen den Wechsel von der Brust zur Flasche anführen, egal zu welchem Zeitpunkt er stattfindet, wenn es nicht äußerst triftige Gründe dafür gibt. Unser Hauptargument ist, daß diese Veränderung einen dramatischen Einschnitt in die wachsende Unabhängigkeit innerhalb der Mutter-Kind-Dyade darstellt. Betrachten wir den vier bis fünf Monate alten Säugling genauer: Er beginnt allmählich, zwischen seiner Mutter und der übrigen Welt zu unterscheiden, nachdem er den Höhepunkt der symbiotischen Zweieinheit (zwischen Mutter und Kind, nach Margaret Mahler) erreicht hat. Er muß nun den Teil seiner Welt erforschen, der „nicht Mutter" ist. Er entwickelt nicht nur eine Beziehung zu Objekten, indem er sie festhält und berührt, sondern er nimmt auch Kontakt mit anderen Leuten auf. Sein Lächeln kommt aus tiefster Seele und zieht alle Erwachsenen in den Bann. Aber selbst in dieser Übergangsphase von der symbiotischen Bindung an die Mutter zu einer Phase, in der zwischen Mutter und der übrigen Welt besser unterschieden wird, braucht das Kind immer noch viel Nähe zur Mutter. Durch das Stillen und mit jenem besonderen Lächeln, das nur für sie bestimmt ist, wird der Prozeß der allmählichen Trennung zwischen Mutter und Kind auf natürliche Art verlangsamt.

Im Gegensatz zum Stillen kann die Mutter beim Füttern mit der Flasche während dieses Vorgangs auf Distanz zu ihrem Kind gehen. Wenn Mütter ihrerseits spüren, daß sich ihr Kind von ihnen loszulösen beginnt, überbewerten sie gerne diese Trennungstendenzen. Die Kinder bekommen dann oft die Flasche, während sie im Bett liegen oder im Hochstuhl sitzen – allein. Die warme Geborgenheit der oralen Phase, die durch die umhüllende Umarmung entsteht, ist damit zerstört. Außerdem ermöglicht die Flasche dem Kind, sich von der Mutter zu distanzieren, ohne dabei die oralen Abhängigkeiten aufzugeben. Mit der Flasche in der Hand kann ein sechs Monate altes Kind gleichzeitig trinken und sich von der Mutter ab- und seiner Umgebung zuwenden. Wenn das sieben bis acht Monate alte Baby von seiner Mutter wegkriecht, nimmt es oft seine Flasche mit. Vielleicht haben Sie solche Krabbelkinder schon gesehen, denen die Flasche aus dem Mund baumelt. Sie trinken nicht ununterbrochen, sie halten sich nur daran fest. Sie haben damit alles auf einen Streich: Sie üben die Fortbewegung und müssen deshalb doch nicht auf den oralen Genuß verzichten. Sie haben die Milch von der Mutter getrennt und tragen sie mit sich fort. Sie sind von der Mutter weggegangen – aber der Entwöhnungsprozeß wurde unterminiert.

Die Entwöhnung

Vergleichen Sie nun das mit der Flasche gefütterte Kind mit dem gestillten Baby: Wenn ein Stillkind anfängt zu kriechen und zu krabbeln, ja früher schon, wenn es strampelt und verlangt, auf den Boden gelegt zu werden, beginnt es aus eigenem Antrieb mit dem Entwöhnungsprozeß. Obwohl es noch immer seine Milch aus Mutters Brust haben möchte, hat es zugleich das Bedürfnis, sich von der Mutter aus eigener Initiative zu entfernen. Anfangs versuchen ältere Babys, die Brust mit auf ihren Weg zu nehmen. Da das nicht geht, müssen sie – um auf Forschungsreise gehen zu können – diesen Verlust in Kauf nehmen.[5]

Wenn Kinder zum ersten Mal einsehen, daß ihnen die Brust nicht uneingeschränkt zur Verfügung steht, kann dies für Aufregung sorgen und Anlaß dafür sein, daß die Babys alle Schuld an diesem Verlust der Mutter geben. In dieser Situation kommt ihnen aber „Mutter Natur" zu Hilfe: Da das Kind weniger und weniger trinkt, wird auch weniger Milch produziert. Das macht es dem Baby leichter,

---

[5] Man sollte dem Kind nicht erlauben, ständig zwischen der Mutterbrust und seinen Forschungsimpulsen hin- und herzupendeln, weil dies die Bewältigung des Trennungsschmerzes nur hinauszögert.

Mutters Brust zu verlassen: Der Preis für die Entdeckung der Welt besteht im Zurücklassen der Milch. Viele bewegungsfreudige Kinder entwöhnen sich selbst relativ bald, meist sogar im ersten Lebensjahr. Andere Kinder wiederum wollen – wenn man es ihnen erlaubt – bis ins zweite Lebensjahr an der Brust trinken, doch werden die Abstände zwischen dem Trinken stets größer. Gestillte Kinder entwöhnen sich daher je nach Stärke ihres Forschungsdrangs allmählich selbst. Flaschenkinder hingegen geben ihr bestes Stück solange nicht her, bis es ihnen von den Eltern mit List abgelockt wird.

Die spätere orale Phase

Sobald die Kinder aus einer Tasse trinken können, geht die Entwöhnung leichter vonstatten. Mit ca. sechs Monaten können sie sich bereits vom Bauch auf den Rücken (und zurück) drehen, auf dem Bauch liegend um sich selber drehen und zu Dingen innerhalb ihres Laufstalls hinbewegen. Zur selben Zeit sitzen sie im Hochstuhl und essen feste Nahrung. Falls es die Nerven der Mutter aushalten, dürfen die Kinder mit ihren Händen ins Essen greifen, sich den Brei ins Gesicht klatschen und dann mit den Händen nach einer Tasse greifen. Die Trinktasse mit Deckel (eine dieser genialen Erfindungen) verhindert, daß der Saft auf dem Boden landet (er wird noch immer verschüttet, aber wenigstens nur mehr in kleineren Mengen). Aus der Sicht des Kindes spendet die Tasse viel Vergnügen und Befriedigung, was als dringende Wiedergutmachung angesichts der schwindenden Freuden des Stillens benötigt wird: „Wenn es mir gelingt, die Tasse umzudrehen, kann ich den Saft ausschütten, und eine herrliche Lache entsteht. Wenn ich den Deckel runterbekomme, kann ich die Tasse leermachen. Ich kann Mutter dabei beobachten, wie sie Saft nachfüllt und die Tasse wieder vollmacht. Ich kann meinen Kopf nach hinten legen und mich mit Saft vollaufen lassen; wenn ich den Mund zu voll nehme, beuge ich mich nach vorne und spucke alles wieder aus. Wenn ich die Tasse nehme und gegen meinen Sessel schlage, so gibt das ein wundervolles Konzert. Runde Tassen rollen auch besonders schön."

Im Laufe dieses Spiels lernt das Kind, den richtigen Zeitpunkt zu wählen, Gegenstände in eine räumliche Beziehung zum eigenen Körper zu bringen und den Zusammenhang zwischen den eigenen Bewegungen und deren Auswirkung auf einen Gegenstand abzuschätzen. Es gehört zum Lernprozeß, wie man Gegenstände und nicht nur eigene Körperteile benützt (auch, wie man sich benimmt). Indem es den Gebrauch einer Tasse erlernt, ordnet sich das sieben bis acht Monate alte Kind in die Erwartungen der Gesellschaft ein und macht einen weiteren Schritt in Richtung Entwöhnung.[6]

Beiß- und Knabberrhythmen in der späteren oralen Phase

Gegen Ende der oralen Phase stellen sich Veränderungen ein, die das Kind weg vom Saugen hin zu fester Nahrung führen. Die Mundschleimhaut, reich an Blutgefäßen, weich und gut durchblutet, verliert an Empfindsamkeit. Sie bleibt eine Quelle des Vergnügens, aber sie wird nie mehr wieder das Beste im Leben des Kindes sein. Am Beginn der Zahnungsphase schwillt das Zahnfleisch an, und die Zähne stoßen durch. Besonders Flaschenkinder sind in dieser Zeit anfällig für Erkältungen. Gestillte Kinder zeigen eine größere Widerstandskraft gegenüber Bakterien.

Während des Zahnens erfahren Babys Schmerz (und Erlösung davon) in ihrem geliebten Mund. Manche versuchen, in Mutters Brust zu beißen, da das Saugen allein den Schmerz nicht vertreibt. Entsetzensschreie der Mutter lehren das Kind dann, daß die Brustwarze für Zähne und Kiefer tabu ist. Besser wäre jedoch, einen Finger zwischen Zähne und Brust zu schieben. Viele Kinder finden schnell ge-

---

[6] Man könnte argumentieren, daß auch die Flasche ein Utensil sei. Gelegentlich ist sie das auch, aber sie ist nicht etwas, was man – wie die Tasse – für den Rest seines Lebens braucht. Die Flasche ist ein Ersatz für die mütterliche Brust und sollte dieser Funktion gemäß eingesetzt werden. Auch das Kind, das mit der Flasche gefüttert wird, sollte in Mutters Armen ruhen, bis es von selbst darauf verzichtet und sich in die Welt aufmacht. Wenn das Baby dabei die Flasche mit sich herumschleppt, bekommt es einen falschen Eindruck von der Wirklichkeit: jenen nämlich, daß man alle Bedürfnisse gleichzeitig befriedigen kann.

eignete Ersatzobjekte: Sie kauen an ihren Fingern, ihren Spielsachen, an allem, was sie zu fassen bekommen. Dinge, die sie früher in den Mund steckten, um daran zu saugen, werden jetzt gekaut. Manchmal hilft das Herumbeißen auf harten Nahrungsmitteln (z. B. Brotrinden) gegen den Schmerz. Ein Kind, das feste Nahrung zu sich nimmt und sein ganzes Selbst in den Dienst dieser neuen Aufgabe stellt, verliert immer mehr das Interesse am Saugen. Die Zunge hilft nun nicht mehr vor allem beim Saugen, sondern wird zum Hauptinstrument für das Aufspüren der wunden Stellen im Mund. Sie regt die Speichelbildung an, was wiederum den Schmerz zu lindern scheint. Gleichzeitig wird die Zungenmuskulatur leistungsfähiger, was das Herumdrehen der Nahrung im Mund betrifft – eine Fertigkeit, die zunehmend wichtiger wird.

Selbst wenn das elf bis zwölf Monate alte Kind noch an der Brust trinkt, verliert der sanfte Saugrhythmus immer mehr an Bedeutung zugunsten der Beißrhythmen der späteren oralen Phase. Die psychoanalytische Literatur bezeichnet diese Zeit als oral-sadistische Phase. Beißen ruft Lustempfindungen hervor, und darin könnte der Anfang des Vergnügens liegen, sich selbst oder anderen weh zu tun.

Dieser Wechsel von der oralen in die oral-sadistische Phase wird jedoch nicht vollständig vollzogen, es bleiben noch Unsicherheiten. Ein Kind, das gerade feste Nahrung zu sich nimmt, möchte noch nicht auf das Wohlbehagen an der Brust verzichten. Manchmal saugt das Baby mehr an der Nahrung, als daß es sie ißt, und trinkt aus einer Schnabeltasse. Ein Kind kann auch zwischen dem eher aktiven Beißen und Kauen, Kriechen und Krabbeln und dem eher passiven Verschmelzen mit der Mutter schwanken. Das etwas größere Baby greift nach der Tasse, wenn es sich gut fühlt. Wenn es aber müde oder verunsichert ist, sucht es noch immer Trost bei Mutters Milch und in ihrer Umarmung. Stillen bietet dem Baby ein Sicherheitsnetz, auf das es sich verlassen kann, wenn es versuchsweise seine ersten Schritte in die Selbständigkeit macht.

Verlieren und Wiederfinden

Dieses Schwanken, das oftmals den Übergang von einer Phase in die andere kennzeichnet, nimmt die Form verschiedener „Spiele" an.

Vielleicht fällt Ihnen auf, daß Essen und Trinken häufiger auf dem Boden landen, als es der Wahrscheinlichkeit entspräche. Zeigen Sie sich davon nicht verärgert, sondern seien Sie stolz, denn damit macht Ihr Baby einen Schritt vorwärts: Es übt das Verlieren und Wiederfinden. Mit vier oder fünf Monaten konnte das Baby Dinge ergreifen und festhalten, wußte aber nicht, wie es sie wieder loswerden sollte. Ähnlich ergeht es oft auch älteren Säuglingen: Sie krabbeln und halten dabei in jeder Hand ein Spielzeug, das wie angeklebt erscheint, bis es zufällig abhanden kommt. Das Festhalten der Dinge wird schon gut beherrscht, aber das absichtliche Loslassen muß noch gelernt werden. Das passiert im Alter von acht bis zehn Monaten. Ein Kind mit acht Monaten entdeckt, daß es die Hand öffnen kann, und dann fällt etwas zu Boden. Essen, Tassen, Teller fallen vom Hochstuhl, und das Baby beobachtet, wo das alles landet. Dann zeigt es auf alle diese Sachen und erwartet, daß Mutter sie wiederbringt – eine scheinbar grausame Quälerei für die Mütter. Manche Frauen verlieren die Geduld und erlauben dem Kind nicht mehr, sich selbst am Fütterungsvorgang zu beteiligen; Tasse und Löffel bleiben außerhalb der Reichweite des Babys. Wir möchten von solchen Reaktionen abraten und schlagen statt dessen vor, während der Mahlzeiten mehrere Lagen Zeitungspapier unter dem Kindersessel aufzubreiten. Wir raten auch dazu, eine Tasse am Hochstuhl festzubinden, so, daß sie das Kind ohne Hilfe der Mutter wiederfinden kann. Es scheint viel verlangt von den Müttern, in dieser Phase nicht die Geduld zu verlieren und den tieferen Sinn dieser „Übungen" zu sehen.

Das sieben bis acht Monate alte Kind ist noch immer ein orales Baby und möchte alles in sich aufnehmen, lernt aber auch, Dinge wieder loszulassen. Dies geschieht am Anfang nur sehr zögernd und wird hinterher sofort bedauert. Es gibt verschiedene Methoden, dieses Verlieren und Wiederfinden zu üben. Wenn sich die Mutter während des Essens zu ihrem Kind setzt (was sie tun sollte), macht das Kind nicht selten Ansätze, sie zu füttern. In der letzen Sekunde jedoch landet der so großzügig angebotene Löffel dann doch eher im Mund des Babys als in dem der Mutter. Dieselbe Einstellung herrscht auch anderen Dingen gegenüber. Spielsachen werden z. B. über den Rand des Laufstalls gehalten und fallen gelassen, allerdings nicht in der ehrlichen Absicht, diese Dinge auch wirklich aufzugeben: Sie sollen dem „großzügigen Spender" schleunigst zurückgebracht werden. „Ich wollte es nicht herschenken", scheint das Baby sagen zu wollen, „ich wollte nur einmal sehen, wie weit es fallen würde."

Auch das Stillen ist von diesem Spiel des Loslassens und Wiedererhaltens betroffen. Das Baby läßt die Brustwarze los, spielt, schaut sich um und kehrt zur Brust zurück. Es klettert von Mutters Schoß, krabbelt davon und kehrt wieder zum sicheren Hafen der Mutterbrust zurück. Obwohl das Baby damit offenkundig die ersten Schritte in Richtung Entwöhnung macht, ist es zur endgültigen Loslösung noch nicht bereit.

Verlieren und Wiederfinden, dieses Ritual, das mit dem Essen, dem Spielzeug und mit der mütterlichen Brust durchgeführt wird, bedeutet die Vorstufe zum wirklichen Geben, ein Stück Erwachsenwerden für das Baby. Diese Spiele setzen sich bis in die ersten Monate des zweiten Lebensjahres fort (mit Steigerungen: die Spielsachen werden nun fortgeschleudert, nicht mehr bloß fallen gelassen) und bilden die Grundlage für die Fähigkeit, großzügig zu sein, Geschenke zu machen und die geliebten Spielsachen mit anderen zu teilen, die Brust aufzugeben, und später, um sauber zu werden.

Sich selbst entwöhnen

Zu Beginn des zweiten Lebensjahres hören viele Kinder auf, tagsüber an der Brust zu trinken, ohne daß sie es selbst bemerken. Sie fragen dann eines Morgens nicht nach der Milch, sondern setzen sich zum Frühstück in ihren Kindersessel. Normalerweise wird der Gute-Nacht-Trunk als letztes aufgegeben, weil es in Mutters Arm und an ihrer Brust einfach zu schön ist. Manche Mütter geben ihren bereits laufenden Kleinkindern noch immer die Brust, weil sie selbst noch nicht auf die innige Nähe des Stillens verzichten können. Oft aber müssen sie unter dem Druck von Ehemännern und FreundInnen aufgeben.

Die Entwöhnung fordert Bereitschaft auf beiden Seiten, von Mutter und Kind. Manche Mütter verlängern das Stillen bis ins dritte

Lebensjahr des Kindes, indem sie ihm zur Beruhigung immer die Brust anbieten. Zweijährige, die sich gerade das Knie angeschlagen haben oder müde und weinerlich sind, profitieren unserer Meinung nach keineswegs von ein paar Schlückchen Muttermilch. Es ist besser, sie in den Arm zu nehmen, als ihnen zum Trost etwas zu essen zu geben. Es scheint so einfach, ein weinendes Kind mit der Brust zu beruhigen, aber wollen wir unsere Kinder tatsächlich lehren, im Essen und Trinken Trost zu suchen?
Es gibt auch andere Fälle, in denen vorschnell die Brust angeboten wird: Wir haben Zweieinhalbjährige gesehen, die zur Mutter laufen, ihre Bluse hochschieben und an der Brust trinken. Nach kürzester Zeit sagen sie: „Die andere auch!", nehmen einen Schluck und laufen wieder davon. Sie benützen die Mutter gleichsam als Trinkbrunnen. Was sie brauchen, ist vielleicht eine kurze Kontaktaufnahme mit der Mutter, um sich zu vergewissern, daß sie noch da ist, aber auch in diesem Fall genügt eine schnelle Umarmung oder eine andere „Streicheleinheit". Wir schlagen den betroffenen Müttern vor, nicht allzu nachgiebig zu sein. Ohne großartig anzukündigen: „Du bekommst jetzt keine Milch!", könnten sie eine Umarmung oder eine kurze Berührung anbieten und dabei gleichzeitig die Brust außer Reichweite halten. Ein Kind, das mit über zwei Jahren noch auf die Brust angewiesen ist, verkörpert oft den Wunsch der Mutter, das Kind als Säugling zu behalten. Es ist ein wundervolles, warmes Gefühl, ein Baby zu stillen, aber sowohl Mutter als auch Kind müssen andere Formen des gemeinsamen Vergnügens finden.
Dennoch gibt es keine exakt festgelegte Altersstufe, in der sich das Kind von der Brust lossagen soll. Manche Kinder tun es gegen Ende ihres ersten Lebensjahres, andere warten damit, bis sie zwei sind. Viele Faktoren spielen bei der Wahl des Zeitpunkts eine Rolle. Ein Umzug in ein neues Haus oder innerfamiliäre Probleme können die Ausrichtung der kindlichen Aufmerksamkeit auf die Außenwelt verzögern. Ferner ist es eine Frage des Temperaments: Ein eher seßhaftes Kind wird sich später entwöhnen als ein aktiveres Baby.
Unsere Beobachtungen zeigen, daß aus Eigeninitiative entwöhnte Kinder nicht so niedergeschlagen sind wie solche, die entsprechend den Bedürfnissen anderer Leute auf die Brust verzichten müssen. Von der Brust auf die Flasche umgeschulte Kinder hielten an dieser

bis ins zweite oder sogar dritte Lebensjahr fest. Ein zweieinhalbjähriges Mädchen, das sich trotz mehrfacher Ermahnungen der Mutter weigerte, seine Flasche aufzugeben, zeigte uns von den Gefühlen, die es hatte, als es mit fünf Monaten abgestillt worden war: Wir lasen ihm in unserem Zentrum ein Buch über Entwöhnung vor. Die Bilder stellten dar, wie die Milch in der Brust immer weniger wurde, nur mehr spärlich floß und schließlich völlig versiegte. Die Reaktion des Mädchens (es konnte seine Gefühle jetzt ausdrücken) war, eine so unbrauchbar gewordene Brust solle man wegwerfen. Kleine Babys sind zu solch komplexen Gedankengängen noch nicht fähig. Was aber dieses Kind mit zweieinhalb Jahren in Worte faßte, spiegelte seine damaligen Gefühle wider. Es hatte gerade mit der Phase des Loslassens und Wiederfindens angefangen, als die Brust auf immer verlorenging. Später interpretierte das Mädchen diesen Vorgang so, daß die Brust – und auch es selbst – wertlos geworden war. Das Gefühl des Einsseins mit der Mutter war entwertet worden, nicht aufgegeben. Die Tochter klebte jetzt ständig an ihrer Mutter, und selbst kürzeste Zeiten der Trennung konnte sie kaum ertragen. Vielleicht hatte sie Angst, die Mutter würde eines Tages auf Nimmerwiedersehen verschwinden, so wie es mit der Brust geschehen war. Die Mutter berichtete auch, daß das Mädchen beim Essen schwierig war: Was ihm nicht schmeckte, spuckte es aus, und was es nicht aß, wurde zermanscht. Der Zusammenhang zum Abstillen war leicht zu erraten.

Die Vorgangsweise unseres Zentrums in der Frage des Abstillens

Unser Anliegen im Eltern-Kind-Zentrum ist es, den Kindern dabei zu helfen, hinsichtlich des Essens, des Schlafens, des Entwöhnens und bei der Loslösung von den Eltern selbständig zu werden. Dadurch wollen wir Erziehungsmaßnahmen nicht einfach abschaffen, sondern sie vielmehr so abstimmen, daß sie der Entwicklung des Kindes nützlich sind. Wie schon mehrfach erwähnt, sollten Babys z. B. in den Arm genommen werden, wenn sie ihre Flasche trinken. So erhalten sie die Geborgenheit, die ein Säugling braucht. Die Nahrungsaufnahme wird zu einem Ereignis, das zu bestimmten Zeiten und in Mutters Arm stattfindet. Das Kind ergreift von allem Anfang an die Initiative zur Loslösung bzw. zum Verzicht auf die Brust oder die Flasche. Wenn Kinder die Gelegenheit erhalten, von sich aus wegzugehen, dann können sie ihre Unabhängigkeit genießen und müssen sich nicht vor den Zeiten der Getrenntseins fürchten, die von den Eltern ausgehen.

Ältere Kinder lernen, zwischen Essen und Spielen als zwei eigenständigen Aktivitäten zu unterscheiden. Nahrung gibt es nur zu bestimmten Zeiten, und zwar wenn man am Tisch sitzt. Niemand läuft vom Tisch weg mit einem Keks oder einer Tasse in der Hand. Wir können versuchen, die Mahlzeiten als Zeit des Zusammenseins so angenehm wie möglich zu gestalten, indem wir gemeinsam mit den Kindern essen und uns auch mit ihnen unterhalten; dann will kein Kind weglaufen, bevor es aufgegessen hat.

Wir ermuntern Mütter dazu, ihren Kindern zu erlauben, mit beiden Händen ins Essen zu greifen. Ein sechs Monate altes Baby lernt selbst zu essen nur, wenn es dazu seine Finger gebrauchen darf. Zuerst wird geschmiert und gemanscht. Dann wird der angebotene Löffel zu Hilfe genommen und das Essen im Teller damit umgerührt.

Wenn der beladene Löffel dann schließlich tatsächlich im Mund landet, geschieht dies zur überwältigenden Freude aller Beteiligten: des Kindes, der Mutter und aller übrigen bekleckerten Personen rund um den Tisch. Zu unserer großen Befriedigung hat kaum eines der Kinder im Zentrum Eßprobleme.[7] Fast alle genießen die großen und kleinen Mahlzeiten, bei denen wir mit den Babys sprechen und für ihr Essen Interesse bekunden, um so das Ganze wie eine festliche Gelegenheit zu begehen. Wir fordern die Kinder auf, Eßsachen auszutauschen, und helfen bei den notwendigen Verhandlungen, wenn die Portion am Nebenteller um so vieles köstlicher erscheint als die eigene. Dies soll den Kindern ein Gemeinschaftsgefühl und den Sinn des Teilens vermitteln – und auf jeden Fall bereichert es die Speisekarte.

Wenn der Zeitpunkt für das endgültige Abstillen gekommen ist, bereitet das einigen Kleinen schlaflose Nächte. Der letzte Schritt zum Abschied vom Saugen an der mütterlichen Brust fällt ihnen nicht leicht. Viele Kinder befürchten, daß sie damit auch die Brust der

---

[7] Dies gilt für Kinder, die schon als Babys zu uns kamen.

Mutter und ihre Umarmung verlieren. Manche glauben sogar, daß sie die Brust niemals bekommen hätten oder daß sie verlorengegangen war und nur deshalb zurückgebracht wird, weil jetzt ein neues Baby versorgt werden muß. In unserem Zentrum haben wir es uns zur Gewohnheit gemacht, die Kinder in regelmäßigen Abständen daran zu erinnern, daß auch sie gestillt wurden (bzw. mit der Flasche gefüttert wurden), und daß nur die Milchproduktion je nach den Bedürfnissen des Babys schwankt, daß die Brust aber bleibt.

Falls ein Kind zwischen Unabhängigkeitsdrang und Sicherheitsbedürfnis hin- und hergerissen ist und zu keiner Lösung kommt, versuchen wir, seine Entscheidungsfindung zu erleichtern, indem wir die Selbstentwöhnung unterstützen. Wir erklären den Kleinen, daß sie sich noch immer an ihre Mutter kuscheln dürfen, auch wenn sie abgestillt haben. Wir halten die Mütter dazu an, die Flasche aus dem Sichtbereich des Kindes wegzuräumen bzw. ihre Babys so in den Arm zu nehmen, daß der Mund nicht mit der Brust in Berührung kommt.

Die Enttäuschung, die auf das Abstillen folgt, ist die natürliche Reaktion auf einen Verlust, der aber durch die neu erworbenen Annehmlichkeiten wieder wettgemacht wird. Das Kind entwickelt ein neues Verständnis von „Das gehört mir!": Anfangs steckt es die ganze „Welt" in seinen Mund; später eignet es sich die Welt der Dinge an, indem es auf Forschungsreisen geht und die Gegenstände beliebig benützt. „Mir gehört alles, was ich will. Auch alles, was ich sehe oder berühre, gehört mir." Das Kind erobert seine Welt, nimmt sie in Besitz und teilt sie mit seiner Mutter, indem es sich mit-teilt.

Zusammenfassung

Aus dem bisher Gesagten lassen sich mehrere Schlüsse ziehen. Wir haben gesehen, daß Trennung, Durchschlafen, Entwöhnung und die meisten anderen Fertigkeiten durch viele kleine Schritte vorbereitet werden. Für das Abstillen läßt sich kein genauer Zeitpunkt festlegen. Die Entwöhnung beginnt vielmehr schon bei der Geburt. In keinem Kulturkreis bleiben die Kinder ununterbrochen an der Mutterbrust. Unseren westlichen Gewohnheiten gemäß wird das Neugeborene nach dem Trinken von der Mutter weggenommen und erst, wenn es Hunger zeigt, wieder angelegt. Aber selbst dann bekommt der weinende Säugling nicht sofort das, was er will: Es dauert eine Weile, bis die Mutter kommt, und dann findet er die Brust nicht gleich. Das Warten ist der erste Schritt zur Entwöhnung. Wenn das Baby satt ist, läßt es die Brustwarze los, um einzuschlafen oder sich umzusehen. Die Entwicklung geht stetig vor sich. Weil wir dieses Prinzip des „Eins nach dem anderen" respektieren, suchen wir, gleichermaßen kontinuierlich, die Basis für spätere Schritte im Reifungsprozeß zu schaffen. Wir gestatten dem Kind, mit dem Essen zu spielen, in dem Wissen, daß es dadurch später entdeckungsfreudig und selbständig wird und mit Freuden alles ißt, was es kennt. Jetzt ist es an der Zeit, die Welt durch den Tastsinn zu begreifen, nicht nur durch Augen und Mund.

Wir sehen klar, daß es verschiedene Phasen gibt. Das Neugeborene kann sich selbst noch wenig organisieren und benötigt Hilfe, um mit Erfolg an der Brust saugen zu können. Der Säugling in der frühen oralen Phase ist ein Wesen, das sich die Außenwelt einzuverleiben sucht. Dies ist für Mutter und Kind eine Zeit der Wärme und des Einander-Umschließens. Die Väter kommen sich vielleicht ein wenig ausgeschlossen vor, doch können sie davon ausgehen, daß ihre Babys mit vier bis fünf Monaten vermehrt den Kontakt mit ihnen suchen werden.

In der späteren oralen Phase wendet sich das Baby seiner Umgebung zu. Das bedeutet noch nicht, daß es mit einer Trennung von der Mutter fertig wird. Wenn es Dinge fallen läßt, erwartet es ernsthaft, daß alles – wie an einem Gummiband – zu ihm zurückkehren wird. Die Aussage lautet nicht: „Okay, Mutter, du kannst jetzt an deinen Arbeitsplatz zurück!", sondern das Baby übt für später, damit es dann versteht: „Mutter geht fort, sie ist nicht da, aber sie kommt wieder." Dadurch bewältigt das Kind kürzere Trennungen von der Mutter (anfangs nicht mehr als vier Stunden).

Am Ende der oralen Phase wird aus dem Baby ein Kleinkind, das in die Welt hinausläuft. Es kann allein essen, harte Sachen zerbeißen und zerkauen. Das Zahnen verursacht gelegentlich Schmerzen, und mit Brüllen und Beißen zeigt das Kind auch seine aggressive Seite. Das angenehme Gefühl des Einsseins mit der Mutter macht einem gesteigerten Interesse an der eigenen Person und an den eigenen Fähigkeiten Platz. Das Kind lernt, mit seiner Mutter über eine räumliche Distanz hinweg Kontakt zu halten. Wenn es allerdings frustriert ist, eine Trennung von der Mutter befürchtet oder einfach müde ist, dann überwiegen die Baby-Gefühle, und die ansonsten befriedigenden Aspekte des Selbständigseins werden zugunsten eines regressiven, hilfesuchenden Verhaltens aufgegeben. Solch eine vorübergehende Rückkehr zu babyhaftem Verhalten ist keineswegs beunruhigend, sondern gehört zum Prozeß des Größerwerdens.

Aus jeder Entwicklungsphase geht eine neue Struktur hervor, die sich aus alten Verhaltensweisen zusammensetzt. Das Kind, das allein essen und trinken kann, hat bessere Voraussetzungen für eine selbstinitiierte Entwöhnung als ein Kind, das die feste Nahrung bisher mit dem Löffel gefüttert bekam. Selbständigkeit kann nur erworben werden, wenn einem erlaubt ist, viele Dinge zu versuchen. Andererseits sollte man das Kind nicht in die Unabhängigkeit stoßen: Wenn es gerade all seinen Mut aufgebracht hat, um die ersten Schritte weg von der Mutter zu machen, verkraftet es noch nicht, allein zurückgelassen zu werden.

Mütter, die nicht unter dem Druck stehen, früh abzustillen, können den Entwöhnungsprozeß allmählich vorgehen lassen nach dem Motto: Die Initiative liegt beim Kind, die Mutter unterstützt. Anders gesagt: Mit jedem Mal, da Sie sich beherrschen und Ihrem Kind die Initiative überlassen, machen Sie es stärker und reduzieren den Arbeitsaufwand, den Sie in Zukunft haben werden. Mit einiger Sicherheit läßt sich sagen, daß ein Kind, das ohne größere Schwierigkeiten entwöhnt wurde, diese Erfahrung von Unabhängigkeit auf andere Bereiche übertragen wird – so auch auf ein Problem, das viele Eltern beunruhigt: das Sauberwerden.

KOMMUNIKATION: WIE BEWEGUNG UND SPRACHE DER ERWACHSENEN VON KINDERN ÜBERSETZT WERDEN

Lange Zeit waren Eltern und ForscherInnen mehr von der Schlichtheit der kindlichen Psyche beeindruckt als von ihrer Komplexität. Wie das Kind die Geburt erlebte, interessierte die ÄrztInnen nicht, da sie annahmen, daß es diesen Vorgang weder verstehen noch sich daran erinnern würde.

Freuds Untersuchungen wiesen auf die Bedeutung früher Kindheitserlebnisse für die spätere Entwicklung der/s Erwachsenen hin. In den vergangenen Jahrzehnten entdeckten PsychologInnen, daß Kinder, die in Waisenhäusern aufwuchsen, die wenig bemuttert und auch kaum zu sozialen Kontakten aufgefordert wurden, in ihrer geistigen und körperlichen Entwicklung zurückblieben. Harlow fand heraus, daß kleine Rhesusaffen zu schlechten und inkompetenten Müttern heranwuchsen, wenn man sie isoliert und ohne Kontakt zu anderen Affen großzog. Die Bedeutung der Umgebung für das kleine Kind findet erst allmählich Anerkennung, ebenso das unglaubliche Ausmaß an Information, das selbst die Kleinsten aufnehmen und in ihrem Gedächtnis speichern.

Wie wir schon gesagt haben, kann ein wenige Wochen altes Baby den Gesichtsausdruck anderer nachahmen und seine Mutter an der Stimme erkennen. Im Alter von ein paar Monaten reagiert der Säugling mit Niedergeschlagenheit auf eine längere Abwesenheit der Mutter, und ein sechs Monate altes Baby drückt seinen Ärger über eine solche Trennung dadurch aus, daß es die Mutter nach ihrer Rückkehr nicht beachtet. Auch wenn es den kleinen Kindern natürlich am nötigen Wissen mangelt, um Gehörtes oder Gesehenes richtig interpretieren zu können, nehmen sie doch eine Menge aus ihrer Umgebung wahr. Es stimmt nicht, daß sie einfach alles ignorieren, was sie nicht verstehen, daß unsere Worte und Taten ungesehen und ungehört an ihnen vorübergehen. Kinder nehmen unser Benehmen sehr wohl wahr und deuten es entsprechend ihrer Entwicklung und ihren persönlichen Vorlieben.

Eine Mutter, die stillt und gleichzeitig mit der Person neben ihr schwatzt und gestikuliert, stört die Mahlzeiten des Babys und vermittelt eine doppelte Botschaft: Das Kind soll trinken, aber volle Konzentration ist dafür nicht notwendig. Wenn eine Mutter ihr Kind wickelt und dabei – wenn auch scherzhaft – mit ihm schimpft, verzieht das Baby den Mund und fängt vielleicht sogar zu weinen an: Mutters Mißvergnügen wird mit dem Ausscheidungsvorgang in Verbindung gebracht. Der Gesichtsausdruck, die Gesten, der Tonfall der Stimme werden als Ge- oder Verbote eingesetzt und wirken manchmal als Aufforderung, etwas zu tun, was durch Worte verboten wurde.

Eine Mutter in unserem Zentrum lächelte immer, wenn sie „Nein" zu ihrem Sohn sagte. Da sie ihn nicht verletzen wollte, entschärfte sie ihr Schelten mit einem beruhigenden Lächeln und einer nachgiebigen Körperhaltung. Dadurch wußte der Junge nicht mehr zu unterscheiden, welches Verhalten die Mutter nun guthieß und welches sie mißbilligte. Die Folge war, daß er mit einem Nein nicht umgehen konnte. Die Mutter wurde angespannt und gereizt, weil sie – richtigerweise – vorwegnahm, daß das Kind nicht auf sie hören würde. Als sie den Jungen eines Tages aufforderte, sich zum Essen zu setzen, und er vergnügt davonlief, bat sie uns um Hilfe. Um ihr zu demonstrieren, worauf ihr Sohn mit Gehorsam reagieren würde, nahm ich ihn fest bei der Hand und sagte: „Wir gehen jetzt zum Mittagessen." Er folgte bereitwillig, froh darüber, daß er klare und eindeutige Anweisungen erhalten hatte.

Babys, die krabbeln oder eben gerade die ersten Schritte von der Mutter weg machen können, zeigen ohne Worte und lange bevor sie ihre Gefühle sprachlich ausdrücken können, wann sie ihre Mutter brauchen.

Wir fordern die Eltern oft dazu auf, ihre Sprößlinge beim Spiel zu beobachten und diese Signale sehen zu lernen. Die ganz Kleinen schauen umher, um Mutter zu finden. Die etwas Größeren richten bereits ihren Blick zur Mutter, um Kontakt mit ihr aufnehmen zu können; falls dies nicht gelingt, wenden sie sich entmutigt wieder ihrem Spiel zu. Und wenn der gesuchte Blickkontakt mehrmals nicht zustande kommt, geben sie auf und sind niedergeschlagen.

Eltern können durch sorgfältige Beobachtung des Gesichtsausdrucks und der Bewegungen des Körpers ihrer Kinder sehen lernen, welches Bedürfnis damit ausgedrückt wird.

Viele finden es aber schwierig, auf diese leisen Botschaften zu hören bzw. klare Botschaften zu vermitteln, wenn sie den ganzen Tag nach den Kindern sehen und auch noch andere Angelegenheiten bewältigen müssen. Obwohl beispielsweise fast alle Mütter wünschen, daß ihre Kinder während des Essens am Tisch sitzen bleiben, stehen sie selber oft auf, nehmen einen Happen, laufen in die Küche zurück, oder essen, während sie etwas anderes tun.

Auch Väter beeinflussen ihre Kinder stark (wir werden in einem eigenen Kapitel noch darauf eingehen), besonders aber im zweiten Lebensjahr. Während sie mit den Kleinen herumtoben, kommt es vor, daß sie spielerisch Schläge austeilen oder die Kinder mit einem leichten Stoß begrüßen. Der kleine Junge wendet dann im Spiel mit anderen Kindern dieselben Methoden an und wundert sich, wenn ein Spielkamerad brüllt: „Er hat mich geschlagen!" und andere Mütter oder Väter mit ihm schimpfen.

Kinder entdecken auch Botschaften, die wir nie absichtlich vermitteln wollten und von denen wir glaubten, sie gut verborgen zu haben, die aber im Ton unserer Äußerungen oder in unseren Handlungen dennoch zutage treten. Informationslücken werden mit Phantasie aufgefüllt, und so entwickeln Kinder manchmal scheinbar völlig unerklärliche Ängste oder Vorstellungen. Die erste Lektion, die wir lernen mußten, war die: Wir können uns noch so sehr bemühen, den Kindern unsere Erwachsenenwelt zu erklären – sie werden es ganz anders verstehen. Anders als erwachsene Menschen geben sie nicht nur auf unsere Worte acht, sondern gleichermaßen auf unsere Körpersprache. Nach und nach begreifen Kinder, wie Erwachsene denken und reden, aber stets müssen wir Großen uns fragen, ob unsere Worte und Taten dasselbe erzählen, ansonsten reden wir in zwei verschiedenen Sprachen zugleich.

Im Zentrum üben wir mit den Kindern das Sprechen in einfachen, konkreten Begriffen, die auf ihre Entwicklungsstufe abgestimmt sind. Nach einiger Zeit wurde so manche Betreuungsperson von den Kindern als „ÜbersetzerIn" geschätzt und häufig um Erklärungen gebeten.

Einer der Väter im Zentrum hatte an einem Treffen von Kindern von Überlebenden des Holocaust teilgenommen. Seine Frau erklärte dem vierjährigen Sohn Sam, daß sein Vater etwas von dem Krieg wissen wolle, den der Großvater erlebt hatte. Einige Tage später verlangte Sam im Zentrum, mit einer der BetreuerInnen zu sprechen. Er sagte: „Meine Mutter hat mir erklärt, was Krieg ist – jetzt sollst du es mir erklären!" Es stellte sich bald heraus, daß er nach einer „Übersetzung" suchte für das, was ihm seine Mutter erklärt hatte.
Häufiger kommt es allerdings vor, daß Kinder nicht nach Erklärungen verlangen, wenn sie etwas nicht verstehen. Sie geben uns oft nur wenige direkte Hinweise auf die Welt, die sie sich vorstellen.
Im folgenden soll beschrieben werden, wie sehr Mitteilungen von Erwachsenen durch die Vorstellungskraft der Kinder verzerrt werden können. Auf der Grundlage unserer Erfahrungen im Eltern-Kind-Zentrum möchten wir Vorschläge machen, wie man kindliche Gedankengänge verstehen und wie man kleinen Kindern schwierige Zusammenhänge einleuchtend erklären kann.

Wörtliche Übersetzungen

Häufig entstehen Mißverständnisse, weil Kinder unsere Mitteilungen wortwörtlich nehmen und manche Ausdrücke unserer alltäglichen Sprache niederschmetternd auf sie wirken. Eine Mutter schimpft vielleicht: „Sieh' dir diese Unordnung an – ich bringe dich um!", oder sie sagt zu einer Freundin: „Ich bin doch nicht verrückt, mir noch ein Kind anzuschaffen. Die zwei, die ich habe, bringen mich schon um!"
Nachdem eine Mutter mehrere Nächte hintereinander von ihrem acht Monate alten Sohn aufgeweckt worden war, kam sie ins Zentrum, übergab ihn einer Mitarbeiterin zum Halten und sagte: „Wenn Sie ihn wollen, können Sie ihn haben." Natürlich verstand das Baby damals die Bedeutung der Worte nicht, aber es wußte, daß es weggegeben wurde, und später, wenn es Worte und Handlung verbinden kann, würde es vielleicht Verlassenheitsängste entwickeln. Um kein Risiko einzugehen, versicherten wir dem Kind: „Deine Mama liebt

dich, sie wird dich nicht weggeben; sie ist nur müde und gereizt."
Später erfanden wir ein Spiel, in dem wir versuchten, das Baby von seiner Mutter wegzunehmen; die Mutter sagte: „Nein, ich gebe ihn nicht her!" und hielt ihr Kind fest an sich gedrückt. Das Baby strahlte dabei vor Vergnügen.

Einige Eltern machten den Einwand, daß die Babys ohnehin nicht verstünden, was man ihnen sage, und daß die etwas größeren Kinder schon wüßten, daß sie nicht alles wortwörtlich nehmen dürften. Andere Eltern berichteten jedoch von Vorfällen, die klar zeigten, wieviel Gewicht unachtsam gesprochene Worte bekommen können.

Ein kleines Mädchen hörte, wie seine Mutter am Telefon sagte: „Ich bin fast tot umgefallen." Die Dreijährige hatte keine Ahnung, was das bedeuten sollte, und fragte auch nicht, sondern tat, was Dreijährige in einer solchen Situation tun: Sie testete die Wirkung dieses Ausspruchs an anderen. Am nächsten Tag sagte sie beiläufig zu ihrer Lehrerin: „Meine Mutter ist tot umgefallen." Als sie den Schrecken im Gesicht der Lehrerin sah, bekam sie Angst und wollte zu ihrer Mutter. Es dauerte lange, bis wir diese Phrase vom „Tot-umgefallen-Sein" bis hin zu dem belauschten Telefongespräch zurückverfolgen konnten. Wenn der Gesichtsausdruck, der Tonfall, die Gesten eine negative Aussage noch verstärken, wird sie umso eindrucksvoller.

Drei- und Vierjährige sagen manchmal voller Verwunderung: „Als ich klein war, habe ich das und das geglaubt, hast du das gewußt?" Dann erzählen sie von einem Mißverständnis aus jener Zeit, in der sie die Sprache noch nicht beherrschten. Natürlich kann man Ungenauigkeiten nicht ganz vermeiden, aber die offenkundigen Fehlerquellen dafür lassen sich aus dem Weg räumen.

Viele Ausdrücke verwenden wir täglich, ohne darüber nachzudenken und ohne uns die wortwörtliche Bedeutung vor Augen zu halten. Manche Mütter formulieren aus Gewohnheit Warnungen als negative Aussagen: „Du wirst 'runterfallen, wenn du nicht achtgibst!" „Du wirst dich selber umbringen, wenn du dich so weit aus dem Fenster lehnst!" Mit solchen Bemerkungen tragen wir mehr zu ängstlichem als zu vorsichtigem Verhalten bei.

Eine Mutter beschloß, sich selbst einen Tag lang zuzuhören. „Ich hörte schon gar nicht mehr, was ich eigentlich sagte", berichtete sie nachher. Sie fand heraus, daß sie ihren zweieinhalbjährigen Sohn dreißigmal an einem Tag auf diese drohende Art warnte. „Ich habe schließlich gelernt, mich zurückzuhalten", sagte sie, „und meine Mitteilungen anders zu formulieren. Ich ermahne ihn jetzt, mit der Milch vorsichtig umzugehen, statt wie früher vorherzusagen: ‚Du wirst die Milch ausschütten!' Ich habe eingesehen, daß ich diese negativen, bedrohlichen Äußerungen, wie: ‚Du wirst hinfallen', mit einer gewissen Schadenfreude im voraus machte. Überfordert und müde, wie ich war, hoffte ich beinahe, daß ihn die steilen Stufen oder die offenen Schuhbänder an meiner Stelle bestrafen würden. Ich nehme an, mein Sohn hat das auch gespürt."

Unvollständige Information

Wenn wir Kindern Anweisungen und Erklärungen geben, versuchen wir, alles zu vereinfachen. Es ist leicht einzusehen, daß kleine Kinder klare Aussagen brauchen. Wir sagen z. B.: „Du darfst den Herd nicht angreifen, er ist heiß." Einem etwas größeren Kind erklären wir schon mehr: „Greif den Herd nicht an, wenn er eingeschaltet ist." In dem Bemühen, uns klar und einfach auszudrücken, lassen wir jedoch manchmal etwas zu viel an Information weg, und die Kinder entwickeln dann krause Vorstellungen von den simpelsten Dingen.
In diesem Zusammenhang wollten wir ergründen, wie viel oder wie wenig die Kinder in unserem Zentrum über die Arbeit ihrer Väter wissen. Wir machten daher unter Kindern zwischen 18 Monaten und drei Jahren ein Umfrage zu dem Thema, wo sich ihr Vater während des Tages aufhielte. Viele sagten: „Er ist zur Arbeit gegangen." Aber wußten sie, was das bedeutete?
Ein Zweijähriger klärte uns über seinen Vater auf: „Er spielt ‚Himmel und Hölle', dort, wo die Züge in den Bahnhof fahren." Andere Kinder sagten, daß ihr Vater im Bahnhof arbeite – sie fuhren im Auto mit, wenn die Mutter ihren Mann zum Zug brachte. Einige berichteten, daß ihr Vater „im Auto" arbeite; es ist leicht zu erraten, daß die Männer mit dem Wagen zu ihrer Arbeitsstelle fuhren. Eine Person, die wegfährt, scheint an dem Ort zu bleiben, wo man sie zu-

letzt gesehen hat. Es braucht schon etwas mehr Denkvermögen, bis sich ein Kind vorstellen kann, daß der Vater anderswohin gegangen ist. Es ist schwer, sich etwas vorzustellen, was man nicht konkret sehen kann. Zudem geben wir den Kindern oft nur kleine Stückchen an Information, weil wir meinen, daß der ganze Sachverhalt zu kompliziert für sie sei. Und dann lachen wir sie aus, weil sie glauben, das, was wir ihnen erzählt haben, sei schon alles.
Mehrere Väter nahmen ihre Kinder zum Arbeitsplatz mit, um ihnen ihre Arbeit zu zeigen und verständlich zu machen. Manche schrieben auch Bücher über ihre Arbeit, die wir dann der Gruppe vorlasen. Einer der Väter, ein einfallsreicher Architekt, zeichnete Häuser, schnitt sie in Stücke und setzte die Teile dann wieder zusammen, um zu demonstrieren, wie Architekten Häuser planen. Ein anderer Vater, mit Computern beschäftigt, machte ein Buch über seine Arbeit. Auf die letzte Seite hatte er ein glänzendes Penny-Stück geklebt, das verdeutlichen sollte, daß er arbeitete, um „Geld zu machen". Sein dreijähriger Sohn nahm das wörtlich, sammelte im Büro seines Vaters Computerpapier auf und wollte damit in einem Laden Süßigkeiten kaufen. Die Enttäuschung war groß, als er herausfand, daß diese Dinge, die aus seines Vaters Maschine gekommen waren, nicht das „Geld" waren, das er „zu machen" vorgegeben hatte.
Einige Eltern wandten ein, daß Kinder nicht über alles Bescheid wissen müßten. Wir stimmen dem zu. Natürlich können wir von Kindern nicht erwarten, daß sie alles verstehen, was rund um sie vorgeht. Wir müssen uns aber darüber im klaren sein, welche Art von Information wir zurückhalten. Sonst kann es gelegentlich vorkommen, daß wir Mißverständnisse schaffen und die Kinder aus Familienangelegenheiten aussperren, weil wir uns nicht deutlich genug ausdrücken.
Normalerweise sind arbeitende Eltern viele Stunden am Tag außer Haus; für ein kleines Kind sind sie „nicht da". Wenn Kinder in irgendeiner Art und Weise an den Aktivitäten der Eltern teilnehmen können, verstehen und ertragen sie die notwendige Trennung möglicherweise leichter. Sie werden in das Familiengeschehen einbezogen. In Kulturkreisen mit einfachen wirtschaftlichen Strukturen haben die Kinder meist von klein auf die Gelegenheit, an der Arbeit der Eltern teilzuhaben bzw. dabeizusein. In Jäger-Kulturen erhält ein Junge

als erstes Spielzeug Pfeil und Bogen oder ein Blasrohr. Er genießt es, wenn sein Vater von Jagdabenteuern erzählt. Ein Mädchen bekommt vielleicht einen Kochtopf oder Nähzeug zum Spielen. So werden die Kinder in das Familienleben eingegliedert. Wenn sie größer werden, entwickeln sie ihrer Familie gegenüber ein gewisses Verantwortungsbewußtsein und erweisen sich später im Rahmen der Gemeinde als Mitglieder, die sich um das Wohlergehen anderer sorgen. In schnelllebigen Gesellschaften wie der unseren schickt man die Kinder zur Schule, damit sie dort Dinge lernen, die nichts mit dem Familienleben zu tun haben. Eltern haben aber die Möglichkeit, abends mit ihren Kindern zu sprechen, „damit sie weiß", wie eine Mutter es in bezug auf ihre Tochter formulierte, „warum wir an manchen Tagen trübsinnig sind und an anderen Tagen glücklich und entspannt".

Tod, Sexualität und Gewalt: Wieviel sollen Kinder davon erfahren?

In dieser heiklen Frage vermittelt uns unsere Gesellschaft zwei widersprüchliche Botschaften. Zum einen versuchen wir das Leben unserer Kinder zu „bereichern", indem wir sie ständig mit Anregungen und neuen Dingen konfrontieren. Zum anderen werden wir vor den Folgen der Reizüberflutung gewarnt, vor übermäßigem TV-Konsum, vor exzessivem Materialismus und davor, die Kinder mit Erwachsenen-Themen zu konfrontieren. Wir versuchen, unsere Kinder zu Unabhängigkeit und Kreativität zu erziehen, gleichzeitig aber sind wir übervorsichtig, wollen sie stets beschützen und machen ihnen Angst mit Geschichten von gefährlichen fremden Männern, vergifteten Gratisschleckereien und Atomkrieg. Wie sollen sich Eltern also verhalten?
Beginnen wir mit der Überlegung, wie kleinere und auch größere Kinder auf Reizüberflutung reagieren. Ein Neugeborenes kann sich gegen zu viele Reize aus seiner Umgebung ganz gut abschotten, es nimmt aber trotzdem noch ungeheuer viel wahr. Ein kleines Kind ist dermaßen aufnahmebereit, daß sogar die Bewegung des eigenen

Arms eine Reaktion hervorruft, z. B. eine nochmalige Bewegung mit dem Arm. Deshalb ist es hilfreich, ein Baby beim Schlafengehen gut zuzudecken, weil das zur Beruhigung beiträgt und das Einschlafen erleichtert. Ein Baby kann von Geräuschen und optischen Eindrücken leicht überwältigt werden, besonders wenn sich die Ereignisse überstürzen oder tiefgreifende, die „Schutzschicht" des Kindes beanspruchende Veränderungen geschehen.

Ältere Kinder können sich besser abschirmen bzw. aufgenommene Reize besser verarbeiten. Trotzdem kann, vor allem, wenn sie sehr müde sind, ihre Toleranzgrenze niedrig sein. Reizüberflutung vor dem Schlafengehen kann in Ängstlichkeit, unruhigen Schlaf oder in Alpträume münden.

Überreizte Kinder verbinden unbekannte Geräusche im Haus mit dem Gedanken an Einbrecher und fangen an, sich im Dunkeln zu fürchten. Ein Kind, das Angst hat vor Ereignissen, die es nicht versteht, oder das von Vorgängen in seiner Umgebung überreizt ist, neigt dazu, diese unbestimmten Ängste in konkrete umzuwandeln. Auch Erwachsene sagen oft: „Ich möchte wissen, was los ist. Nicht zu wissen, worum es geht, ist äußerst unangenehm." In unserer Unwissenheit stellen wir uns manches Ereignis schrecklicher vor, als es eigentlich ist. Zu wissen, worum es geht, macht uns ruhiger. Auch auf Kinder wirkt dieses „Wissen, worum es geht" beruhigend. Wenn Eltern lauthals streiten, versteckt sich so manches Kind in seinem Zimmer, und in seiner Vorstellung bringen die beiden einander womöglich um. Das Kind wird entlastet, wenn man ihm erklärt, daß Mutter und Vater eben manchmal wütend sind, daß sie einander aber nicht weh tun wollen.

Manche Erwachsenen erzählen angstmachende Schauergeschichten, in denen den Kleinen unbewußt damit gedroht wird, was schlimmen Kindern alles zustoßen kann. In „Hänsel und Gretel" sind viele solcher Drohungen enthalten. Wenn ein Elternteil diese Geschichte vorliest, könnte die versteckte Botschaft etwa lauten: „Du siehst, was böse Eltern mit ihren Kindern machen. Du kannst von Glück reden, daß du so nette Eltern hast. Also sei schön brav, sonst passiert auch dir etwas Schlimmes."

Einige Eltern weisen darauf hin, daß die Kinder von sich aus diese Schauermärchen wählen. Der Grund dafür ist der, daß ihnen solche

Geschichten einen konkreten Rahmen für ihre undefinierbaren Ängste geben: Es ist einfacher, sich vor einer Hexe zu fürchten als vor den eigenen aggressiven Impulsen, leichter, unerklärliche Ängste einem Einbrecher oder nächtlichen Geräuschen zuzuordnen als der eigenen Mutter.

Wir schlagen Eltern vor, solche grausamen Geschichten sehr kleinen Kindern nicht zu erzählen. Wenn das Kind aber groß genug ist, ein Buch aus dem Regal auszusuchen, sollte man es im großen und ganzen gewähren lassen (vorausgesetzt, Sie haben in Ihrer Hausbibliothek eine gute Vorauswahl getroffen). Einige Kinder entscheiden sich für Bücher mit Monstern, die sich im Schrank verstecken, andere machen um solche Bücher einen großen Bogen. Es ist wichtig, daß die vorgelesenen Geschichten in den Bezugsrahmen der kindlichen Phantasie passen. „Schneewittchen" und ähnliche Märchen sind für Vier- bis Fünfjährige geeignet, die sich für Liebesgeschichten interessieren, nicht aber für Dreijährige, deren Interesse ganz auf Babys ausgerichtet ist. Wenn wir in späteren Kapiteln darauf zu sprechen kommen, werden Sie dort die Eignung verschiedener Märchentypen bzw. Erklärungsmuster für Kinder verschiedener Altersstufen überprüfen können.

Oft bestimmen äußere Ereignisse unsere Gesprächsthemen. Wenn Mütter von Zwei- bis Vierjährigen schwanger werden, fragen die Kleinen oft nach dem Baby im Bauch und wie es denn da herauskomme. Normalerweise fragen sie nicht, wie es hineingekommen ist. Mit dieser Erklärung können wir warten, bis die Kinder vier oder fünf Jahre alt sind und sich mit der Fortpflanzung beschäftigen.

Eine typische Erklärung, die Zwei- bis Vierjährigen gegeben und zumeist als befriedigend akzeptiert wird, ist die, daß Vater einen Samen in Mutter hineingepflanzt hat. Im Alter von sechs oder sieben Jahren wollen die Kinder dann wissen, wie Vater das macht. Ein vierjähriges Mädchen, dessen Mutter schwanger war, zeigte sich von der Beschreibung dieses „Pflanzens" verwirrt. Eines Tages, als die Tochter mit ihrem Vater im Garten hinter dem Haus arbeitete, stellte sie ihm – als er die Erde um eine neugesetzte Pflanze festtrat – die Frage, ob er auch auf Mutter so herumtrample. Die gutgemeinte Erklärung hatte sie zu den schlimmsten Befürchtungen darüber geführt, was Vater nun wirklich mit Mutter anstelle.

Es wäre sicherlich klüger zu sagen: Der Samen kommt aus dem Vater heraus und dann in die Mutter hinein. Genauere Fragen verlangen ausführlichere Antworten und nicht geschickte Ausflüchte. Wir können nicht immer vorhersehen, wie das Kind das Gesagte deuten wird, noch können wir die Herkunft mancher Ängste entschlüsseln. Es kommt vor, daß Kinder im Laufe des Größerwerdens selbst eine Antwort finden. Auf jeden Fall ist es keine einfache Aufgabe, den goldenen Mittelweg zwischen zuwenig Information (was Mißverständnisse schaffen kann) und zuviel Information (was zu Überforderung führen kann) zu finden.

Unser Vorschlag lautet, daß Eltern vergangene oder unmittelbar bevorstehende Ereignisse im Leben ihrer Kinder erklären und mit ihnen besprechen sollten. Dabei sollte man überflüssige Details vermeiden und selbst schwierige Themen ganz natürlich behandeln. Als Johns Großvater starb, sagte ihm seine Mutter: „Wenn Menschen alt und krank sind, sterben sie eines Tages. Wir vermissen sie dann sehr." Einfache Aussagen wie diese genügen meist, es sei denn, das Kind möchte Genaueres erfahren. Wenn junge Menschen oder Kinder sterben, ist das für alle ein noch aufwühlenderes, ein „unnatürliches" Ereignis, und deshalb ist es umso dringlicher, daß die Eltern die Tatsache des Todes mit dem Kind besprechen und nicht zu verstecken suchen. Manchmal aber sind Eltern aufgrund eines Todesfalls selbst so verwirrt, daß sie sich außerstande fühlen, mit ihren Kindern darüber zu sprechen.

Für viele von uns ist der Tod noch stärker tabuisiert als Sexualität und Gewalt. Wir fürchten zudem, daß sich unsere eigene Angst und unser Schmerz auf die Kinder übertragen. Aber für Kinder ist der Tod weniger bedrohlich als für die Erwachsenen. Manche Eltern sorgen sofort für Ersatz, wenn der Goldfisch oder das Meerschweinchen stirbt, um unnötige Aufregung zu vermeiden – und hintergehen dabei das Kind.

Den Tod vor Kindern verbergen zu wollen bedeutet, gleich mehrere Fehler auf einmal zu begehen. Zum einen: Mit jedem Todesfall (insbesondere von Haustieren) wird das Kind auf andere Abschiede im Leben vorbereitet. Zum anderen: Es ist eine wertvolle Erfahrung, um jemanden zu trauern, den man verloren hat. Der Schmerz des Verlusts läßt uns unsere Gefühle für die Lebenden intensiver wahrneh-

men. Die Kinder lernen, daß Menschen nicht so ohne weiteres ersetzbar sind, weil jede/r etwas ganz Besonderes ist. Und schließlich kann es die Familie zusammenführen, wenn alle miteinander den Tod der geliebten Großmutter oder des Großvaters betrauern. Anfangs erschrecken kleine Kinder manchmal, wenn sie ihre Eltern weinen sehen; aber sogar eine Zweijährige vermag schon Trost zu spenden und zu suchen. Erwachsenen wird oft gesagt: „Weine nur, du fühlst dich nachher besser!" Schwieriger scheint es zu sein, auch Kindern dasselbe zu sagen.
Wir empfehlen also, die diesbezüglichen Fragen eines Kindes zu beantworten und über die Tatsachen zu berichten. Ein totes Haustier sollte begraben werden. Auch sollten die Kinder zum Begräbnis einer/s Familienangehörigen mitkommen und den Friedhof besuchen. Es ist viel beruhigender zu wissen, wo sich die geliebten Toten jetzt befinden, als sie ganz geheimnisvoll im Nichts verschwinden zu lassen.

Kinder erinnern sich

Freud hat uns gelehrt, welch zentrale Rolle die Vergangenheit für die Erklärung der Gegenwart spielen kann. Obwohl diese These im allgemeinen anerkannt ist, fällt es nicht leicht, sich vorzustellen, daß ein Säugling, der die Sprache kaum beherrscht, von bestimmten Ereignissen nachhaltig beeinflußt werden und sich Jahre später daran erinnern kann. Zwei Beispiele sollen erläutern, wie sehr sich kleine Kinder, ohne noch sprechen zu können, an Vergangenes erinnern und es in ihre Gegenwart eingliedern, oft auf eine Art, von der die Eltern nicht die geringste Ahnung haben.
Ein kleiner Junge in unserem Zentrum, Kewpie genannt, fürchtete sich davor, mit anderen Kindern zu spielen. Obwohl er 17 Monate alt war und sich sehr wohl hätte verteidigen können, weinte er völlig hilflos, wenn jemand seine Spielsachen wegnahm. Seine Mutter erzählte, daß er als Baby oft mit einem Kind namens Peter gespielt habe, der ihm seine Spielsachen stets weggenommen habe. Weil sie

wollte, daß Kewpie lernen würde, sich selbst zu verteidigen und sich im Zusammensein mit anderen Kindern wohl zu fühlen, malte sie ein Büchlein, in dem es um einen kleinen Jungen ging, der für seine Rechte eintritt. Als sie es aber ihrem Sohn vorlas, strich er die Zeichnungen durch und sagte: „Nein, Mama!", das heißt, er wollte, daß sie selbst mit dem aggressiven Kind schimpfen würde. Die Frau fühlte sich nicht befugt, ein fremdes Kind zurechtzuweisen, und bezweckte ja zudem das Selbständigwerden ihres Sohnes. Kewpie machte aber unmißverständlich klar, daß seiner Meinung nach die Mutter die Verteidigung übernehmen müsse.

Als ich (JSK) seine Verzweiflung sah und seine ablehnende Haltung der sich weigernden Mutter gegenüber, fragte ich ihn: „Wen, glaubst du, mag deine Mama lieber: Kewpie oder Peter?" Sofort sagte er: „Peter." Kewpies Mutter war verblüfft und traurig, weil ihr Kind an ihrer Liebe zweifelte. Auch Kewpie wurde ein wenig traurig, aber er ging nicht von seiner Meinung ab. Ich übernahm die Rolle der Übersetzerin und Vermittlerin – zwei Verhaltensweisen, die in der präventiven Psychologie unverzichtbar sind: Ich erklärte der Mutter, daß Kewpie deshalb glaube, sie ziehe Peter vor, weil sie Peter ungestraft Kewpies Spielsachen überlasse. Und Kewpie erklärte ich, daß seine Mutter nur deshalb nicht eingegriffen habe, weil sie nicht mit einem fremden Kind schimpfen wolle; nun aber, da sie über Kewpies Gefühle Bescheid wisse, würde sie ihn in Zukunft beschützen.

Daraufhin machte ich der Mutter einen Vorschlag, der unserer sonstigen Praxis gänzlich entgegengesetzt war. Im Zentrum ermutigen wir die Kinder normalerweise dazu, sich in schwierigen Situationen selbst zu behaupten und nicht ständig die Mutter oder eine andere Betreuungsperson zu Hilfe zu holen. In diesem Fall war es aber für die Mutter einzusehen, daß sie Kewpie erlauben müsse, sich wie ein verwöhntes, hilfloses Baby zu benehmen – mit hoher Wahrscheinlichkeit ohnehin nur für eine kurze Zeit.

Wir unterhielten uns darüber, wie erstaunlich es sei, daß sich Kewpie so deutlich an eine Erfahrung aus seinem ersten Lebensjahr erinnerte. Mit Hilfe des Buches, das seine Mutter gezeichnet hatte, konnte der nun etwas größere Kewpie Worte für seine Gefühle finden. Trotzdem verhielt er sich hinsichtlich des ungelösten Problems mit Mutter und Peter immer noch wie ein Baby. Er bat gleichsam darum, das Vergangene ungeschehen zu machen. Der einzige Weg, auf dem wir mit dieser Bitte umgehen konnten, war, ihn seine Vergangenheit noch einmal erleben zu lassen – als Neuauflage, die seine Wunden heilen würde. Wir nahmen an, daß er zuerst wieder vertrauensvoll an die Liebe seiner Mutter zu ihm glauben müsse, bevor er sich selbst zutrauen würde, sich und seinen Besitz zu verteidigen. Ich versicherte der Mutter, daß Kewpie sich mit ihr und ihrem Verhalten identifizieren und beginnen würde, sich selbst zu beschützen, so wie sie ihn beschütze.

Zwar erwies sich unsere Prognose auf lange Sicht als erfolgreich, doch ging nicht alles so reibungslos, wie wir es gerne gehabt hätten. Kewpie studierte zunächst das Verhalten seiner Mutter ganz genau, und als er sicher war, daß sie ihn verteidigen würde, begann er, Baby zu spielen. Er übernahm auch die Rolle Peters, des Schreckens seiner Babyzeit. So kommandierte er andere Kinder herum und nahm ihnen ihre Sachen weg. Seine Mutter war streng mit ihm, wenn er über das Ziel hinauszuschießen drohte, aber sie ließ ihn ein Baby sein und behandelte ihn auch so, wenn er danach verlangte.

Wie sollten wir aber aus Kewpies Benehmen klug werden? Sein kompliziertes und verwirrendes Verhalten war schwer zu verstehen. Kewpie arbeitete Erlebnisse auf, die vor einer langen Zeit stattgefunden hatten, und betrachtete sie nun aus der Perspektive eines etwas größeren Kindes. Erst nachdem er sein Säuglingsalter noch einmal durchlebt und seine Rolle als Baby lange genug durchgespielt hatte – auch die von Peter –, war er davon überzeugt, daß seine Mutter ihn liebte.

Dieses Beispiel zeigt deutlich, daß sich Babys ungeahnt vieles merken und daß dieser „Stoff" in die gegenwärtigen Umstände integriert wird.

Ein dreijähriges Mädchen namens Dorie zeigte ein ausgeprägtes Interesse am Malen. Wir bemerkten, daß sie ungewöhnlich viel Zeit aufwendete, um ein bestimmtes Rot zu mischen. Nach mehreren Wochen harter Arbeit war sie endlich mit der erzielten Schattierung zufrieden. Dann malte sie mit jenem Rot zwei Farbkleckse, deren Formen entfernte Ähnlichkeit mit einem Sessel hatten. Ich fragte Dorie, ob sie so einen Stuhl habe, und nickend sagte sie, daß sie aber nicht wisse wo. Sie brachte den Stuhl mit einer Flasche in Verbindung und auch mit einem Haus, aus dem ihre Familie weggezogen war, als sie 20 Monate alt war. Ich fragte ihre Eltern mehrmals nach diesem Sessel, doch sie konnten sich nicht erinnern. Zuletzt bat ich Dories Vater, mir den Sessel zu beschreiben, auf dem er saß, wenn er seiner Tochter die Flasche gab, und nun konnte er sich erinnern: Da war ein roter Stuhl in Dories Zimmer, aber vor dem Umzug war er neu gestrichen worden und stand jetzt in einem anderen Zimmer.

Es schien beinahe unglaublich, wie sehr der verschwundene Stuhl das Mädchen beschäftigt hatte. Als Dorie schließlich das geeignete Medium – die Farbe – gefunden hatte, gelang es ihr, in der Art einer Dreijährigen nach dem Verbleib des Sessels zu fragen. Solche Vorfälle zeigen uns, wie gut Babys beobachten können und wieviel Kopfzerbrechen es ihnen bereitet, wenn Dinge sang- und klanglos verschwinden.

Wie aber können wir komplexe Inhalte an kleine Kinder vermitteln, ohne die Dinge allzu verzerrt darzustellen?

Bilderbücher erweisen sich als besonders effektiv, wenn es darum geht, sehr kleinen Kindern und solchen, die noch nicht sprechen können, etwas mitzuteilen. Einfache Strichzeichnungen genügen – akademische Malkunst ist nicht notwendig –, um einem kleinen Kind das Verstehen von Dingen zu erleichtern, die es nicht sehen oder noch nicht in Worten ausdrücken kann. Die Bilderbücher dienen auch dazu, sich an Vergangenes zu erinnern und auf Zukünftiges vorzubereiten. Wie sich die Erwachsenen beim Durchblättern von Fotoalben an den Familienurlaub erinnern, so helfen Bilder und Zeichnungen den Kleinen, Ereignisse aus ihrer Vergangenheit zu rekonstruieren.

Ein 16 Monate alter Junge war Zeuge, als seine Mutter auf offener Straße überfallen wurde. Von jenem Tag an hatte er Schlafstörungen. Wir versuchten mehrmals, mit ihm über dieses Erlebnis zu sprechen, aber da er außer „Mama" noch nicht viel sagen konnte, blieben diese Gespräche erfolglos. Seine Eltern zeichneten ihm daher ein Bilderbuch, das den Überfall darstellte und mit einer Zeichnung endete, die zeigte, daß nur mehr die Mutter da war, der „Mann" jedoch nicht mehr. Nachdem der Junge das Buch zum ersten Mal besehen hatte, schlief er zum großen Erstaunen seiner Eltern wieder störungsfrei. Da er sich nur an Einzelheiten erinnern konnte, schmückte er diese Details mit seiner Phantasie (und mit seinen Ängsten) aus. Worte drangen nicht durch.

Es macht einen Unterschied, ob man einen Sachverhalt in einem Bild dargestellt sieht oder nur die Beschreibung davon hört. Bilder verwandeln Vorstellungen in konkrete Darstellungen und geben den Inhalten Ordnung und Struktur. Selbst den Eltern wird manches klarer, wenn sie die Bilder ansehen und die dazugehörigen Texte vorlesen – das Buch wirkt befreiend auf alle Beteiligten (siehe das Beispiel für eine Bildergeschichte im Anhang).

Nuancen im sozialen Verhalten

Wir vermitteln unsere Botschaften nicht nur mit unserer Sprache, nicht nur über das, was wir sagen, sondern vor allem durch das, was wir tun. Kinder sind großartige Beobachter. Da es ihnen aber an Erfahrung fehlt, greifen sie rasch zu Verallgemeinerungen und formen Stereotypen; genauso schnell eignen sie sich feine Unterschiede im gesellschaftlichen Umgang an. Wenn sich ein Kind vor einem bärtigen Mann fürchtet, kann es zu dem Schluß kommen, alle bärtigen Männer seien gefährlich. In gleicher Weise übernehmen Kinder rasch Stereotypen, die wir in unserer Umgangssprache benützen, ohne uns dessen bewußt zu sein, oder von denen wir glauben, daß sie von ihnen ohnehin nicht verstanden würden. Als wir Kinder in unserem Zentrum nach dem Arbeitsplatz ihrer Mütter fragten, antworteten die Dreijährigen: „Vater geht zur Arbeit, Mutter arbeitet nicht. Sie bleibt zu Hause, kocht, putzt und geht einkaufen." Einige Kinder „wußten" sogar (obwohl sie es nicht in Worten ausdrücken konnten), daß für unbezahlte Arbeit die Bezeichnung „Arbeit" nicht üblich ist.

Lange bevor wir es bemerken, haben sich scheinbar komplexe Begriffe wie „Familie – Nicht-Familie", „ArbeitgeberIn – ArbeitnehmerIn" in den Köpfen unserer Kinder eingenistet. Viele der kindlichen Interpretationen sind falsch oder zumindest nicht so, wie wir sie gerne hätten. Eine Zweijährige kann schon wissen, daß sie einem bezahlten Babysitter gegenüber nicht ganz so höflich sein muß wie zu ihrer eigenen Großmutter. Sie hört den unterschiedlichen Tonfall in

Mutters Stimme, wenn diese mit verschiedenen Leuten spricht (oder auch zu Haustieren), und übernimmt ihn. Nicht selten hört man Kinder, wie sie mit ihrer Puppe oder ihrem Stofftier sprechen, in demselben Tonfall, mit dem zu ihnen gesprochen wird. Eine Mutter war etwas geschockt, als sie ihren Sohn zu seinem Bären sagen hörte: „Du schlimmer Junge, geh raus aus dem Zimmer, oder du bekommst eine Ohrfeige!" „Ich spreche nie so zu meinem Sohn!" protestierte die Mutter, „wo hat er das nur her?" Eines Tages, als sie den Hund anschrie, dämmerte ihr, wo die Quelle für die Sprüche ihres Sohnes war.

Zusammenfassend läßt sich sagen, daß Kinder um vieles mehr aufnehmen, als wir vermuten, und oftmals mehr, als ihnen guttut. Sie erinnern sich an Dinge aus ihrer Babyzeit, die wir Erwachsene schon lange vergessen haben. Sie erinnern sich an Kleinigkeiten, einen Lehnstuhl, eine Geste, eine Stimme. Ihr Körper erinnert sich daran, wie er gehalten und getragen wurde, und sie behalten die körperliche Gestalt, die in der Säuglingszeit geformt wurde.

Kinder verstehen so manches, das wir ihnen nicht zutrauen würden. Es ist schon richtig, daß sie nicht immer die wahre Bedeutung eines Wortes erfassen, sie begreifen aber einen Teil davon und machen sich ihren eigenen Reim darauf.

Wenn Kinder sich etwas Falsches vorstellen, dann nicht selten deshalb, weil wir ihnen unzureichende Information geben, die sie selbst ergänzen müssen. Wir können kleinen Kindern in ihrem Weltverständnis helfen, indem wir konkret und anschaulich mit ihnen sprechen, nicht über ihre Köpfe hinweg reden und ihnen Bilderbücher zeichnen, die vielschichtige Ereignisse auf einen einfachen Nenner bringen. Wir können uns so benehmen, daß unser Verhalten wenigstens großteils mit unseren Worten übereinstimmt, und wir können jene Worte wählen, die unseren wahren Einstellungen entsprechen.

Aber wie vorsichtig wir auch sein mögen, können wir Mißverständnisse und daraus entstehende Ängste niemals gänzlich vermeiden. Die kindliche Phantasie füllt alle Informationslücken auf, oft ohne jeden Wirklichkeitsbezug. Die Quelle unserer angstvollen Phantasien ist jedoch glücklicherweise auch der Ursprung aller Kunst und Kreativität. Nur die kindliche Vorstellungskraft, die wir ins Erwachsenenleben hinüberretten, ermöglicht unsere Ausflüge in die Phantasie – weg aus der oftmals bedrückenden Realität unserer Erwachsenenwelt.

Im weiteren Verlauf des Buches werden wir immer wieder auf diese kindlichen Gedankengänge hinweisen und auch darauf, wie sie sich verändern, wenn das Kind größer wird. Wenn man den Verlauf der kindlichen Entwicklung beobachtet, können Rückschlüsse gezogen werden, welche Art von Information Kinder bewältigen können und welche unterschiedlichen Interpretationen sie sich je nach Alter zurechtlegen.

SAUBERKEITSERZIEHUNG IM RAHMEN DER NATÜRLICHEN ENTWICKLUNG

Wir sind dem Baby in seiner Entwicklung gefolgt, vom kleinen oralen Wesen bis in das Alter, in dem es anfängt, andere zu beißen. Was aber geht jetzt vor?

Das eineinhalbjährige Kind ist normalerweise sanft, zärtlich, liebenswürdig. Es spielt Verstecken, winkt freundlich und lächelt alle Welt an. Es stemmt sich selbst auf allen vieren hoch, und wenn es läuft, wackelt es mit dem Po und macht dann mit einem großen Grinsen kehrt. Das Kind dreht und wendet sich und stellt einfach alles auf den Kopf. An Stühlen oder an Mutters Rock zieht es sich hoch. Der Rumpf ist flexibel, die Beine bewegen und verdrehen sich. Wenn es zu gehen versucht, schwankt es hin und her oder plumpst zu Boden. Voller Stolz lacht es über sein Können. Zunehmende Geschicklichkeit zeigt das Kind nun auch beim Essen, indem es lernt, das Handgelenk so zu drehen, daß das Essen auf dem Löffel bleibt. Mit der Zunge wird die Nahrung im Mund hin- und hergeschoben und durch rhythmisches Bewegen des Unterkiefers durchmengt und gekaut. Der Rhythmus, der dabei den Körper durchzieht, ist ein sich sanft wiegender: der anale Rhythmus.

Die frühe anale Phase

Rhythmen und Bewegungsmuster

Wie Ihnen sicher aufgefallen ist, sind die Phasen mit ihren dazugehörigen Rhythmen nach körperlichen Funktionen benannt. Die meisten Bewegungen des winzigen Babys werden vom Saugrhythmus bestimmt, vom oralen Rhythmus. In der frühen analen Phase jedoch unterliegt es einem sich sanft windenden Rhythmus, wie man ihn am Schließmuskel des Darms und überhaupt am ganzen Körper beobachten kann. Wenn Sie ein Baby beim Wickeln betrachten, dann können Sie sehen, wie es seinen Schließmuskel aktiviert: Es übt anspannen, pressen, loslassen, und dieses Spiel stellt die Grundlage für die spätere Sauberkeitserziehung dar. Wenn Sie die anderen Bewegungen des Kindes verfolgen, werden Sie sehen, daß dieses Drehen, Festhalten und Loslassen Grundmuster fast allen Verhaltens ist. Im ersten Lebensjahr lernt das Kind, nach einem Gegenstand zu greifen und ihn schließlich fest in die Hand zu nehmen. Später spielt es mit dem Objekt und hat auch die Absicht, es wieder herzugeben. Ein einjähriges Kind wirft nicht mit Dingen um sich, sondern liebt es, die Sachen in der Hand zu halten, sie zu begutachten und dann wie zufällig wieder fallen zu lassen. Sobald das Kind krabbeln kann, versucht es, sich durch Verdrehen des Körpers aufzusetzen – sogar während des Wickelns. Ebenso verdreht und windet es sich, um sich etwa auf Stühle oder Mutters Schoß zu hieven. Diese drehenden und windenden Bewegungen befähigen das Kind, mit allen Dingen sehr sorgfältig umzugehen: Es findet Staubkörnchen und Schnurreste und präsentiert seine Fundstücke der Mutter, um gelobt zu werden. Wenn diese die gefundenen Dinge bewundert, werden sie auf einmal zu Kostbarkeiten; wenn sie sie nicht mag, sind sie wertlos. Im allgemeinen ist dies eine schöne Zeit, die Eltern und Freunden der Familie viel Freude bringt. Die Phase, in der das Kind zornig um sich biß, vor Zahnungsschmerzen brüllte und von der Mutter weg wollte, scheint eine Ewigkeit her zu sein.

Übergangsobjekte

Manchmal faßt ein Kleinkind eine besondere Zuneigung zu irgendeinem, meist weichen Gegenstand (wie etwa Charlie Browns Freund Linus zu seiner berühmten Schmusedecke). Da läuft es herum und zieht seine zerrissene Decke, den Teddybären oder einen Polster hinter sich her. Mütter fragen uns mitunter, warum wir dieses Verhalten tolerieren, da wir doch strikt dagegen sind, daß die Kleinen ihre Flasche mit sich herumschleppen. Unsere Meinung stützt sich auf den großen Kinderarzt und Psychoanalytiker Winnicott, der für eine Generation englischer Eltern schrieb. Er fand heraus, daß diese Dinge („Übergangsobjekte", wie er sie nannte) in gewisser Weise die kreativen Leistungen der Babys sind. Das Kind erfindet sozusagen eine eigene Identität für diese Dinge.

Candy zum Beispiel, die sich selbst mit elf Monaten entwöhnte, entwickelte eine intensive Beziehung zu einer Decke, mit der sie zärtlich sprach, während sie sie streichelte. Als ihre Mutter ihr ein Keks gab, bat sie um ein zweites für die Decke, indem sie sagte: „Lieb, auch." Wir können hier gleichzeitig mit den Anfängen der Sprache die Erfindung eines Phantasiegeschöpfes erkennen. Die Decke wurde zur fiktiven Spielgefährtin, zu einem liebevoll umsorgten Baby. Wir vermuteten, daß Candy, nachdem sie ihre eigene Säuglingszeit beendet hatte, sich nun selbst ein Baby aus der Decke erschuf. Wir haben übrigens noch nie erlebt, daß eine Flasche in ein neues Geschöpf umgewandelt wurde, ebensowenig, daß ein Kind zärtliche Worte mit Speisen und Getränken gewechselt hätte.

Winnicott meinte, daß es eine bestimmte Zone zwischen Wirklichkeit und Phantasie gebe, in der schöpferisches Denken und Einbildungskraft ihre Domäne haben. Nach seiner Auffassung liegt das Zentrum dieser Zone in dem intimen Raum zwischen Mutter und Kind: Die Stoffwindel, die Decke oder andere weiche Dinge, die in dieses vertraute Beisammensein von Mutter und Kind eingeschlossen sind, werden personifiziert und auf dieselbe besondere Weise geliebt, wie z. B. ein Künstler seine Kreationen liebt. Das weiche Stofftier oder die Decke wird nicht nur zum Ersatz, wenn Mutter nicht da ist, sondern zu einem eigenständigen Geschöpf, das um seiner selbst willen geliebt wird. Aus dem Verlust, den das Kind beim Abstillen erleidet, erwächst ihm ein Gewinn, nämlich die Fähigkeit, Trost in Dingen zu finden, die nicht an sich Befriedigung verschaffen. In unauffälliger Weise hängen Babys ihr Herz auch an alles das, was sie angreifen, riechen, mit dem sie spielen.

Viele Kinder, die abgestillt werden, finden keine Übergangsobjekte, besonders jene, die im dritten Lebensjahr entwöhnt werden. Aber letztendlich gewinnen alle durch die Entwöhnung an Charakterstärke und Menschlichkeit, auch wenn es einige Zeit dauert, bis ihre Kreativität voll erblüht.

Wir sollten Kleinkinder jedoch nicht mit einem zusätzlichen Verlust belasten, weil sie diesen emotionell nicht verkraften könnten. Damit meine ich, daß Sie mit der Sauberkeitserziehung noch etwas warten sollten, wenn das Kind sich gerade entwöhnt hat. Lassen Sie ihm Zeit, diese Erfahrung zu verarbeiten, um die körperlichen und geistigen Voraussetzungen für das Selberlernen zu schaffen.

Die spätere anale Phase

Diese Phase ist charakterisiert vom Drang nach Unabhängigkeit. Die Babyzeit geht dem Ende zu, und die Kinder beginnen, Regeln zu verstehen, auch wenn ihnen dabei gelegentlich das Bedürfnis in die Quere kommt, den eigenen Willen ungeachtet der Wünsche anderer durchzusetzen. Freud bezeichnet diese Phase als anal-sadistisch, weil Kinder in dieser Zeit oft voll Zorn sind und ambivalente Gefühle gegenüber der Mutter zeigen. Im einen Augenblick noch voller Liebe, hassen sie sie im nächsten Moment aus tiefster Seele. Sie finden heraus, wie man am besten Streit mit den Eltern anfängt, und wissen bald, wie sie diese am erfolgreichsten ärgern können. Sie genießen es, alles in Chaos zu verwandeln und andere zu verletzen. Erziehungsexperten wie Gesell haben diese Altersstufe berühmt gemacht, indem sie sie als die „terrible two's", als „Trotzalter" bezeichneten, das eigentlich schon mit eineinhalb Jahren beginnt.
Obwohl ihr Verhalten in dieser Zeit wahrhaft nicht so aussieht, suchen die Kleinkinder dadurch doch nichts anderes als Zustimmung und Lob. Sie können daher auch verschmust und voller Mitgefühl sein, wenn sie nicht gerade in einen Machtkampf verwickelt sind. Die Eltern müssen sich Möglichkeiten überlegen, einem in dieser Phase vom Kind gesuchten Kampf aus dem Weg zu gehen. So können sie die Enttäuschungen der Kinder über ihren Kontrollverlust auf ein Minimum reduzieren und die Stärke ihres Kindes entdecken.

So wenig Kämpfe wie möglich

Wenn ein Kind in seiner anal-sadistischen Zeit abgestillt wird, kann das die natürlichen Probleme dieser Entwicklungsphase verstärken. Ein Kind, das sich selbst am Ende der oralen Phase entwöhnt, weil es sich gegen das Saugen an der Brust und zugunsten größerer Bewegungsfreiheit für die Selbständigkeit entscheidet, hat nicht das Gefühl, daß es um etwas Angenehmes betrogen wurde. Es fühlt sich beflügelt, weil es aus den Babyschuhen heraus ist und nun anfängt, groß zu werden. Falls man jedoch mit dem Abstillen in der analen Phase beginnt, also mitten im Kampf des Kindes mit der Mutter, dann wird die Entwöhnung zum Bestandteil dieses Streits. Das Kind findet keine Freude an der Unabhängigkeit, sondern möchte zeigen, wer hier der Stärkere ist: „Ich bestimme, wann ich selbständig sein will und wann ich ein hilfloses Baby sein will." Das Streben nach Vollkommenheit (seinem Ich-Ideal) wird zur Seite geschoben, der Kampf wird zum vorrangigen Ziel. Wir schlagen daher vor, ein Kind gegen Ende der oralen Phase zum Abstillen zu ermutigen oder, falls das Kind zu diesem Zeitpunkt noch nicht dazu bereit ist, das Abstillen bis auf die Zeit nach den Wutanfällen zu verschieben.

Häufige oder längere Auseinandersetzungen mit Eineinhalb- bis Zweijährigen lassen sich vermeiden, wenn die Eltern die den Kampf auslösende Situation neu strukturieren. Manche Mütter erzählen, daß sie jeden Tag um das Ankleiden des Kindes kämpfen müssen. Stets dasselbe Theater: Die Mutter ist gereizt, das Kind steigert sich in die Kampfstimmung hinein, und die Eltern lassen sich manchmal vom Zorn und von der Sturheit der Kinder lähmen. Statt dessen sollte man die Situation so umgestalten, daß es für das Kind keinen Anlaß zum Streiten mehr gibt. Ziehen Sie Ihr Kind nicht voller Hast erst in letzter Minute an. Nehmen Sie zur Kenntnis, daß ein kleines Kind Zeit braucht. Erfinden Sie Spiele wie: „Hol deine Socken. Ich ziehe dir einen an, schaffst du den anderen allein?" Falls Sie die Geduld zu verlieren drohen, gehen Sie aus dem Zimmer, bis Sie sich wieder in der Gewalt haben.

Wenn ein Kind einen Wutanfall hat und richtig schön tobt, sollten sich die Eltern weigern, in den Kampf einzusteigen. Das bedeutet nicht, dem Kind einfach nachzugeben – das wäre ein Fehler. Wenn Eltern jedoch ihrerseits schimpfen und schreien, erhöht das die Attraktivität des Kampfes. Wenn Sie Ihr Kind jedoch völlig ignorieren, fühlt es sich allein und vernachlässigt. Ruhig geäußertes Mitgefühl für die mißliche Lage des Kindes (aus sicherer Distanz angeboten, um Fußtritten zu entkommen) kann dem Kind zeigen, daß es die

Selbstkontrolle verloren hat und damit gar nichts erreicht. Falls andere Leute in Mitleidenschaft gezogen werden oder das Spielzeug durch die Luft fliegt, nehmen Sie Ihr Kind ruhig hoch oder halten es an Armen und Beinen fest, um das Werfen und Treten zu beenden.
Obwohl man solchen Wutanfällen nicht nachgeben sollte, kann man Wege finden, den Kindern ihre Frustration erträglicher zu machen. Sagen Sie Ihrem Sprößling, daß es Sie kränkt, wenn er Sie tritt oder die Puderdose auf den Boden wirft. Das Kind sieht, daß auch die Gefühle anderer Leute verletzt werden können, nicht nur die eigenen. Sie müssen ihm vor Augen führen, was einmal sein Ich-Ideal werden soll. Wenn sich das Kind beruhigt hat, können Sie ihm sagen, daß Sie stolz auf ein Kind sind, das sich selbst beherrschen kann und seinen Ärger in Worten ausdrückt, nicht durch Brüllen und Treten. Machen Sie dem Kind klar, daß Sie solches Verhalten belohnen werden – schon dadurch drücken Sie Kritik am gezeigten Benehmen aus. Sobald es dem Kind nicht mehr darum geht, seine Überlegenheit zu beweisen, kann es sich gut fühlen, wenn es seine negativen Impulse unter Kontrolle hat.
Wenn jedoch ein Kind den Eindruck vermittelt bekommt, daß es für böse gehalten wird, weil es wild um sich schlägt, Dinge herumwirft oder kaputtmacht, verschlimmert das die Situation. Bestraft man es, weil es böse ist, lernt es womöglich, das Bösesein zu genießen und die Strafe für seine neue „Errungenschaft" einfach in Kauf zu nehmen. Wichtig ist, dem Kind klarzumachen, daß die Handlung verurteilungswürdig ist, nicht die Person, die etwas tut. Das Kind kann etwas Böses tun und dafür gemaßregelt werden, aber deswegen ist es nicht auf ewig dazu bestimmt, ein böses Kind zu werden.
Freud verband viele Eigenheiten des Kleinkindes mit derjenigen Aufgabe, die in diesem Alter bewältigt werden muß: mit der Sauberkeitserziehung. Er war der Auffassung, daß sich aus dem Wunsch des Kindes, seinen Stuhl zurückzubehalten wie andere Besitztümer auch, in späteren Jahren der Geiz im Umgang mit Geld entwickelt und aus dem Protest gegen die Eltern die Sturheit. Da sich die Psychoanalyse vor allem auf das Studium neurotischer Menschen stützte, wurden lange Zeit die positiven Aspekte der analen Phase nicht beachtet. Was manche Leute z. B. als Sturheit bezeichnen, bedeutet für andere feste Überzeugung; Geiz wiederum kann als Stolz und Freude an ei-

genen Dingen gesehen werden. Wenn wir einen Charakterzug negativ bewerten, verwerfen wir diese Haltung insgesamt, anstatt sie in die akzeptable Form zu bringen. Wir wollen den Willen und die Stärke eines Kindes ja nicht brechen, sondern in positive Bahnen lenken.

Es ist auch erkennbar, daß die typische Aggressivität der analen Phase für das Kind ein Instrument ist, wodurch es die Ausscheidung kontrolliert. In dieser Zeit wollen sich die Kinder ihrer Unabhängigkeit vergewissern und auch der Kontrolle über ihre Körperfunktionen. Wenn die Eltern diesen Vorgang unterbrechen, richtet sich die ganze Energie der Kinder gegen sie. Die Dickköpfigkeit betrifft nicht nur das Sauberwerden, sondern alle Lebensbereiche. Trotzdem muß diese Phase nicht schrecklich dramatisch sein, wenn Eltern den Unabhängigkeitsdrang ihrer Kindern akzeptieren, wann immer es möglich, und klare Grenzen setzen, wann immer es nötig ist.

Die Kontrolle des Stuhlgangs

Gegen Ende der analen Phase gibt es typische Anzeichen dafür, daß ein Kind die emotionalen Voraussetzungen für die Kontrolle des Stuhlgangs erworben hat: die Selbstsicherheit, der Einsatz der Körperkraft, das Umstoßen oder Wegwerfen von Gegenständen etc. Wenn das Kind in dieser Hinsicht gut vorbereitet ist, braucht es nur wenig Anleitung. Hilfreich kann sein, andere Kinder bei ihrem „Geschäft" auf dem Topf zu beobachten. Wir haben ein Bilderbuch verfaßt, in dem es um ein Kind geht, das spürt, daß sich der Darm entleeren will, ins Badezimmer geht, die Hose runterzieht, sich auf die Toilette oder auf den Topf setzt und den Darminhalt herausdrückt. Mit den einfachsten Strichzeichnungen läßt sich so ein Buch verfertigen.

Die Entwicklung grundlegender Fähigkeiten ist jedoch die wichtigste Voraussetzung dafür, daß ein Kind von selber lernen kann. Im folgenden wollen wir einige dieser Fertigkeiten beschreiben, die sich das Kind mit Hilfe seiner Eltern seit seiner Babyzeit angeeignet hat – gleichsam als Vorbereitung für seine Selbstschulung.

Heutzutage gibt es keine Diskussion mehr darüber, daß frühzeitig aufgezwungene Sauberkeitserziehung, noch bevor das Kind dazu bereit ist, zu Wutausbrüchen und Dickköpfigkeit führt. Mit viel Mühe muß dieser qualvolle Vorgang oft in späteren Jahren aufgearbeitet werden. Eltern werden jedoch zumeist ungeduldig, wenn das Kind das zweite Lebensjahr vollendet hat und noch nicht sauber ist; sie haben das Gefühl, etwas unternehmen zu müssen. Wie wir im vorangehenden Kapitel beschrieben haben, lernt ein Baby zuerst, aus einer Tasse zu trinken und feste Nahrung von einem Teller in den Mund zu löffeln, bevor es sich selbst entwöhnt. Es beherrscht also zu diesem Zeitpunkt schon die neue Art der Nahrungsaufnahme. Auf ähnliche Weise müssen wir Hilfsmittel für die Sauberkeitserziehung einführen und dem Kind erlauben, damit zu üben, bevor es selbst die Kontrolle übernimmt. Was den Körper betrifft, so kann der Schließmuskel des Darms im Alter von acht bis zehn Monaten kontrolliert werden, und manche Kinder werden bereits in diesem Alter sauber. Solche FrühstarterInnen hatten jedoch wenig Gelegenheit, willkürliches Festhalten und Loslassen zu üben; sie wurden trainiert wie der Pawlowsche Hund.

Was das Kind schon können muß

Das Kind muß
a) die Fähigkeit haben, willkürliches Festhalten und Loslassen zu üben;
b) fähig sein, die Stuhlentleerung als solche zu erkennen, und eine Möglichkeit haben, diesen Vorgang in aller Ruhe beobachten zu können;
c) sich bequem hinsetzen können, um die Ausscheidung zu erleichtern;
d) Zugang zum Badezimmer oder zur Toilette haben;
e) in der Lage sein, sich mehr oder weniger allein ausziehen zu können (oder mit ein wenig Hilfe von Erwachsenen);
f) schließlich in der Lage sein, die Spülung zu betätigen, und vor allem willens, sich von seinem Stuhl zu verabschieden – ein nicht unwichtiger Punkt.

ad a) Willkürliches Festhalten und Loslassen

Rhythmen des Festhaltens und Loslassens: der anal-sadistische Rhythmus (Rhythmus des Sich-Anstrengens)
Jedes Baby wird mit einem Repertoire biologisch notwendiger Rhythmen zur Spannungsabfuhr und -regulation geboren. Bei genauem Hinsehen erkennt man einen Rhythmus, der aus den Elementen Festhalten und Loslassen besteht. Er beginnt damit, daß das Baby einen Gegenstand in die Hand nimmt, ihn festhält und dann wieder fallen läßt. Diese rhythmische Abfolge ist sehr gut geeignet für den Vorgang der Darmentleerung und wird auch benützt, wenn das Baby sich in Krabbelposition oder in den Stand hochzuziehen bemüht. Der gleiche Rhythmus kommt ferner zum Vorschein, wenn das Baby einen Löffel ergreift, festhält und ihn erst nach einer bestimmten Zeit wieder losläßt, wie es eben seinem inneren Rhythmus entspricht. Für Erwachsene ist es schwierig, nicht ungeduldig zu werden und das Baby nicht voranzutreiben, wenn es mit dem Löffel in der Hand in Tagträume zu versinken scheint oder einfach dickköpfig wirkt: „Komm, mach weiter, damit wir endlich mit dem Essen fertig werden!" Wir können aber nicht diese Rhythmen fremdbestimmen und gleichzeitig das Baby zur Unabhängigkeit erziehen wollen. Genau dieser Versuch, den Rhythmus eines Kindes in der späteren analen Phase ändern zu wollen, verstärkt die bekannten Wutausbrüche des Trotzalters.
Es gibt so viele Variationen zu diesem Rhythmus, wie es verschiedene Rhythmen beim Stuhlgang gibt. Der Rhythmus ändert sich, wenn das Baby lernt, Dinge länger festzuhalten, länger damit zu spielen und sich ihrer eher durch Wegwerfen zu entledigen als durch einfaches Fallenlassen. Anstatt sich über die Verzögerungen des analen Rhythmus zu ärgern, können aufmerksam beobachtende Eltern interessante Einblicke in die Entwicklung ihrer Kinder gewinnen.

Verhaltensweisen
Der Akt des Festhaltens und Loslassens wird von frühester Kindheit an geübt. Wir haben die zeitliche Abfolge im Erwerb von Fähigkeiten bereits kurz beschrieben (etwas mit der Hand ergreifen und dann wieder loslassen). Um ein erfolgreicher Säugling zu sein, muß das

Baby die Mutterbrust festhalten und wieder loslassen können. Die Hände sind zu Fäusten geballt, aber es muß diese öffnen, um die Mutter an Rücken und Brust zu streichen. Ein acht bis zehn Monate altes Baby lernt, Dinge willentlich fallen zu lassen oder anderen Leuten anzubieten. Wir haben beobachtet, daß Kinder in ihren Hochstühlen sitzend (bei uns im Zentrum stehen sie nebeneinander) Essen vom Teller des benachbarten Kindes nehmen und dieses auch zum Kosten des eigenen Essens auffordern. Das Angebot erfolgt in dieser Altersstufe aber nur versuchsweise. Als ein Junge entdeckte, daß sein Angebot ernst genommen wurde und das Essen auf Nimmerwiedersehen verschwand, brüllte er laut los.

Wenn ein Baby versuchsweise Dinge fallen läßt oder „verschenkt", wie z. B. Essen an die Mutter, ist es nicht wirklich bereit, sich von diesen Dingen zu trennen. Echtes Geben entwickelt sich aus dem Fallenlassen, das nach dem Motto funktioniert: „Aus den Augen, aus dem Sinn." Echtes Geben, das heißt, zusehen, wie das Essen tatsächlich im Mund der/s anderen verschwindet, erfordert Verzicht und scheint das Ergebnis auch der Identifikation mit der Person zu sein, die das Baby füttert. Deshalb bieten viele Kinder anfangs nur der Mutter von ihrem Essen an, weil sie sie als Teil ihrer selbst empfinden. Solange Mutter ein Teil von ihnen ist, gehört auch das, was sie ihr geben, eigentlich noch ihnen selbst.

Ein eineinhalbjähriges Kind interessiert sich mehr dafür, mit der Mutter zu spielen, sie zu necken, als ihr etwas wirklich zu geben. Bald beginnt jedoch eine neue Phase: Das Kind, das sein Essen auf dem Teller eben noch hin- und herschob, damit kleckerte und herumschmierte oder es auf den Boden warf, handelt nun gezielter, hält Dinge fest, wirft sie weg, holt sie wieder zurück – die ideale Zeit für Sauberkeitserziehung!

Störende Faktoren

Betreuungspersonen oder Geschwister zeigen manchmal Verhaltensweisen, die dazu geeignet sind, das Wechselspiel von Festhalten und Loslassen zu behindern und so die Sauberkeitserziehung zu erschweren. In unserem Zentrum war z. B. ein Baby, dessen älteres Geschwister gewohnheitsmäßig alles an sich nahm, wonach das Baby die Hand ausstreckte. Wir beobachteten, wie es dem Baby Vergnügen bereitete, die eigene Hand zu öffnen und dann wieder zur Faust zu schließen und sich selbst dabei zuzusehen, aber es interessierte sich nicht besonders für irgendwelche Gegenstände. Als das kleine Mädchen zehn Monate alt war, ließ es die Dinge, die man ihm in die Hand drückte, sofort wieder fallen. Eine unserer Mitarbeiterinnen gab dem Baby ihre Hand zum Halten und hielt abwechselnd die Hände der Kleinen in den ihrigen. Allmählich brachten wir dem Kind bei, neben einem Gleichaltrigen zu spielen, Gegenstände aufzuheben und genauer zu betrachten, bevor es sie wieder fallen ließ und sich einem neuen Spielzeug zuwandte. Es lernte, indem es anderen Kindern zusah und sich kinästhetisch[1] auf die Hände einer Erwachsenen einstimmte.

Die Art, in der Kindern feste Nahrung gefüttert wird, ist eine weitverbreitete Methode, sie vom Gebrauch ihrer eigenen Hände abzuhalten. Viele Mütter stört es, wenn sich das Kind ankleckert. Ist das Essen breiig und deshalb besonders gut zum Schmieren geeignet, taucht Mutters Löffel plötzlich aus dem Nichts auf und wird in den Mund des Kindes gesteckt, ohne das Baby an diesem Vorgang zu beteiligen. Manchmal ist noch nicht einmal der Mund offen, wenn der hartnäckige Löffel schon wieder den nächsten Annäherungsversuch macht. Die Babys begreifen schnell, daß jeder Versuch, den Löffel zu ergreifen, von großen Erwachsenenhänden unterbunden wird. Kinder, die solcherart gefüttert werden, halten nicht selten beim Essen ihre Arme hoch, besonders die Krabbelkinder, die daran gewöhnt sind, ihre Hände zur Fortbewegung und zum Abstützen zu benützen.

Wenn Babys die Gelegenheit erhalten, mit ihrem Essen zu spielen, können sie ein Gefühl für „Haben" entwickeln, das ihnen die beschmierte, klebrige Hand vermittelt, und auch ein Gespür für das Saubermachen, indem sie die Finger ablecken und abwischen. Sie lernen zu unterscheiden, daß man die Hände zum Abstützen und auch zum Greifen benützen kann, und bald können sie diese beiden Tätigkeiten kombinieren: sie krabbeln, setzen sich dann wieder hin und halten dabei Gegenstände in der Hand.

Falls Sie den Eindruck haben, daß Ihr Kind bei dem Versuch, sich selbst zu füttern, nicht satt wird, können Sie einen Kompromiß

---

[1] kinästhetisch = Wahrnehmung der eigenen Bewegungen.

schließen: das Baby und die Mutter bekommen je einen Löffel. Bei diesem Lernprozeß landet der Löffel vielfach mit dem falschen Ende im Mund oder mit der Seite, auf der kein Essen ist. Plötzlich wird der eigene Löffel fallen gelassen und Mutters Löffel in die Hand genommen. Alles scheint ohne erkennbares System vor sich zu gehen. Eine Mutter meinte, das Kind könne glauben, der Fehler liege am Löffel, nicht an der Hand, die den Löffel führt. Wir sollten uns aber auch darüber im klaren sein, daß ein noch nicht einmal einjähriges Kind Gegenstände nur eine begrenzte Zeit lang festhalten kann.

Sobald Mütter anfangen, ihren Babys feste Nahrung zu geben, versuchen wir, ihnen die Abscheu vor der Kleckserei zu nehmen und sie von ihrem Drang abzuhalten, alles sofort sauberzumachen, ohne ihre Kinder die für ihre Entwicklung notwendigen Erfahrungen machen zu lassen. In dieser Altersstufe sind eben die Kinder von allem begeistert, womit man kleckern kann, ob das nun Fingerfarben sind oder Schlamm. Es ist nicht schwierig zu sehen, wie eng diese Phase mit der Sauberkeitserziehung zusammenhängt.

Man sollte den Kindern erlauben herumzukleckern, aber man sollte sie auch dazu auffordern, sich am Saubermachen zu beteiligen. Wenn sie mit Bausteinen gespielt haben, können sie die Klötze wieder in die entsprechende Schachtel zurückbefördern; nach dem Essen kann man sie dazu veranlassen, den Teller zurückzugeben; das verhindert nicht nur, daß die Essensreste auf dem Boden landen, sondern lehrt das Kind die Beendigung einer Mahlzeit. Natürlich kann man nicht erwarten, daß dies funktioniert, wenn die Mutter in der Küche beschäftigt ist, während das Baby ißt. Kein Mensch nimmt seine Mahlzeit gern allein ein, und auch ein Baby ißt nicht gern, wenn niemand da ist, den es füttern oder der man den Teller überreichen oder verlorene Dinge zurückgeben könnte. Wenn Sie sich während der Mahlzeiten zu Ihrem Kind setzen, wird das Essen zu einer vergnüglichen Zeit des Beisammenseins, das Sie später einmal schätzen werden, wenn Sie versuchen, die ganze Familie um den Mittagstisch zu versammeln. Im Zusammensein ergibt sich auch das gemeinsame Aufräumen von selbst.

Kinder können helfen, den Tisch abzuwischen, und man kann ihnen ein feuchtes Tuch geben, mit dem sie ihr Gesicht säubern. Natürlich ist von den ganz Kleinen noch nicht zu erwarten, daß sie ganze Arbeit leisten, aber es hat seine Vorteile, wenn man sie in die Putzaktion einbezieht.

Stellen Sie sich ein Baby vor, das mehr Essen im Gesicht (und auf seinem Sessel) als in seinem Bauch hat. Seine Mutter nähert sich mit einem großen, feuchten Tuch und beginnt, das Gesicht des Kindes zu reinigen. Je mehr sich das Kleine sträubt, desto heftiger wischt die Mutter. Das Kind kreischt und dreht den Kopf weg, um sich gegen den mütterlichen Überfall zu verteidigen. Die verzweifelte Mutter aber ist überzeugt, daß es Unsinn sei, ein Kind selbst essen zu lassen. Stellen Sie sich nun vor, das Kind erhielte das nasse Tuch selbst. Nachdem es für einige Augenblicke versucht hat, sein Gesicht sauberzumachen, ist die „Aufwärmphase" beendet. Jetzt kommt die Mutter mit einem zweiten Tuch und erledigt den Rest, während sie mit dem Kind spricht: „Wo sind Debras Wangen? Wo sind Debras Hände?" Bald ist das Kind sauber und hat die ersten Schritte gemacht, sich selbst zu säubern. Wenn es später die Toilette benützt, wird es von den Fertigkeiten profitieren, die es monatelang geübt hat: sich an Stellen des Körpers abzuwischen, die es nicht sehen kann. Bald werden Sie gemeinsam mit Ihrem Kind Staub wischen, Fenster putzen oder sich mit ähnlichen tollen Mutter-Kind-Aktivitäten die Zeit vertreiben, der in Erziehungsbüchern nie die Wertschätzung gezollt wird, die sie eigentlich verdient.

ad b) Den Drang zur Darmentleerung erkennen und sich in aller Ruhe mit den damit einhergehenden inneren Empfindungen beschäftigen

In unserer Zivilisation wird der Privatbereich hoch eingeschätzt. Wir unterscheiden zwischen sozialen, öffentlichen Handlungen und sogenannten Privatangelegenheiten, die wir lieber allein erledigen. Was die Erwachsenenkultur betrifft, ist Essen eine gemeinschaftliche Angelegenheit und Stuhlentleerung eine private. Bei Säuglingen und Kleinkindern ist es oft umgekehrt. Sie sitzen allein in ihrem Hochstuhl und essen, während die Mutter die Küche aufräumt. Das Stillen gehört für die meisten Leute noch deutlicher dem privaten Bereich an. Viele Menschen sind der Ansicht, daß Mütter nicht in der Öffentlichkeit stillen sollten, weil es ungehörig sei. Andererseits gibt es kaum Einwände, wenn Mütter ihre Kinder in der Öffentlichkeit wickeln. Das zeigt, wie wenig wir uns mit den Bedürfnissen der Kinder auseinandersetzen: dem Bedürfnis nach Gesellschaft beim Essen und nach Ungestörtsein beim Stuhlgang.

Zeit für friedliche Meditation
Wenn man Neugeborene im Krankenhaus beobachtet, wird es offensichtlich, daß recht viele von ihnen während der Darmentleerung ruhig und unbeweglich bleiben. Sie machen gespannt lauschende Gesichter. Einige Babys strengen sich dabei sehr an und bekommen einen roten Kopf – obwohl ihr Stuhl weich ist. Weder das aufmerksam lauschende noch das angespannte Baby scheint jedoch gestört werden zu wollen. Manche der Kleinen weinen, weil sie aufstoßen oder ein wenig massiert werden wollen: eine kurze Kontaktaufnahme, um ihr Unwohlsein zu beseitigen, aber sonst möchten sie allein gelassen werden. Viele Säuglinge machen jedesmal die Windeln voll, wenn sie gestillt werden, und die Mehrheit unterbricht währenddessen das Saugen. Einfühlsame Mütter begreifen rasch, daß das Baby sich auf die Vorgänge in seinem Körper konzentrieren muß und daß die Anstrengung des Ausscheidens andere Tätigkeiten ausschließt.
Manchmal zeigen die Kleinen deutlich, daß sie nicht gestört werden möchten. Die meisten Erwachsenen verstehen die diesbezüglichen Zeichen, wenn ein Kind beispielsweise seine Hände begutachtet, sie dreht und wendet, um sie von allen Seiten zu sehen. Gelegentlich aber ist das Signal nicht so unmißverständlich. Mit etwa acht Wochen (oder früher) starren manche Babys in eine Ecke, als ob sie verzaubert wären. Sie üben, einen gleichbleibenden Spannungsgrad zu halten, was wiederum die Grundlage für die Konzentrationsfähigkeit ist. Stört man das Kind dabei, wird es lautstark protestieren oder gar nicht reagieren. Wir wissen nicht genau, was in dem Baby vorgeht, aber wir vermuten, daß dieses Verhalten den Beginn der Selbstbeobachtung markiert: Es erfährt mehr über sich selbst als unveränderliches Wesen, das von Dauer ist.

Die Grenzen des Selbst erleben
Babys müssen gehalten werden, um ihre Körpergrenzen zu erfahren, um zu spüren, wo sie selbst aufhören und wo der andere Mensch beginnt. Dennoch müssen sie auch Getrenntsein erleben. Viele Mütter

scheinen unfähig, sich von ihren Babys zu trennen. Es ist wohlig, ein anschmiegsames Baby an der Brust zu haben. Oft sehen wir Mütter längere Zeit völlig unbeweglich sitzen, während sie ein vor sich hinstarrendes Baby halten. Beide wirken friedlich und in eine dem Betrachter völlig unzugängliche Welt entrückt. Wenn das Baby von der Mutter gehalten wird, spürt es seinen Körper gegen den ihren und ihren Körper gegen den seinen. Ist es von der Mutter getrennt, kann es sich an dieses Gefühl des Gehalten-Werdens erinnern, was ihm hilft, sich selbst zu halten. Auf diese Art lernt es die Grenzen seines Körpers kennen.

Allein im Kinderbett, kann sich der ganze Körper des Säuglings der kinästhetischen Erinnerung hingeben: wie es sich angefühlt hat, gehalten und berührt zu werden. Gelegentlich übt das Kind, sich selbst zu beobachten und als Ganzes, als eine Einheit wahrzunehmen. Es sind zwei verschieden Erfahrungen, aufmerksam zu sein, wenn man im Arm gehalten wird, oder wenn man allein ist und sich selbst halten muß. Aufgrund meiner (JSK) Beobachtungen glaube ich, daß Säuglinge nicht nur stimuliert werden wollen (visuell, auditorisch und kinästhetisch), sondern auch Zeit und Ruhe benötigen, um ihre Erfahrungen verarbeiten zu können. Ein Baby soll angeregt werden, besonders wenn es wach und außenorientiert ist, aber es gibt Zeiten, in denen es nicht so aktiv ist, weil es hören, sehen und spüren will, was in seinem Inneren vorgeht; in diesen Phasen werden die Einflüsse aus der Gegenwart mit denjenigen aus der Vergangenheit, die noch immer auf das Kind einwirken, verschmolzen.

Natürlich ist es leichter, eine Theorie zu formulieren, als im konkreten Fall zu entscheiden, wann ein Baby Zuwendung braucht und wann Ruhe. In diesem Zusammenhang ist es wichtig, daß Eltern in ihrem eigenen Rhythmus und Tagesablauf innehalten, um ihre Kinder zu beobachten und sich auf sie einzustimmen. Wir glauben allerdings nicht, daß es ein Verbrechen ist, gelegentlich den Elternwillen durchzusetzen und die Konzentration des Kindes zu unterbrechen. Ein Kind muß auch lernen, Störungen zu bewältigen. Unsere Kritik gilt denjenigen Erwachsenen, die aus Prinzip nur den eigenen Bedürfnissen Rechnung tragen und rücksichtslos das Baby stören, ohne den Augenblick abzuwarten, in dem das Kind seine „Aufmerksamkeitsübungen" beendet hat. Ungestört vor sich hin starren und sich konzentrieren können ist eine höchst notwendige Voraussetzung, um sich in aller Ruhe der Darmentleerung widmen zu können.

Darmkontrolle üben und beherrschen
Im folgenden wollen wir einerseits beschreiben, wie die Sauberkeitserziehung üblicherweise abläuft, andererseits darauf hinweisen, wie dieser komplexe Vorgang durch elterliche Einmischung entgleisen kann.

Eine unwillkürliche Darmentleerung wird meist von einem unbestimmten Druckgefühl irgendwo „da unten" begleitet und erfolgt in einer oder mehreren Phasen des Haltens und Loslassens. Die Beendigung der Ausscheidung wird entweder als erleichternd empfunden oder – wenn der Stuhl hart ist – als schmerzhaft. Sobald das Baby sich des Drucks im Enddarm bewußt ist, kann es mit dem Experiment beginnen, den Stuhl zurückzuhalten oder freizugeben, eine Fertigkeit, die es von klein auf geübt hat.

Diese Versuche führen schließlich zur Kontrolle über die Ausscheidung. Zunächst jedoch gehen Kinder in verschiedener Weise damit um. Es kann sein, daß falscher Alarm gegeben wird, weil das Kind glaubt, durch das Loslassen allein werde der Darm bereits entleert, und es sagt seiner Mutter, daß es die Windel vollgemacht habe. Das kann sich noch oft wiederholen, bis das Kind schließlich erkennt, wann es tatsächlich seinen Darm entleert hat. Ein Kind, das gerade laufen lernt, bekommt vielleicht Verstopfung, weil es zu stark zurückhält.

Im allgemeinen aber gilt: Wenn ein Kind häufig mit Dingen um sich wirft, zeigt es an, daß es nun bereit ist, seinen Kot herzugeben, statt ihn in der Windel zu horten. Indem es einen Gegenstand wegwirft, trennt sich das Kind freiwillig und mit Entschiedenheit von ihm. Es möchte dieses Objekt jedoch wieder zurückhaben, denn noch mag es nicht glauben, daß der Abschied endgültig ist. Wegwerfen und aufheben, etwas aufbauen und wieder zerstören, das alles sind Schritte zum Sauberwerden. Wenn ein Kleinkind einen Topf benützt, besteht es manchmal darauf, daß der Inhalt nicht weggeschüttet werden darf. Es dauert einige Zeit, bis es versteht, daß es am nächsten Tag wieder Stuhlgang haben wird.

Die Benützung der Toilette kann manchmal Ängste hervorrufen: Dem Kind wurde vorher verboten, Dinge hineinzuwerfen, oder es fürchtet sich davor, selbst hineinzufallen und so zu verschwinden wie sein Exkrement. Fast alle Kinder haben solche Angstvorstellungen, aber ihr Stolz und ihre Zufriedenheit über die neue Errungenschaft wird schließlich die Furcht überwinden.

Wenn sich Erwachsene einmischen
Sauberwerden ist im Grunde eine einfache Sache, wenn man dem Kind Gelegenheit gibt, Festhalten und Loslassen zu üben, und wenn die Phase des Loslassens nicht unnötig gestört wird. Von allem Anfang an senden wir als Betreuungspersonen ununterbrochen Signale an die Babys, oft nonverbal und unbewußt. Eine frischgebackene Mutter wickelt vielleicht ihr Baby sofort, wenn die ersten Anzeichen für eine volle Windel auftreten. Sicherlich ist ihr dabei nicht bewußt, daß sie damit den natürlichen Ablauf dieses Vorgangs unterbricht. Sicherlich hat sie auch nicht vor, das Baby zum Zurückhalten des Stuhls zu trainieren; trotzdem aber könnte dies das Ergebnis ihrer vorschnellen Reinigungsaktion sein. Wahrscheinlich ist, daß diese Mutter dem Baby auch nicht erlaubt, mit dem Essen herumzukleckern oder in Schmutz und Schlamm zu spielen. Vielleicht kritisiert sie – wenn auch in spielerischer Form – sogar den zu weichen Kot. Die Botschaft ist klar: die Mutter haßt alles, was mit Ausscheidung zu tun hat. Die Aufmerksamkeit des Kindes wird so von dem abgelenkt, was in seinem Körper passiert, und richtet sich voll auf Mutters Gesicht. Wir haben bei vielen Kleinkindern erlebt, daß sie sich vor ihrer Mutter verstecken, wenn sie gerade dabei sind, in die Windel zu machen; falls sie trotzdem dabei überrascht werden, halten sie ihren Stuhl zurück und bekommen Verstopfung. Die Mütter zeigen sich von diesem Verhalten erstaunt, weil sie sich keineswegs als Eindringlinge sehen. Ganz im Gegenteil: viele Eltern glauben, daß ihre Anwesenheit und ihr ernsthaftes Bitten förderlich seien.
Verstopfung kann natürlich auch noch andere Gründe haben. Sie kann eintreten, wenn ein Kleinkind einen nackten Menschen des anderen Geschlechts gesehen hat. Kleine Jungen nehmen an, daß alle Menschen einen Penis haben, und es beunruhigt sie, wenn sie ein kleines Mädchen sehen, dem das betreffende Organ fehlt. Sie haben

Angst, sie könnten ihr wertvolles Stück verlieren, wie es offensichtlich dem Mädchen ergangen ist. Nachdem sie nicht ganz sicher sind, was an der Vorderseite und was an der Rückseite ihres Körpers passiert, werden sie verstopft, weil sie Angst haben, ihren Penis zu verlieren, wenn sie den Darm entleeren. Mädchen leiden weniger oft an Verstopfungen als Jungen, aber auch sie verbinden den Gang zur Toilette manchmal mit dem Gefühl, „etwas zu verlieren", und weigern sich daher.

Verstopfung tritt gelegentlich ein, wenn ein Kleinkind gerade unter schmerzhaftem Durchfall gelitten hat und die Haut rund um den After vom häufigen Säubern wund ist und juckt. Auch fester Stuhl führt manchmal zu Verstopfung, weil die Ausscheidung Schmerzen verursachen würde.

Wir können den Standpunkt eines Babys leichter verstehen, wenn wir uns unsere Erwachsenen-Bedürfnisse vor Augen führen: Wir schätzen Anregung durch interessante Gesellschaft, brauchen aber dennoch auch Zeit für uns selbst, um alles noch einmal zu betrachten und zu überdenken.

Vielleicht haben wir nach der Entdeckung unseres Jahrhunderts, daß Kinder, die vernachlässigt werden, in ihrer Entwicklung zurückbleiben oder deutlich verlangsamt sind, über das Ziel hinausgeschossen und überfluten jetzt unsere Kinder mit Außenreizen, ohne ihnen genügend Zeit für sich selbst zu lassen.

Indem man das Bedürfnis eines Kindes nach Ruhepausen respektiert, schafft man eine gute Grundlage für die Wahrnehmung der Vorgänge rund um die Ausscheidung. Es ist ein noch steiniger Weg, bis diese Wahrnehmung deutlich genug und mitteilbar wird, etwa in der Form von „Gaga". Je mehr Zeit wir dem Kind gemäß seinem Bedürfnis, mit seinem Körper allein zu sein, zugestehen, desto eher wird es bereit sein zu berichten, daß es sein „Geschäft gemacht" hat, und später wird es ankündigen, daß es jetzt eines „machen wird".

ad c) Das Kind muß in der Lage sein, sich selbst in einer bequemen, die Ausscheidung erleichternden Haltung hinzusetzen

Obwohl dies selbstverständlich zu sein scheint, veranlassen uns doch einige kuriose Berichte, ein paar Worte zu diesem Thema zu verlieren. Viele Kleinkinder gehen in die Hocke, wenn sie in die Windel machen. Es würde uns nicht im Traum einfallen, einen Hund in ähnlicher Situation zu stören. Mütter jedoch sprechen ihre Kinder an, heben sie hoch und wickeln sie oder setzen sie auf den Topf; sie mischen sich damit nicht nur in den Privatbereich des Kindes ein, sondern stören es auch in seiner hockenden Körperhaltung. Es gibt einige wenige Kinder, die nicht davon abgehen wollen, beim Stuhlgang zu stehen; diese lernen meist nicht so schnell wie hockende Kinder.

Auf dem Topf hocken
Wir sollten die Kinder zum Hocken ermutigen, allerdings ohne uns aufzudrängen. Der Topf erleichtert diese Haltung, und die auf dem Boden abgestützten Füße geben Sicherheit. Sowohl Eltern als auch Kinder bekommen Angst bei der Vorstellung, das Kind könnte von der Toilette oder gar in sie hinein fallen. Diese Furcht ist nicht unberechtigt. Der Toilettensitz kann ganz schön wackelig sein; der Abfluß wird zum gähnenden Loch für das Kind, das dasitzt und sich anstrengt zu pressen. Manche Kleinkinder möchten unbedingt die Toilette benützen, meist, weil sie größeren Geschwistern nacheifern. Ein Kinder(toiletten)sitz hilft, vorausgesetzt, es gibt auch einen Schemel, der dem Kind erlaubt, alleine hinaufzuklettern und die Füße abzustützen. Man sollte auch darauf achten, daß dieser Sitz stabil und bequem ist.

Den Eltern im Bad zusehen
Ein älteres, gleichgeschlechtliches Geschwister kann ein Kleinkind dazu veranlassen, von selbst sauber zu werden. Erwachsene jedoch sind keine guten Rollenmodelle, wenn es um den Ausscheidungsprozeß geht. Kinder, die ihre Eltern zur Toilette begleiten, sehen sich dem nicht zu erfüllenden Anspruch gegenüber, es den Großen gleichzutun. Erwachsene, die auf dem WC hocken, stöhnen und pressen, machen Kindern oft Angst und lassen sie – fälschlicherweise – glauben, daß man so groß wie sie sein müsse, um die Toilette fachgerecht benützen zu können. Die Kinder, die ihren Eltern gerade bis zum Oberschenkel reichen, versuchen, einen Blick zwischen die elterlichen Beine zu erhaschen. Meist sagen sie nichts dazu, aber hin-

terher zeichnen sie riesige Berge oder dunkle Klippen. Sie verbinden den Eindruck der dunklen Schamhaare mit jenem der Exkremente und verabscheuen die Genitalien. Im Vergleich mit den Erwachsenen fühlen sich die Kinder einfach unzulänglich und sind verwirrt in bezug auf ihren eigenen Körperbau. Die verzerrten Gesichter der Eltern während der Darmentleerung lassen diese als Monster erscheinen und erfüllen die Kleinen mit Furcht.

Wir möchten an diesem Punkt des Themas gerne verweilen, weil viele Eltern Einwände gegen unsere Forderung nach einem elterlichen Privatbereich erhoben haben. Sie weisen darauf hin, daß in manchen Zivilisationen die Erwachsenen mit entblößten Genitalien herumlaufen, daß sie sich also vor den Kindern keine Zurückhaltung auferlegen. Darauf haben wir mehrere Antworten. Zum ersten haben wir schon des öfteren betont, daß wir die Kinder die Verhaltensweisen unserer Zivilisation lehren wollen. Wir können von anderen Kulturen lernen und von ihnen profitieren, aber wir sollten nicht einfach nach Belieben ein paar Dinge aus verschiedenen Kulturkreisen herausgreifen und in unsere Zivilisation verpflanzen, ohne Rücksicht darauf, wie sie zu unseren übrigen Lebensgewohnheiten passen.

Unseren Kulturgewohnheiten gemäß laufen die Erwachsenen im Normalfall nicht nackt herum. Der Anblick der Genitalien wirkt auf ein Kind völlig anders, wenn es von klein auf an nackte Menschen gewöhnt ist, als wenn die Geschlechtsteile nur zu bestimmten Gelegenheiten entblößt werden. Warum sollte man ein Kind, das gerade mit dem eigenen Körper und dessen Funktionen beschäftigt ist, mit der plötzlichen Enthüllung der üblicherweise verhüllten erwachsenen Sexualorgane irritieren?

Zum zweiten müssen wir darauf hinweisen, daß es Phasen in der kindlichen Entwicklung gibt, in denen der Anblick von Genitalien das Kind überreizt und überfordert. In unserer Zivilisation erwarten wir von den Kindern, frühe sexuelle Impulse zu unterdrücken und die Energie der geistigen Entwicklung zuzuführen. Wir haben die Mittel, unsere geschlechtsreifen Töchter und Söhne von der Ausübung reifer Sexualität und den damit verbundenen Verantwortlichkeiten zurückzuhalten. Indem wir die Reife unserer Kinder solcherart aufschieben, ermöglichen wir ihnen eine längere Kindheit und mehr Zeit für die Ausbildung.

In diesem Kapitel beschränken wir uns aber auf die Mitteilung unseres Beobachtungsergebnisses: Kinder, die ihre Eltern zur Toilette begleiten, entwickeln mehr Ängste und werden später sauber als solche, die gelernt haben, den elterlichen Privatbereich zu respektieren.

Üblicherweise wird ein zweijähriges Kind von selbst sauber, sofern die Eltern Verständnis zeigen und sich nicht einmischen. Ebenso wichtig wie die elterliche Unterstützung sind jedoch die notwendigen und angemessenen Hilfsmittel zur eigenständigen Darmentleerung. Was auch immer als Toilette benützt wird, ob Topf oder WC, das Kind muß Halt und Sicherheit spüren, so, wie einst die Windel den unteren Teil des Körpers umschloß und Zusammenhalt gab.

ad d) Die Eltern müssen dem Kind den Zugang zum Badezimmer ermöglichen

Ein Kind, das sich gerade ums Sauberwerden bemüht, fühlt sich vor den Kopf gestoßen, wenn die Badezimmertür verschlossen ist. Weil aber viele Kleinkinder Vergnügen daran finden, alles mögliche in die Toilette zu werfen, sehen sich viele Eltern veranlaßt, Badezimmertüren plötzlich abzusperren.

Dinge, die im WC landen
Viele Eltern befürchten nicht nur, daß die Kinder den Abfluß verstopfen, sondern auch mit dem Wasser in der WC-Muschel spielen. Nichtsdestotrotz bietet sich Kindern eine gute Möglichkeit zu üben, wie man Dinge in die Toilette wirft und dann hinunterspült. Wir würden dem Kind dabei nicht völlig freie Hand lassen, aber Kompromisse sollten möglich sein. Das Kind muß lernen, daß wir in unserem Kulturkreis die Hände nicht in der Toilette waschen. WCs sind auch kein Swimmingpool für Teddybären. Wie wir jedoch schon mehrfach klargemacht haben, halten wir nicht viel von Radikallösungen. Es ist nicht unbedingt logisch, einer Eineinhalbjährigen zu verbieten, Dinge in die Toilette zu werfen, und wenige Monate später von ihr zu verlangen, daß sie selbst ihr Geschäft dort hinein machen soll. Man könnte Kindern erlauben, ein gebrauchtes Papier-

taschentuch oder ein Stück Toilettenpapier ins WC zu werfen. Kinder sollten dabeisein, wenn ihre Exkremente von der Windel in das WC befördert werden, und sie sollten dafür die Spülung betätigen dürfen: „Tschüß!" Das ist eine gute Vorbereitung für das Sauberwerden.

Selbstmotivation
Kinder sind meist dann bereit, sauber zu werden, wenn sie sich in der Phase hochbegehrter Unabhängigkeit befinden. Sie hassen es, von der Mutter auf den Topf gesetzt zu werden. Ein passendes Sprichwort sagt: „Man kann ein Pferd zum Wasser führen, aber nicht zum Trinken bringen." Manchmal versuchen Mütter und Väter den Widerstand zu unterlaufen, indem sie großartiges Lob, Süßigkeiten oder andere Belohnungen versprechen, falls das Kind erfolgreich den Topf benützt. Dadurch wird der Elternteil zum Sauberkeitstrainer. Falls das Kind gefällig sein will, gehorcht es. Wenn es sich aber gerade über die Eltern ärgert, produziert es plötzlich Einkotzwischenfälle, oder es weigert sich einfach.
Bis zu einem gewissen Grad hängt der Umstand, daß wir etwas aufgeben, was uns lieb und teuer ist (wie z. B. die Windeln oder unsere Exkremente), damit zusammen, daß wir es um einer geliebten Person willen aufgeben. Falls aber der Stolz über die neue Errungenschaft und das Gefühl, groß und stark zu sein (weil man jetzt den eigenen Körper kontrollieren kann), fehlt, dann mangelt der Sauberkeitserziehung die für die Charakterbildung bedeutende Grundlage. Das Kind, das von selbst sauber geworden ist, hat seine Impulse besiegt, die es kleckern, herumschmieren und Dinge herumwerfen ließen, sowie die Eltern zu ärgern.
Indem sie ihren Windeln Ade sagen und die Ausscheidung unter Kontrolle haben, steht den Kindern die Welt der Größeren und der Erwachsenen offen. Das Kind möchte brav sein, nicht nur, weil es dafür Lob erwartet, sondern auch, weil es befriedigend ist und Selbstvertrauen schafft, den eigenen Körper unter Kontrolle zu haben. Wenn Eltern ihr Kind drängen und sagen: „Du bist doch schon ein großes Mädchen!", können sie sehr wohl die Antwort bekommen: „Nein, ich bin noch ein Baby!" Und das heißt: Die Motivation muß von innen kommen.

Zugang zum Badezimmer
Die Tür zum Bad sollte also nie versperrt sein (außer, es ist besetzt). So, wie wir dem Kind Hilfsmittel geben, mit denen es allein essen kann, so müssen wir die Toilette uneingeschränkt zugänglich machen, damit das Kind eigenständig üben kann. Es hat einen berechtigten Anspruch darauf, das Badezimmer ohne Publikum zu benützen.[2]

Das bedeutet nicht, daß Eltern nicht auf Hilferufe reagieren sollen. Ein Kind fürchtet sich vielleicht davor, in die WC-Muschel zu fallen und dort zu verschwinden. Ein anderes mag das Geräusch der Spülung nicht oder hat Angst vor dem Loch, das um so viel größer ist als der Abfluß der Badewanne, der viele Kleinkinder bereits ängstigt. Alle diese Dinge können ein Kind einschüchtern oder es zögern lassen, allein ins Bad zu gehen. Aber wenn es soweit ist, müssen wir den Privatbereich auch respektieren.

ad e) Das Kind muß in der Lage sein, sich selbst hinreichend ausziehen zu können

An- und Ausziehen bei Säuglingen und Kleinkindern
Diese Fertigkeit ist erforderlich, weil sich sonst der Zeitpunkt der Darmentleerung nach Mutters Verfügbarkeit richten muß.

Selbst kleine Kinder können schon MeisterInnen im An- und Ausziehen sein, wenn man sie von Anfang an beteiligt und ihnen einfache Kleider gibt. Manche Mütter ziehen ihre Babys an, als ob sie es mit Puppen zu tun hätten: Sie stecken einen Arm in den Ärmel, ziehen ihn am anderen Ende wieder heraus und werden sehr ärgerlich, wenn sich das Kind unterdessen dreht und windet. Wenn die Kinder, besonders im Krabbelalter, einfach nicht ruhighalten können, wird das Anziehen oft zur Qual für alle Beteiligten. Die Kleinen drehen sich während des Wickelns um oder stehen auf, um wegzulaufen.

---

[2] Falls Kinder die Regeln für das Verhalten im Badezimmer nicht respektieren, d. h. wenn sie immer wieder Papier und andere Sachen ins WC stopfen, dann sollte die Badezimmertür für sie so lange verschlossen bleiben, bis sie verstanden haben. Vorläufig sind sie fürs Sauberwerden noch nicht reif genug.

Das haben sie ja gerade gelernt, und sie hassen es, flach liegen zu müssen. Es kommt zu einem Kampf, und nicht selten verläßt die Mutter als unumstrittene Siegerin den Ring.

Ein Mädchen zog ständig seine Socken aus, so daß die Mutter es gar nicht mehr schaffte, sie wieder anzuziehen. Das Spielchen dauerte eine Weile, bis es der Mutter dämmerte: „Okay, wenn du schon so gut beim Ausziehen deiner Socken bist, dann wollen wir doch einmal sehen, wie gut du sie anziehen kannst."

An- und Ausziehen kann eine fröhliche Sache sein, an der sowohl Mutter als auch Kind beteiligt sind, wie das folgende Beispiel zeigt: „Mama zieht Scott das Hemd an. Hier ist der Ärmel: Zuerst kommen die Finger, dann die Hand, und schon ist der Arm drin. Jetzt kommt die Windel unter deinen Po. Wo sind deine Beine, die Knie und die Füße? Die Windel über den Bauch, und zugemacht. Ist das zu fest?" (Die Windeln sollten das Baby nicht beengen, aber gut sitzen, damit es sich gut aufgehoben fühlt, auch wenn es nicht in Mutters Arm ist.) Falls Kinder schon stehen können, ist es manchmal einfacher, sie im Stehen zu wickeln.

Ein fünf Monate altes Baby kann sich bereits am Anziehen beteiligen, indem es den Arm ausstreckt oder ein Bein anzieht. Es kaut an den Bändern seiner Mütze und wird sie dadurch los. Sitzende Babys ziehen manchmal bereits Socken aus. Einjährige versuchen, ihre Schuhe auszuziehen, und gucken interessiert, wenn die Mutter sie auffordert, den Fuß fest in den Schuh zu schieben. Ein Kind mit 14 Monaten zieht seine Hose ein bißchen runter und versucht, seine Windel auszuziehen. Mit 18 Monaten können die meisten ihr Leibchen hochschieben, aber noch nicht über den Kopf ziehen (weil der Halsausschnitt meist teuflisch eng ist). Kinder, die bereitwillig den Topf benützen wollen, sollten imstande sein, ihre Hose rauf- und runterzuziehen, sofern sie Gelegenheit zum Üben hatten und die Kleidung nicht zu kompliziert ist. Auch uns erstaunt es manches Mal, was Kinder alles können.

Es ist ganz gut, die Kinder immer wieder einmal für kurze Zeit nackt sein zu lassen, damit sie ein Gefühl für den eigenen Körper bekommen und sich an der uneingeschränkten Bewegungsfreiheit freuen können. In unserem Kulturkreis ist es für ein Kind nicht so einfach, den eigenen Körper kennenzulernen, weil wir ja fast immer bekleidet sind; das Kind könnte daraus schließen, daß die Kleider die Grenzlinien seiner Person darstellen. Babys erfahren nur selten echten Hautkontakt, weil nur wenige Mütter stillen oder ihr Kind nackt in den Arm nehmen.[3]

Bei einem sehr kleinen Baby wird durch den Hautkontakt mit der Mutter der Kreislauf angeregt und der Herzschlag reguliert; insgesamt wird das ganze Kind lebendiger. Auch auf die Mutter hat dieser Kontakt wichtige Auswirkungen: Muttergefühle werden geweckt und der Milchfluß gefördert.[4]

Nackte Kleinkinder haben dann die Möglichkeit des Kennenlernens jener Körperteile, die bald im Mittelpunkt der Sauberkeitserziehung stehen werden.

Können Kinder im Sommer nackt herumlaufen, werden sie häufig fast von selbst sauber. Sie können im Bedarfsfall zur Toilette sausen, ohne sich lange mit den lästigen Kleidern aufhalten zu müssen.

Wenn sie angezogen sind, sollten ihre Kleider leicht handhabbar sein. In unserem Zentrum kämpfen wir seit langem gegen Overalls, bei denen es Ewigkeiten dauert, bis alle Knöpfe und Schnallen offen sind. Manche Mütter klagen, daß Hosen mit Gummizug nur schwer erhältlich seien. Wir schlagen daher immer vor, eigenhändig Änderungen vorzunehmen.

Es ist schon eine Kunst, eine Hose vollständig hinunterzuschieben, und fast alle Kinder können gute Ratschläge gebrauchen. Meist ziehen sie nur vorne, während die Hose einfach nicht über den Po rutschen will. Wir sagen den Kleinen, daß sie an beiden Seiten der Hose nach unten ziehen sollen, und mit entsprechendem Einsatz schaffen es sogar Kinder unter zwei Jahren.

---

[3] Sie wundern sich vielleicht, daß wir Hautkontakt zwischen Mutter und Kind propagieren, während wir doch dagegen sind, daß Kinder ihre Eltern nackt sehen. Es ist aber ein großer Unterschied, ob ich warme Haut auf meiner Haut spüre oder ob ich überdimensionale Körper sehe.

[4] Viele Mütter sind überrascht und etwas bestürzt, wenn sie keine spontane Liebe zu ihren Neugeborenen empfinden. Manchmal dauert es eine Weile, bis man sich mit dem Verlust des „inneren" Kindes abfindet und das Dasein des neuen Wesens außerhalb des eigenen Körpers akzeptieren kann. Je enger der Körperkontakt, desto schneller kommt eine liebevolle Bindung zustande.

ad f) Die Spülung betätigen und sich von seinem Stuhl verabschieden

Bevor ein Kind die WC-Spülung betätigt, begutachtet es meist noch das Resultat seiner Bemühungen. Manchmal erhalten die Dinge dann Deutungen, indem gesagt wird: „Das ist das Baby, das sind Mama und Papa." Sie bewundern ihre Fähigkeit, große Mengen zu produzieren, und wollen mit dem neuen „Spielzeug" spielen. Dieses Verhalten stößt bei den wenigsten Eltern auf Begeisterung, keineswegs aber ist es abnorm oder unnatürlich. Versuchen Sie, nicht voller Abscheu in Entsetzensschreie auszubrechen, falls Sie auf Ihr solcherart spielendes Kind stoßen.[5] Versuchen Sie statt dessen, den Spieltrieb des Babys in ästhetischere Bahnen umzulenken.

So hat sich in dieser Phase das Arbeiten mit Ton oder Knetgummi als gute Maßnahme bewährt. Die Kleinen können die nasse Masse nach Herzenslust zwischen den Fingern zerdrücken, kneten, schneiden, formen. Sie können auch kleine „Kunstgegenstände" gestalten, die für sie von Bedeutung sind und aufgehoben werden können. Es ist eine wichtige Erfahrung für sie, etwas zu produzieren, was sie auch behalten können. Das kann es leichter machen, andere Dinge herzugeben, selbst wenn sie so kostbar sind wie „Mama, Papa, Baby"; verständlich wird so allerdings, warum Kinder zögern, sich von ihrem Stuhl zu trennen und die Spülung zu betätigen.

Die Phantasien der Kinder sind viel enger mit der Realität verknüpft als die von Erwachsenen, und sie glauben manchmal, daß – auf magische Weise – einer Person genau das zustößt, was man mit ihrem Abbild tut. Das Kind sagt „Tschüß!", wenn es die Spülung betätigt, und sieht dabei gleichzeitig die Mutter an, um sich zu vergewissern, daß sie noch da und nicht auch im Abfluß verschwunden ist. Manche Kinder haben das Bedürfnis, die Dinge, die sie ins WC werfen, wiederzubekommen. Der Wunsch, den aus dem eigenen Körper kommenden Stuhl zu bewahren, steht für den Wunsch, Leben und Besitztümer zu beschützen; andererseits lernt das Kind zwischen Bewahrenswertem und Abfall zu unterscheiden.

---

[5] Manchmal verlieren Babys kleine Kotkügelchen aus ihrer Windel und spielen damit. Es dauert eine Weile, bis sie begreifen, daß Exkremente Abfallprodukte sind und daher weggeschafft werden; die Kinder halten ihren Kot für eine kleine Kostbarkeit.

Ein Zweijähriger in unserem Zentrum, der gelernt hatte, seine Essensreste in den Mülleimer zu werfen, und gerade am Anfang der Sauberkeitserziehung stand, warf den Diamantring seiner Mutter ins WC (die davon natürlich wenig begeistert war und die Schuld unseren Erziehungsmethoden zuschrieb). Interessiert beobachtete der Junge, wie seine Mutter den Ring wieder herausholte. Wir schlugen den beiden ein Wegwerfspiel vor: Der Kleine erfand ein Ritual zum Schlafengehen: Er feuerte alle seine Spielsachen aus seinem Kinderbett, und die Mutter saß am Boden und gab sie ihm wieder zurück. Dieser Vorgang wiederholte sich mehrmals. Der Junge mußte üben, freiwillig etwas herzugeben und es wiederzubekommen, bevor er bereit war, sich mit dem Sauberwerden auseinanderzusetzen. (Er vergaß dieses Spiel, sobald er sauber war, und seine Mutter verzieh uns.)

In dieser Phase entwickeln Kinder oftmals ein lebhaftes Interesse am Müll. Sie sprechen darüber, was weggeworfen werden muß und wer die Müllsäcke abholt. In manchen Haushalten wandern die Windeln in den Abfall und werden dann tatsächlich vom Müllmann abgeholt. Im Falle des WCs ist die Art der Beseitigung nicht so eindeutig ersichtlich, aber das Kind kann den Zeitpunkt des Verschwindenlassens selbst bestimmen, indem es die Spülung betätigt. Das Kind möchte aber auch wissen, wohin das Loch in der Toilette führt. In manchen Häusern kann man dann eine Führung in den Keller machen und die Abflußrohre herzeigen.

Ein kleines Mädchen hatte Angst, sich auf die Toilette zu setzen, weil es hineinfallen könnte, wollte aber gleichzeitig unbedingt ihre Freundin in der Stadt besuchen fahren – mit der Untergrundbahn. Wir verbrachten Stunden damit, Röhren und unterirdische Durchgänge zu zeichnen. Ältere Kinder interessieren sich oft für Labyrinthe, eine Neugier, die häufig aus dem Interesse an Abflußrohren entsteht.

Einige Mütter wollen nicht, daß wir den Kindern alles genau erklären. Ihrer Meinung nach machen sich die Kleinen keine Gedanken darüber, was mit ihrem Kot passiert; auch hätten sie keine Angst, etwas zu verlieren – nur wir sähen in diesem Punkt Probleme, wo es in der Tat gar keine gibt. Diese Argumente möchten wir kurz überdenken. Erstens halten wir nichts davon, Antworten zu geben auf Fragen, die gar nicht gestellt wurden. Wenn z. B. Mütter fragen, wie-

viel man Kindern beispielsweise über Sex erzählen soll, sagen wir immer: Wann und wieviel die Kinder darüber fragen.
Der Streitpunkt ist stets, was denn eine eindeutige Frage sei. Wir sind der Meinung, daß die Fragestellung eindeutig ist, wenn ein Kind auf den Topf zeigt und sagt, daß der Inhalt wie Mama oder Papa aussehe. Vielleicht zerbricht es sich den Kopf darüber, ob nicht auch ein Teil von ihm selbst verlorengeht.
Ein kleiner Junge litt häufig unter Verstopfung, was seine Mutter als Folge seiner ballaststoffarmen Nahrung sah. Ich schlug vor, einen Arzt zu konsultieren und dem Kind eine Medizin zu geben, um den Stuhl lockerer zu machen, bis die geänderten Eßgewohnheiten sich auswirken würden. Als wir den Kleinen zu Hause besuchten, fiel uns auf, daß er herumsprang und immer wieder mit seinem Becken gegen die Möbel schlug. Wir erinnerten uns, daß er andere Kinder beim Gang zur Toilette jedesmal mit großer Neugier beobachtet hatte. Auch konnte man seine Eltern oft von seinem kleinen Penis sprechen hören. Wir begannen, uns mit seinem übermäßigen Interesse für den Genitalbereich zu beschäftigen. Der Zusammenhang zwischen diesem Verhaltenszug und der Verstopfung sprang nicht sofort ins Auge und wurde von den Eltern überdies stark bezweifelt. Als der Junge einige Monate später drei Jahre alt wurde, sagte er, daß er einen neuen Penis wolle, weil mit dem seinen etwas nicht in Ordnung sei. Er zog ständig daran – anscheinend um ihn größer zu machen. Wir hielten es für möglich, daß er „vorne" und „hinten" bei seinem Körper verwechselte, so daß er meinte, er würde beim Stuhlgang seinen Penis verlieren oder wenigstens ein Stück davon.
In unserem Zentrum dienen uns die Tonfiguren von einem Mädchen und einem Jungen dazu, den zwei bis drei Jahre alten Kindern zu erklären, daß die Darmentleerung im hinteren Teil des Körpers stattfindet und nichts mit den vorderen Körperteilen zu tun hat. Um diese Aussage zu unterstreichen, machten wir Spiele, in denen es um „vorne" und „hinten" ging. Der betroffene Junge hörte aufmerksam zu, stellte aber keine Fragen. Wir versuchten ihm zu vermitteln, daß sein Penis groß genug sei, daß er ihn bei der Darmentleerung behalten würde und daß es auch nicht schmerzhaft sei. Im selben Monat wurde er sauber, er überwand seine Verstopfung, interessierte sich für die Größe seines Produkts und war stolz darauf.

Eltern nehmen manche Fragen nicht wahr, sondern werden erst hellhörig, wenn es Probleme gibt. Das ist verständlich. Wir haben im Zentrum so viele Zwei- bis Dreijährige gesehen, daß uns die Fragen rascher auffallen. Doch auch Eltern müssen sie nicht überhören, wenn sie um die momentane Entwicklungsphase ihres Kindes und die mit ihr verbundenen Ängste Bescheid wissen. Die Fragen werden ungezählte Male wiederholt, man kann sie eigentlich gar nicht überhören. Andererseits hilft es niemandem, will man unbedingt versteckte Botschaften entdecken: Natürlich findet man immer etwas, wenn man intensiv genug sucht.

Oft gibt es ganz einfache, naheliegende Lösungen für Probleme wie beispielsweise Verstopfung. Man kann den Kindern auch einfache Erklärungsmodelle anbieten und ihnen mit Hilfe von Zeichnungen oder Tonfiguren zeigen, was bei der Darmentleerung geschieht. Das gibt dem Kind ein Gefühl der Sicherheit, was auch immer es befürchtet.

Wenn es in die Hose geht

Auch nach dem Sauberwerden geht den Kindern manchmal etwas in die Hose. Einige dieser Zwischenfälle können durch die Trennung von den Eltern verursacht werden, von Ärger mit den Eltern herrühren, von der Scheu, ein unbekanntes Badezimmer zu benützen, oder es passiert einfach aus Unachtsamkeit. Heutzutage sind Eltern so „aufgeklärt", bei solchen Vorfällen nicht mit den Kleinen zu schimpfen; trotzdem schämen sich die Kinder oft und fühlen sich schuldig. Im Zentrum haben wir eine einfache Vorgangsweise entwickelt, die während der ganzen Dauer des Sauberwerdens angewendet werden kann. Wenn das Kind erfolgreich die Toilette benützt, bekommt es seine Hose, um sie wieder anzuziehen. Hatte es aber eine volle Hose, wird das Kind gewickelt. Dieses unübersehbare Signal funktioniert sehr gut, sollte aber ohne lange Predigten angewendet werden. Es genügt zu sagen: „Du hast in die Hose gemacht, darum bekommst du jetzt eine Windel." Es trägt nicht viel zu einer entspannten Atmosphäre bei, wenn man die Frage stellt, wer wohl jetzt die eklige Hose waschen soll. Andererseits hilft es dem Kind nicht, wenn Sie stillschweigend über den Vorfall hinweggehen und gar nicht reagieren. Kinder mögen manchmal zornig oder beleidigt sein, wenn Erwachsene sich einmischen, aber sie brauchen trotzdem klare Richtlinien. Andere Kinder verlassen sich darauf, daß Mutter sie daran erinnern wird, zur Toilette zu gehen, weil sie gerne noch an dem alten Zustand festhalten wollen, da ausschließlich sie für die Ausscheidung zuständig war.

Das Abwischen

Wenn Kinder bereits Erfahrungen gesammelt haben, wie sie ihr Gesicht oder einen Gegenstand säubern können, lernen sie relativ rasch, auch den Po sauberzuwischen. Viele bestehen darauf, daß Mutter das tut. Möglicherweise sind die Mütter selbst daran schuld, vor allem wenn sie die Versuche der Kinder als unzulänglich bezeichnen. Es wäre besser, anzubieten, es anfangs gemeinsam zu machen, oder ohne Kommentar einmal nachzuhelfen, bis das Kind alleine den Po saubermachen kann. Falls es doch nicht klappt, können Sie ein Bad vorschlagen.
Sich nach der Benützung des WCs die Hände zu waschen, sollte dem Kind Vergnügen bereiten. Zeigen Sie, wie man Seifenblasen macht oder die Hände unter dem weißen Seifenschaum verschwinden lassen kann. Es macht Spaß, wenn die Hände unter dem fließenden Wasser wieder sichtbar werden, und ein bißchen Wasserspritzen gehört dazu (natürlich nicht auf den Boden). Das Abtrocknen der Hände wird oft vergessen, aber selbst das kann lustig sein. Man kann auf das Handtuch klopfen etc. Natürlich muß man nicht aus allem ein Spiel machen, aber – das ist unsere Überzeugung – auch alltägliche Notwendigkeiten sollten vergnüglich sein. Statt zu spielen, könnten Sie eine Geschichte von weichen, trockenen Händen erzählen und die sanften Hände des Kindes mit den Wangen der Eltern vergleichen.

Sauberwerden bei den Zwei- bis Dreijährigen

In dieser Zeit machen die Kinder vorangegangene Fehlschläge wieder gut und müssen auf eine andere Art und Weise behandelt werden als Zweijährige. Größere Kleinkinder denken stärker mit, und ihre Erfahrungen mit dem Prozeß lassen mehr Phantansie im Spieleerfinden zu. Sie scheinen in der Lage zu sein, das, was sie ein Jahr zuvor erlebt haben und für sie noch unaussprechlich war, in Worte zu fassen. Mehr über Dreijährige erfahren Sie im folgenden Kapitel, in dem es um das Trockenwerden geht.

Zusammenfassung

Wir möchten noch einmal die Vorteile aufzählen, die sich ergeben, wenn ein Kind von sich aus sauber wird. In der analen Phase will das Kind über alles herrschen, besonders aber über sein Eigentum. Es behauptet seinen Willen und wird aggressiv, wenn es den Verdacht hat, die Erwachsenen wollen seine Macht beschneiden, Dinge festzuhalten oder wegzuwerfen und wieder zurückzubekommen. Das Kind möchte vielleicht seinen Stuhl nicht hergeben und protestiert, wenn ihn die Mutter wegspülen will.
Im Verlauf der selbst initiierten Sauberkeitserziehung jedoch werden Protest und Dickköpfigkeit in positive Kanäle gelenkt. Das Kind hat sich selbst besser unter Kontrolle, es fühlt sich mächtiger, selbständiger und hat weniger Angst davor, ohne Mutter zu sein. Es wird weniger anhänglich und beeindruckt als aufrechter Zeitgenosse, der sich auf seine zusammengehaltene Körpermitte konzentriert, was ihm eine für die Erforschung der Außen- und Innenwelt günstige Körperhaltung verleiht. Das Kind hat gelernt, in sich hineinzuhören, und seine Aufmerksamkeit ist nicht mehr so leicht ablenkbar wie früher. Mit genügend Selbstvertrauen ausgestattet, wird es neue Aufgaben bewältigen und das lernen, was es noch nicht kann. Im Alter von zweieinhalb bis drei Jahren beginnt sich das Kind für Wasser zu interessieren, für Laufspiele und andere neue Dinge und ist jetzt bereit, auch seine Harnabgabe zu kontrollieren. Dabei müssen auch andere Probleme gelöst werden, und das Kind, das von selbst gelernt hat, seinen Darm zu beherrschen, bringt dazu die besten Voraussetzungen mit.

TROCKENWERDEN IM RAHMEN DER NATÜRLICHEN ENTWICKLUNG

Warum ein Extra-Kapitel über das Trockenwerden? Geht es dabei nicht um etwa dasselbe wie beim Sauberwerden?
Die meisten Eltern unterscheiden nicht zwischen diesen beiden Aufgaben. Wir glauben jedoch, daß das Trockenwerden einer anderen Entwicklungslinie folgt als der Erwerb der Darmkontrolle. Wir glauben auch, daß nach der analen Phase eine eigene urethrale Phase kommt.[1] Die meisten Kinder lernen nicht zufälligerweise zuerst, ihren Stuhlgang zu kontrollieren, während sie etwas länger zu brauchen scheinen, sich nicht naß zu machen. Manche Kinder lernen das Trockenwerden zur selben Zeit wie die Darmkontrolle oder auch schon früher, aber das kann an individuellen Vorlieben der Kinder oder an der Mutter liegen; ein Grund kann auch sein, daß sich die Kontrolle des Darms aufgrund verschiedener Ängste hinauszögert.

Der Anfang des Harnlassens

Wie wir es zuvor schon gemacht haben, wollen wir auch hier die Anfänge des Urinierens zurückverfolgen bis in die Zeit, in der urethrale

[1] Gesell (1940) und in neuerer Zeit Eleanor Galenson und Hermann Roiphe (1971) legen den Ablauf der Entwicklungsphasen folgendermaßen fest: oral, anal, früh-genital, urethral. Sie behaupten, daß das Interesse der Kinder an ihren Genitalien (von dem wir glauben, daß es zur urethralen Phase gehört) davon herrührt, daß sie sich mit dem Besitz oder dem Nicht-Vorhandensein eines Penis beschäftigen, und von den Ängsten, die daraus erwachsen. (Vgl.: Gesell, A.: „The First Five Years of Life". New York, Harper 1940; bzw. Galenson E. and Roiphe H.: „The Impact of Early Sexual Discovery on Mood, Defensive Organization and Symbolization". The Psychoanalytic Study of the Child 26: 195–216. New York, Int. Univ. Press 1971.) Die Beobachtungen der genannten Autoren sind den unseren ähnlich, wir aber interpretieren sie anders. Unsere Deutung beruht auf dem von uns entwickelten Bewegungsprofil, das uns nonverbale Hinweise darauf gibt, in welchem Entwicklungstadium sich das Kind gerade befindet.

Empfindungen² und das Wasserlassen eine wichtige Rolle im täglichen Leben des Kindes spielen.

Viele Neugeborene bibbern, wenn sie urinieren, und dieses Bibbern verrät der Betreuungsperson, was sie gerade tun. Manche Säuglinge brüllen, wenn sie in nassen Windeln liegen, während dies anderen gleichgültig ist. Diejenigen Babys, die bibbern und nasse Windeln nicht mögen, nehmen vermutlich mehr vom Wasserlassen und den damit verbundenen Empfindungen wahr. Diese Empfindungen sind jedoch nur von kurzer Dauer und schwieriger wahrzunehmen als die viel stärkeren und länger anhaltenden Empfindungen bei der Darmentleerung.

Das Wasserlassen wird für die Kleinen oft mit positiven Assoziationen verknüpft. Wenn ein kleiner Junge beim Wickeln uriniert, verursacht dies meist ein Lächeln der Mutter. Wenn sie der Wasserstrahl im Gesicht trifft, wird sie scherzhaft mit ihrem Sohn schimpfen. Im Gegensatz dazu ist die mütterliche Einstellung gegenüber Kot und vollen Windeln negativer. Mütter sind überhaupt nachsichtiger beim Verschütten von Flüssigkeiten als beim Herummanschen mit festen Stoffen. Die Kinder planschen in der Badewanne und spritzen das ganze Badezimmer naß, viel seltener aber dürfen sie sich mit Dreck oder mit Essen beschmieren.

Manche Mütter verabscheuen jedoch auch das Verschütten von Flüssigkeiten. Deshalb geben sie dem der Brust entwöhnten Kind die Flasche und nicht eine Tasse. Sie versuchen so zu verhindern, daß mangels Geschicklichkeit die Tasse ausgeleert und später die beim Verschütten entstandene Pfütze erforscht wird.

Als Milch noch als die beste Nahrung für Kinder galt, waren die Folgen des Verschüttens nicht unbeträchtlich. Heutzutage sind wir skeptisch gegenüber Milch von Kühen, die auf chemisch gedüngten Wiesen grasen. Es gibt ja auch noch andere Milchprodukte wie Joghurt und Käse. Einige Mütter werden sehr ängstlich und bibbern ähnlich wie ihr Baby, wenn Flüssigkeiten am Boden landen.

Diese Phobie vor dem Verschütten rührt von zwanghaftem Sauberwischen früherer Tage her. In unserem Kulturkreis geben wir uns

---

² Urethra = die Harnröhre, d. h. der Körperteil, aus dem der von der Blase kommende Urin nach außen fließt.

reinlichkeitsbewußt. Die Vorstellung, etwas wegputzen zu müssen, ist vermutlich viel bedrohlicher als der Schmutz selbst. Es gibt Mütter, die bei jeder Gelegenheit blitzschnell das Gesicht ihres Kindes säubern, von Speichel oder aufgestoßener Milch, und bei Schnupfen die rinnende Nase. Den Speichel eines zahnenden Babys hinzunehmen, bedeutet einen Schritt in Richtung späteren Teilenkönnens zu fördern: ein Glas Wasser, eine Tüte Eiscreme. Mit anderen Worten: es ist ein Eingeständnis von Intimität, Vertrautheit. Das Ausschütten von Flüssigkeiten ist eine Vorstufe der Kontrolle über den Urin. Davon lassen sich Mütter alllerdings genauso schwer überzeugen wie von der Tatsache, daß Herumschmieren und -werfen mit Essen eine Vorübung zur Stuhlkontrolle darstellt.

Die betreffenden Organe kennenlernen

So wie die acht Monate alten Babys MeisterInnen im Wegwerfen von Dingen sind, so haben sie sich in diesem Alter auch bereits mit ihren Genitalien bekanntgemacht. Jungen sind da meistens etwas schneller als Mädchen. Sie erforschen ihren Körper, quietschen vor Vergnügen, wenn sie ihren Penis zu fassen kriegen, und ziehen daran (oder am Hodensack). Wenn sie sitzen und nackt sind, beugen sie sich vor, um zu sehen, was da zwischen ihren Beinen baumelt. Gelegentlich urinieren sie beim Spielen und bekommen eine Ahnung, daß da ein Zusammenhang besteht zwischen dem laufenden Urin, den sie spüren, und dem Körperteil, aus dem er kommt. Wenn ein kleiner Junge krabbelt und dabei unter seinem Bauch durch nach hinten sieht, erspäht er seinen Hodensack. Ein Junge, der steht oder vorwärtsgeht, beobachtet mit großem Interesse seinen Penis. Wir vermuten, daß der halb erigierte Penis, der nach vorne weist, dem Kind ein Gefühl einer Richtung nach vorne gibt.
Für Mädchen ist die Erforschung der eigenen Genitalien weniger spektakulär; sie bibbern beim Urinieren auch nicht so häufig wie kleine Jungen. Sie urinieren beim Wickeln und fühlen die Nässe oder sehen die kleine Pfütze, die entsteht, wenn sie sich nackt hinsetzten und urinieren. Kleine Mädchen begutachten meist hockend ihre Geschlechtsteile und untersuchen sie. Für Mädchen und Jungen

gilt gleichermaßen, daß beim Krabbeln rhythmischer Druck von den Windeln auf die Genitalien ausgeübt wird, wodurch sie diese Körperteile stärker wahrnehmen.

Manchmal beschweren sich Eltern, daß ihre Kinder während des Wickelns auf und davon laufen und die kurze Zeit des Nacktseins dazu benützen, auf Teppiche, Böden, Fliesen etc. zu urinieren. Sie hocken sich hin und schauen fasziniert auf die entstehenden Lachen, als ob sie herausfinden wollten, warum die Umrisse jedesmal anders aussehen. Wir empfehlen, die Kinder in der Badewanne mit Spielsachen spielen zu lassen, aus denen man Wasser herausdrücken kann.

Das Kind in der urethralen Phase (zwei bis drei Jahre)

In der analen Phase stand das Kind mit beiden Beinen fest auf dem Boden. Diese Festigkeit signalisierte uns oft Eigensinn und Entschiedenheit. Die meisten Kleinkinder werden nur deshalb nicht zu Tyrannen, weil der Einfluß urethraler Empfindungen in der darauffolgenden Phase zunimmt. Da sie sich allmählich ihrer Stärke und ihres Körpers bewußt und mit sich selbst zufrieden sind, werden sie weniger streitsüchtig. Auch die Zentren im Gehirn, die für die Harnkontrolle zuständig sind, reifen heran und fördern das Interesse an den Harnausscheidungsorganen. Die Aufmerksamkeit der Kinder wandert von dem, was hinten stattfindet, zu dem, was vorne ist. Kleinkinder laufen in dieser Phase oft mit vorgestrecktem Bauch. Der Vorwärtsdrang ist ungebremst. Urethrale Kinder strömen geradezu nach vorne, laufen vorwärts und lassen sich vorwärts und rückwärts treiben. Dickköpfigkeit und Beharrungsvermögen haben dem Vorwärtsdrang Platz gemacht, die Freude am Entdecken und Erreichen von Dingen überwiegt.

Die frühe urethrale Phase

Ein Kind, das so loszurennen beginnt, kann die Situation noch nicht kontrollieren. Es kann zwar laufen, aber das Stehenbleiben klappt noch nicht. So stößt es an alles mögliche, nicht aus Zerstörungssucht, sondern weil es nicht anhalten kann. Auch mit der Zeit wird

gern gespielt: einmal läuft es wie verrückt, dann wieder trödelt es herum und raubt damit der Mutter die letzten Nerven.
Egal, ob Kinder lernen, ihren Harnfluß oder ihre Fortbewegung zu kontrollieren, der Prozeß verläuft jedesmal ähnlich. Sie laufen mit derselben Faszination ins Unendliche, mit der sie den ausfließenden Harn registrieren.[3] Das Vergnügen, etwas ausströmen zu lassen, bis es von selbst zu Ende geht, erreicht nun seinen Höhepunkt. Wenn sie Flüssiges von einem Behälter in den anderen gießen oder in den Topf urinieren, geht häufig etwas daneben, weil sie den Winkel noch nicht richtig einschätzen können. Auf die Mutter zulaufen und gegen sie anrennen ist so, wie wenn man sich selbst verströmen würde und dabei ein wenig danebenschüttet.

Der urethrale Rhythmus

Das standfeste Körperbild in der analen Phase verwandelt sich in der urethralen Phase in ein fließendes, bewegliches Bild. Im Anfangsstadium dieser Phase hat der Rhythmus die Qualität des Laufenlassens, später kommen scharf punktuierte Wechsel zwischen Anhalten und Weiterlaufen(lassen) hinzu.
Das ins Grenzenlose laufende Kind hat Ängste, die für diese Zeit typisch sind. Die Ängste der analen Phase (aus dem Stand hinzufallen, etwas – z. B. Kot – zu verlieren und es nicht mehr zurückzubekommen) werden ersetzt durch neue Angstvorstellungen, wie z. B. beim Laufen hinzufallen, sich zu verirren, etwas aus dem Körperinneren zu verlieren und sich selbst naßzumachen.
Wenn ein Kleinkind hinfällt, weiß es kaum, warum. Sein Stolz ist mehr verletzt als sein Körper. Manchmal wird der Mutter vorgeworfen, es nicht rechtzeitig aufgefangen bzw. nicht aufgehalten zu haben. Das Kind läuft häufig von der Mutter weg und will gefangen werden. Das ist ein lustiges Spiel und bedeutet nicht etwa Feindseligkeit gegenüber der Mutter, auch wenn es ihr so erscheinen mag. Es geht um die Erfahrung für das Kind, daß es selbst dann, wenn es sich verläuft, nicht verloren ist, weil Mutter stets da ist. Die Angst, sich zu verlaufen, ist realistisch genug. Wenn man läuft, ohne sich umzu-

---

[3] Es muß festgehalten werden, daß das Kind zwar schon vor der urethralen Phase laufen lernt; aber erst in dieser Zeit wächst die Hingabe an das Laufen.

blicken, wenn man um Ecken biegt und weitergeht, ohne das eigene Tempo dem der Mutter anzupassen, dann geht man schnell „verloren", besonders in Warenhäusern.

Anna Freud erzählte, wie ihr ein kleiner Junge von seinem schrecklichen Erlebnis berichtete: „Meine Mutter ist verlorengegangen." Aus seiner Sicht war die Mutter abhanden gekommen, nicht er. Er mag davongestreunt sein, ihre Pflicht wäre es aber gewesen, ihm zu folgen und ihn zu beschützen, wenn er es brauchte.

Die spätere urethrale Phase

Gegen Ende der urethralen Phase lernt das Kleinkind, nach eigenem Belieben plötzlich stehenzubleiben oder loszulaufen und sowohl den Fluß seiner Bewegungen als auch den Fluß des Harns zu kontrollieren. Es hat gelernt, sich zu beherrschen, und freut sich über die erworbene Kontrolle, die ihm Sicherheit gibt.

Welche Fertigkeiten muß das Kind für die erfolgreiche Harnkontrolle beherrschen?

a) Den Schließmuskel der Harnröhre anzuspannen und absichtlich ein wenig mit dem Urinieren zu warten und nicht schon loszulassen, bevor der Topf oder die Toilette erreicht ist.

b) Die Fähigkeit, den Beschluß zu fassen, daß es jetzt Zeit sei, ins Bad zu gehen – also eher den Bedürfnissen den Körpers zu folgen als noch irgendwohin zu streunen.

c) Die Fähigkeit, sich so schnell wie erforderlich ausziehen zu können.

d) Die Fähigkeit, so lange in den Behälter zu zielen, wie der Harn fließt.

e) Die Fähigkeit, sich selbst abzuwischen, um auch die letzten Tröpfchen loszuwerden.

ad a) Die Fähigkeit, die Harnröhre rasch zu verschließen

Es gibt Hinweise darauf, daß Kinder schon gegen Ende des ersten Lebensjahres den Schließmuskel der Harnröhre betätigen können (Gesell 1940, vgl. Anm. 1). Man kann das Kind zu diesem Zeitpunkt aufgrund der körperlichen Reife zum Trockensein erziehen, die psychologische Einsicht aber fehlt. Kinder müssen die Reihenfolge der

Ereignisse verstehen lernen: „Wenn ich Druck in der Blase spüre, muß ich den Schließmuskel anspannen, zur Toilette gehen, die Hose 'runterziehen, mich hinsetzten und dann den Harn fließen lassen." Ein Kind muß nicht nur den Ablauf der Dinge verstehen, es muß auch einsehen, daß das alles von ihm kontrolliert werden kann.

Etwas größere Kinder spielen mit ihrem Schließmuskel, unterbrechen den Harnfluß, lassen ihn wieder laufen. Jungen fangen früh damit an, bei Mädchen ist dies schwieriger festzustellen. Es ist eine interessante Tatsache, daß der äußere Schließmuskel bei Mädchen schwächer ist als bei Jungen und sie daher den Druck einer gefüllten Blase schlechter aushalten. Manchmal kann man zwei- bis dreijährige Mädchen beobachten, wie sie beim Spielen von einem Bein aufs andere treten, weil sie so versuchen, den Harn zurückzuhalten. Sobald sie anfangen zu gehen, ist die Kontrolle dahin. Nichtsdestoweniger werden Mädchen meist früher und leichter trocken als Jungen. Sie sind auch stolzer auf ihre neuerworbene Fertigkeit als Jungen, die damit angeben, daß sie eine Erektion haben, mit ihrem Penis auf etwas zielen und einen kräftigen Harnstrahl abgeben können. Für die Jungen steht die Blasenkontrolle all diesen Vergnügungen im Wege, wenigstens für eine Weile. Sie lieben es, ihren Harnstrahl auf Ziele zu richten und verschiedene Muster zu erzeugen. Wenn sie auf einmal die Toilette benützen sollen, ist es mit diesem Vergnügen vorbei. Man möchte glauben, daß die Aussicht, ohne Windel herumzulaufen, die Jungen zum Trockenwerden anspornen würde, aber offensichtlich fällt es ihnen sehr schwer, auf diese Spritzspiele zu verzichten. Daher raten wir, die Kinder viel mit Wasser spielen zu lassen, damit sie ihre kreativen Impulse – anstatt mit Urin – damit befriedigen können.

Mädchen halten den Harn länger zurück als Jungen. Manchmal sind sie ganz begierig darauf, hübsche Unterwäsche zu tragen, und wollen sie nicht naß machen. Noch viel wichtiger aber ist die Aussicht auf angenehme Gefühle, die eintreten, wenn sie den Schließmuskel der Blase anspannen.[4] Trotz – oder gerade wegen – der guten Absicht,

---

[4] Die Harnröhre ist mit Gewebe ausgekleidet, das vom weiblichen Hormon Östrogen beeinflußt wird. Daher führt das Spielen mit dem Schließmuskel zu Lustempfindungen in der Harnröhrenschleimhaut (bei erwachsenen Frauen unterliegt dieses Gewebe im Laufe des Monatszyklus bestimmten Veränderungen).

durch Anspannen des Schließmuskels den Harnfluß zurückzuhalten, geraten kleine Mädchen jedoch oft in Schwierigkeiten. Wenn sie zu lange zurückhalten, geht es plötzlich nicht mehr, und sie machen sich naß. Wie versteinert stehen sie da, weil sie spüren, daß jede weitere Bewegung die Katastrophe auslösen wird. Es ist leicht erkennbar, wenn ein Kind schon längst zur Toilette hätte gehen sollen: kleine Mädchen stehen da, treten von einem Bein aufs andere und bekommen einen verlorenen Blick. Wenn man sie zu diesem Zeitpunkt anspricht, verlieren sie die Konzentration, und schon passiert es. Zu einer anderen Zeit könnte man das Mädchen dafür loben, daß es schon so lange ihren Harn zurückhalten kann, aber darauf hinweisen, daß ihm das auch noch gelingen wird, wenn es jetzt ganz langsam zur Toilette geht.

ad b) Freiwillig ins Bad gehen, statt ziellos dahinzustreunen

Gegen Ende der urethralen Phase ist das Kind in der Lage, freiwillig den Beschluß zu fassen, wann und wo es urinieren will. Wenn es einmal soweit ist, brauchen Mütter ihre Kinder nicht mehr ständig zu ermahnen, doch zur Toilette zu gehen, noch sie eigenhändig – an sämtlichen Ablenkungen vorbei – dorthin zu führen.

Auf Körpersignale reagieren

Viele Kinder halten anfangs ihren Urin (oder ihren Stuhl) zurück, ohne sich sofort zur Toilette zu begeben. Sie meinen, ihre körperlichen Bedürfnisse niederzwingen zu müssen, und sind böse, weil ihnen ihr Körper vorschreibt, wann sie zur Toilette zu gehen haben; lieber würden sie den Zeitpunkt selbst bestimmen. Sie gehen auch tatsächlich ins Bad, setzen sich auf den Topf, drücken und pressen und sind enttäuscht, wenn nichts kommt. Gelegentlich tröpfelt es ein wenig, und damit ist das Kind befriedigt, daß es doch kann, wenn es will.
Häufig kämpfen Kinder auch gegen Hunger, Kälte, Schlaf und andere dringende Bedürfnisse des Körpers an. Die Entscheidung zwischen essen oder spielen, einschlafen oder sich unbedingt noch auf

Mutters Schoß wachhalten fällt oft zuungunsten der körperlichen Bedürfnisse aus. Sogar manche Erwachsene haben diese Tendenz noch nicht überwunden: ihre Kleidung entspricht nicht dem Wetter, sie bleiben länger auf, als ihnen guttut, sie essen, wenn sie eigentlich gar nicht hungrig sind.

Unser Körper signalisiert uns seine Bedürfnisse, und wir müssen diese Signale schon als Kinder deuten und befolgen lernen. Der erste Schritt in diese Richtung ist getan, wenn das Kind sagen kann, daß der Urin jetzt ausfließt; der zweite ist, wenn das Kind ankündigen kann, daß es jetzt zur Toilette gehen wird.

Eltern erklären Kindern häufig nicht, daß sie auf die Signale des Körpers achten sollen, sondern übernehmen lieber selbst das Signalisieren. So lernen die Kinder, eher den Erwachsenen als ihrem Körper zu folgen. Viele Mütter sagen ihren Kleinkindern: „Du mußt jetzt zur Toilette gehen!", besonders, bevor sie miteinander weggehen. Diese weigern sich, den elterlichen Befehlen Folge zu leisten, und indem sie das tun, ignorieren sie die Körpersignale noch stärker. Sie nehmen vielleicht sogar an, daß diese Signale von den Eltern benützt werden, um ihnen Befehle zu erteilen. Die Widerstände gegenüber dem Druck im Körper und gegenüber den Eltern vermischen sich. Ähnliches ereignet sich im Fall von Kindern, denen man das Essen aufnötigt, anstatt sie ihren Hunger befriedigen zu lassen. Ohne in diesen Machtkampf einzusteigen, sollten wir den Kindern beibringen, daß alle Menschen diese Signale beachten. Anstatt eines direkten Befehls könnte man dem Kind die Frage stellen: „Mußt du mal? Hast du das Gefühl, daß da viel Pipi in deinem Bauch ist, das heraus möchte?" Man kann die Kinder gelegentlich daran erinnern, zur Toilette zu gehen; werden Ermahnungen (und Vorwürfe) übertrieben, reagiert das Kind mit Zorn, und das Trockenwerden wird erschwert. Eltern haben natürlich recht, wenn sie annehmen, daß die Kinder den Zeitpunkt noch schlecht selbst wählen können. Die Kleinen können sich auch kaum vorstellen, daß sie vielleicht später, wenn sie unterwegs sind, zur Toilette müssen. Man kann den Kleinen aber durchaus erklären, daß man immer ein wenig Harn lassen kann, selbst wenn das Bedürfnis dazu im Augenblick noch nicht ganz so groß ist. Kinder verstehen auch, daß es klüger ist, jetzt eine Kleinigkeit zu essen, selbst wenn man vielleicht noch nicht sehr hungrig ist, weil es in einer Stunde möglicherweise nichts Eßbares in greifbarer Nähe gibt. Langsam lernen sie, jene Kompromisse zu finden, die uns unser Körper aufgrund unseres Lebensstils abverlangt.

Die Wahl des Zeitpunkts

In der urethralen Phase kämpft das Kind um das Recht, die Initiative selbst zu ergreifen (da gibt es einen Unterschied zu einem Kind in der analen Phase, wenn dieses sich weigert, seinen Stuhl herzugeben und seinen Willen wie ein kleiner Tyrann in allen Dingen durchsetzen will). Das Kind ist empört, weil es sich nach dem Zeitplan anderer (dem der Erwachsenen oder dem seiner körperlichen Bedürfnisse) richten soll. Selbst wenn ein Kind beschlossen hat, zur Toilette zu gehen, kann es seine Meinung ändern, sobald die Mutter es dazu ermuntert. Es gibt amüsante Geschichten von Kindern, die ins Badezimmer stürmen, ihre Mutter sehen und sagen: „Ich muß gar nicht mehr."
Kinder wollen nicht nur elterlichen Anweisungen aus dem Weg gehen, sondern oft sogar Mutters Zeit kontrollieren. So beschließt ein Kind, zur Toilette zu gehen, und zwar genau dann, wenn Mutter gerade selbst das Bedürfnis dazu verspürt oder telefoniert oder anderweitig zu tun hat. Das könnte ein Versuch sein, Mutter überhaupt auszuweichen oder ihre Arbeit zu unterbrechen und sie auf Befehl ins Bad kommen zu lassen. Je mehr Unabhängigkeit man einem Kind gewährt, desto weniger wird es im Bad auf die Hilfe von Erwachsenen angewiesen sein und desto geringer wird das Bedürfnis, mit den Betreuungspersonen um Zeit und Aufmerksamkeit zu streiten. Sobald das Kind gelernt hat, Entscheidungen zu treffen, dehnt es diese neue Tätigkeit großzügig auf andere Bereiche aus: Es versucht, die Eltern herumzudirigieren, vor allem, was die Zeitplanung betrifft. Es hat sich in diesem Zusammenhang bewährt, Spiele einzuführen, die Gehorsam verlangen, um so dem Kind eine Chance einzuräumen, das Gefühl der Kontrollausübung zu erleben. (Ein solches Spiel ist z. B. „Chef für fünf Minuten": Fünf Minuten lang darf das Kind alle anderen herumkommandieren – danach übernimmt jemand anderer wiederum für fünf Minuten das Kommando.)

Das Badezimmer finden

Gegen Ende des ersten Lebensjahres, wenn Kinder krabbeln und gehen, wissen sie meist Bescheid über die Anordnung der Räume im Haus. Mit zwei Jahren kennt ein Kind den kürzesten Weg zum Bad. Trotzdem verlieren Kinder manchmal bei besonders dringenden Bedürfnissen die Orientierung. Darüber hinaus bereitet es Zweijährigen großes Vergnügen, mit Zeit und Raum zu spielen, was dem zielgerichteten Gang zu einem bestimmten Ort abträglich ist. Das Herumlaufen (aus dem sich später das Spiel vom fliegenden „Superman" entwickelt) und das Trödeln (das sich bald mit Tagträumen verbindet und mit Berichten von geheimen Orten, in die man hineinfällt) führen das Kind immer wieder auf Abwege. So wie Kleinkinder ohne Zeitgefühl rennen oder herumtrödeln, so lassen sie den Harn ausströmen, und die mit dem Harnfluß verbundenen Empfindungen verschmelzen mit denen, die durch die Bewegung hervorgerufen werden.

Eines Tages wird das Kind rechtzeitig bei der Toilette ankommen. Eltern können einiges zum Erreichen dieses Ziels beitragen. Wir haben gesagt, daß sich Zweijährige in der sagittalen Ebene wohl fühlen, in der Vorwärts- und Rückwärtsbewegung. Wir haben auch erklärt, daß es wichtig ist, das laufende Kind manchmal aufzufangen. Zwar soll man Kinder nicht gerade ins Bad schubsen, aber man kann das Kind dazu anregen, den schnellsten und sichersten Weg ins Bad zu finden, z. B. durch Spiele wie „Wer ist zuerst da?".

Im Zentrum haben wir einen großen Kreis auf den Boden gezeichnet, auf dessen Linie wir die Kinder laufen lassen. Wir spielen dazu Musik und fordern die Kinder auf stehenzubleiben, sobald die Musik endet. Das Spiel macht Spaß, lehrt Kontrolle von Zeit und Raum und dient als Übung für die erforderlichen Fertigkeiten zur Urinkontrolle. Es gibt viele Spiele, die Zielgerichtetheit und Selbstbeherrschung fördern. Kinder sollen z. B. nach dem Spielen die Spielsachen wieder zurück an ihren Platz räumen. Wenn man damit bis zum Ende des Tages wartet, können Mutter und Kleinkind, beide müde, nur mehr alles zusammen in eine große Schachtel werfen. Die Spielsachen auf den für sie bestimmten Platz zu bringen, ist eine Übung zur Ordentlichkeit, die dem Bedürfnis der Kinder entspricht, die Dinge dort wiederzufinden, wo sie sie erwarten. Das Aufräumen macht auch klar, daß es für alles einen angemessenen Platz gibt – Pipi z. B. gehört ins WC.

Wir unterstützen es auch, Grenzen zu ziehen. Wenn die Kinder im Zentrum auf ihren Instrumenten vorspielen, gibt es eine gerade Linie, hinter der das Publikum sitzt. Wenn die musizierenden Kinder mit ihrer Aufführung fertig sind, gehen sie hinter die Linie und werden zu ZuhörerInnen, während andere Kinder zu DarstellerInnen werden. Das lehrt die Kinder zu warten, bis sie dran sind, und den richtigen Platz sowohl für das Zuhören als auch das Vorspielen zu finden. Meist halten sich die Kleinkinder viel besser an die gesetzten Grenzen als die Mütter; grundsätzlich lehnen es viele Erwachsene ab, sich an Regeln zu halten, die kleinen Kinder vorgegeben werden. Natürlich aber werden Regeln leichter erlernt, wenn die Erwachsenen ein Beispiel geben – oder man sagt deutlich, welche Regeln nur für Kinder gelten.

In dieser Zeit üben wir auch „Laufen und gefangen werden". Die Kinder laufen von ihren Müttern weg zu ihren Betreuungspersonen am anderen Ende des Raums. In ihrer Aufregung laufen sie selten geradeaus: Sie besichtigen ein Baby in der Tragetasche, nehmen ein Spielzeug in die Hand oder sehen zum Fenster hinaus. Die ausgebreiteten Arme von Erwachsenen geben eine Richtung vor und helfen dem Kind, aus voller Fahrt anzuhalten und weich zu landen. Erwachsene sollten einem Kind eher dabei helfen, von selbst stehenzubleiben; die Mutter sollte nicht als Stoßdämpfer benützt werden. Später zeigen wir den Kindern, wie man sich auf Matratzen fallen läßt, wie man rutscht und hopst, wie das Hinfallen in kontrollierte Bewegungen wie z. B. Purzelbäume verwandelt werden kann. Mit all diesen Aktivitäten lassen sich Initiative und Entscheidungsfreude der Kinder in positive Bahnen lenken und in kontrollierte Bewegung umwandeln.

ad c) Sich schnell genug ausziehen können

Windeln tragen?

Im letzten Kapitel haben wir von der komplizierten Kleidung gesprochen, die die Modeindustrie für unsere Kleinen herstellt: Hosen mit Knöpfen und Schnallen, Windeln, die man nur mit Mühe öffnen kann. Unser Vorschlag lautet: sobald das Kind seinen Stuhlgang kontrolliert (und das nicht notwendigerweise zu 100%), sollte man es tagsüber ohne Windel laufen lassen.[5] Natürlich bedeutet das, daß Ihr Kind jedesmal klatschnaß ist, wenn es nicht rechtzeitig die Toilette erreicht. Falls das Wetter schön ist und man sich meist im Freien aufhält, macht das vielleicht nicht allzu viel aus. Der Vorteil liegt in der Möglichkeit des schnelleren Ausziehens, wenn es zur Toilette sausen muß. Darüber hinaus bemerkt das Kind sofort, daß es sich naß gemacht hat. In der Windel ist die Nässe warm und fällt daher nicht so leicht auf. (Wir empfehlen diese Methode nur für Kinder, die auf die Toilette gehen wollen.)

Manche Mütter wenden ein, daß ihnen unsere Empfehlung nur zusätzliche Arbeit und extra Saubermachen einträgt. (Damit hier kein falscher Einruck entsteht: wir stehen nicht im Sold irgendeiner Organisation für Männerrechte, die den Müttern mehr Arbeit verschaffen möchte.) Doch wir glauben an das Sprichwort: „So wie man sät, wird man auch ernten." Wenn Sie sich bemühen, Ihr Kind zur Unabhängigkeit zu erziehen, können Sie sich später ruhig zurücklehnen. Wir vertreten auch nicht die Ansicht, daß das Kind völlig ungehemmt mit allem und jedem und überall eine Schweinerei anrichten darf. Eine Mutter mißverstand uns und glaubte, nur so können die Kinder diesen Drang ausleben und überwinden, bevor sie dann – in der nächsten Phase – ganz ordnungsliebend werden. Leider funktioniert das nicht. Es ist, als ob man den Kindern kiloweise Süßigkeiten zur Verfügung stellte, in der Hoffnung, daß sie eines Tages genug haben würden. Sie haben aber nie genug, sondern gewöhnen sich sogar daran. Auch das Unordnung-Machen kann zur Sucht werden. Unser Vorschlag lautet daher, das Vermanschen und Verschütten unter genau festgelegten Bedingungen und innerhalb eines klar eingrenzenden Rahmens zu erlauben. Langsam lernen die Kinder dann, wann

---

[5] In letzter Zeit haben wir viele Fälle erlebt, in denen Kinder zuerst trocken wurden und daher verlangten, extra gewickelt zu werden, damit sie ihren Darm entleeren konnten. Die Verwirrung, die eine solche Reihenfolge auslöst, bedürfte einer eigenen Betrachtung über die Bedeutung der Umkehr im Ablauf bestimmter Entwicklungsphasen.

es erlaubt ist, unordentlich zu sein, aber auch, wann und wo es notwendig ist, Ordnung zu halten.

Das Anziehen

Es gibt eine nicht unbedeutende Streitfrage zwischen Eltern, ob es nun schwieriger sei, den Reißverschluß einer Hose zu öffnen und den Penis hervorzuholen oder einen Rock hochzuhalten und die Unterhose runterzuziehen. Wir beantworten diese Frage, indem wir beides für schwierig erklären, wobei es unserer Meinung nach eine größere Herausforderung ist, eine Unterhose aus dem Weg zu schaffen. Manche Kinder ziehen ihre Hose runter in der Hoffnung, alles ein wenig zu beschleunigen, und versuchen, so zur Toilette zu laufen. Das kann klappen, aber nur, wenn Kinder zum Stuhlgang unterwegs sind; diejenigen, die urinieren wollen, haben es schwer mit der Hose um die Knöchel. Es ist leichter, sich im Bad auszuziehen, schließlich machen es auch die Erwachsenen so. Es ist auch klüger, die Kinder dazu anzuleiten, sich im Bad wieder anzuziehen. Wenn Sie wissen, daß Ihr Kind Schwierigkeiten mit dem Anziehen hat, können Sie in der Nähe des Bads warten, um bei Bedarf einzuspringen. Man sollte dem Kind auch zu anderen Zeiten und an anderen Orten Gelegenheit geben, seine Fertigkeiten beim An- und Ausziehen zu üben, z. B. mit Puppen (mit ein bißchen Hilfe von Mutter).
Die Kinder können zusehen, wie Mutter Harn oder Stuhl in der Toilette wegspült, und gewöhnen sich so an die Vorstellung, wo diese Dinge hingehören. Günstig ist es, das Kind dazu aufzufordern, Puppenkleider zu waschen oder eine naßgemachte Unterhose selbst auszuspülen. Je stärker man das Kind beteiligt, desto mehr wird es daran Spaß finden, für sich selbst zu sorgen. Wir ahnen schon, daß einige unserer LeserInnen den Kopf schütteln. Dreijährige lieben es aber, mit Aufgaben im Haushalt betraut zu werden. Wir verderben ihnen nur allmählich die Freude daran, weil wir sagen: „Du mußt deine Spielsachen aufräumen! Du mußt die Hände waschen!" Statt dessen könnten wir sagen: „Du darfst bei der Wäsche oder beim Abwasch helfen. Zuerst räumen wir die Spielsachen weg." Auch wenn es länger dauert: Es macht mehr Spaß, etwas gemeinsam zu tun als allein.

ad d) In den Topf bzw. in die Toilette zielen können

Kinder müssen bequemen Zugang zum Topf oder zur Toilette haben. Falls es Stufen gibt, müssen sie trittsicher und stabil sein. Mädchen lernen, sich hinzusetzen, Jungen sitzen oder stehen. Wenn ein Junge lieber auf dem Topf sitzt, sollte man ein Schutzschild besorgen, um das Verspritzen von Urin zu vermeiden. Einfacher und praktischer ist es für Jungen, wenn sie stehend ihren Penis halten. Manche Jungen stellen sich auf einen Schemel und zielen von ihrem Aussichtspunkt ins WC; andere fühlen sich noch nicht so sicher auf den Beinen und reiten auf der Toilette wie auf einem Pferd, was nicht sehr bequem ist. Ein paar Stufen und etwas, woran man sich anhalten kann, sind sicherer.

Ein Ziel anpeilen

Jungen muß man meistens dazu anleiten, ihren Penis in die Hand zu nehmen, um den Harnstrahl ins WC zu lenken – falls sie nicht bereits andere Jungen beim Urinieren beobachtet haben. Einige Mütter halten für ihren Sohn den Penis, und die Kleinen mögen dieses Gefühl so sehr, daß sie jedesmal nach Mutters Hilfe rufen. Wir halten das nicht für empfehlenswert. Die Selbständigkeit der Kleinen wird damit beschnitten, ebenso wie man ihnen ihren Stolz auf die Kunst nimmt, den Harnstrahl selbst auf ein Ziel zu lenken.

Mädchen, die Jungen beim Urinieren beobachten, versuchen es ihnen gleich zu tun: sie stehen, zielen und warten auf einen Harnstrahl. Sie sind dann oft sehr enttäuscht, weil sie eben kein sichtbares Organ haben, mit dem sie die gleichen Tricks wie die Jungen vorführen könnten. Ihr Selbstwertgefühl kann für kurze Zeit darunter leiden, aber sie machen das schnell dadurch wieder wett, daß sie meist früher trocken werden und stolz sind auf ihre Leistung. Mädchen müssen sich einfach damit abfinden, daß sie sich auf die Toilette setzen müssen. Man muß sie vielleicht dazu anleiten, die Unterhose weit genug hinunterzuziehen, damit sie sie nicht naß machen. Mädchen sollen auch lernen, wie man im Wald sein Geschäft erledigt, ohne dabei naß zu werden – sie sollen nicht glauben, nur Jungen könnten das.

Kleine Jungen, die Mädchen beim Wickeln oder beim Urinieren zusehen, kommen oft zu der Schlußfolgerung, das Mädchen müsse seinen Penis verloren haben (es ist zu verwirrend: kleine Kinder beiderlei Geschlechts sehen einander sonst so ähnlich, warum sollten sie sich also genau in diesem Punkt unterscheiden?). Einige Jungen entdecken, daß sie den Penis zwischen ihren Oberschenkeln verstecken können. Sie stellen sich daher vor, daß auch Mädchen dies könnten, daß sie also ihren Penis verstecken. Wenn man ihnen erklärt, daß Mütter und Mädchen einfach keinen Penis haben, protestieren sie gegen diese Behauptung ganz energisch. Die kleinen Jungen leugnen deshalb den Unterschied zwischen den Geschlechtern, weil sie Angst haben, ihren Penis zu verlieren und wie ein Mädchen zu werden. Diese Ängste hindern sie manchmal sogar am Urinieren, sie beklagen sich, daß nichts mehr herauskomme und daß es schmerze. Ein warmes Bad kann da helfen, aber es ist genauso wichtig, ihnen zu versichern, daß alles in Ordnung sei.

Manchmal haben kleine Jungen auch Angst, die Kontrolle über ihren Penis zu verlieren. Einer begann während eines Bades plötzlich zu brüllen, weil er eine Erektion bekommen hatte. Er rief nach seiner Mutter und beklagte sich, daß sein Penis nicht mehr funktionstüchtig sei. Da sich seine Mutter nicht zu helfen wußte, rief sie nach dem Vater, damit er seinem Sohn die Sache mit der Erektion erkläre.

Den Eltern in Badezimmer und Toilette zusehen dürfen

Im letzten Kapitel haben wir schon über das Thema gesprochen, ob Kinder ihre Eltern nackt sehen sollen. Darüber wird unter Eltern immer wieder diskutiert, daher kommt es auch in unserem Buch mehr als einmal vor. Die Eltern argumentieren, daß sie ihren Kindern nicht den Eindruck vermitteln wollten, der unbekleidete Körper sei etwas Verwerfliches. Schwerwiegender als dieser philosophische Grund ist meist das praktische Problem, daß Kinder unbedingt mitkommen wollen, wenn Mutter oder Vater auf die Toilette gehen; sie wollen nicht ausgesperrt sein. Niemand findet es lustig, auf der Toilette zu sitzen, während draußen ein Kleinkind gegen die Türe hämmert und aus Leibeskräften brüllend nach Einlaß verlangt. Daher

wird die Türe geöffnet. Einige Eltern wären lieber allein auf dem Klo, aber sie wissen nicht, wie sie sich diese Privatsphäre schaffen können. Wenn man Kinder von allem Anfang an daran gewöhnt, daß auch Eltern manchmal allein sein wollen, respektieren die Kleinen das ganz selbstverständlich. Säuglinge weinen vielleicht zuerst ein wenig, aber sie beruhigen sich, wenn sie Mutters Stimme hören. Babys kann man in den Laufstall setzen und sie mit besonderem Spielzeug versorgen. Sogar Kleinkinder akzeptieren eine verschlossenen Tür, wenn man ihnen erklärt: „Ich gehe jetzt auf die Toilette, und ich möchte ein paar Minuten lang allein sein." Das Problem entsteht erst dadurch, daß Mutter plötzlich verschwunden ist: das Kind blickt vom Spielen auf, kann Mutter nicht mehr sehen und läuft schreiend los, sie zu suchen. Wenn Sie kurz stehenbleiben und dem Kind sagen, was Sie jetzt tun werden, gewöhnt sich das Kleine bald an diesen Vorgang, und damit ist die Sache für immer erledigt.
Manchen Eltern macht es nichts aus, wenn das Kind mit ins Badezimmer kommt. Sie sind überzeugt, daß sich ein Kind an Nacktheit gewöhnt, wenn man es nur oft genug damit konfrontiert. Das Argument scheint einleuchtend: Warum sollten Brüste und andere Sexualorgane ungewöhnlicher sein als eine Hand? Behandeln wir sie nicht nur deshalb anders, weil es unserer puritanischen Kultur besser entspricht?
Es ist schwierig, solche Fragen zu beantworten. Um uns kurz zu fassen: Es gibt zivilisatorische Unterschiede im Umgang mit Nacktheit, aber in allen Kulturen schenkt man den Geschlechtsteilen mehr Aufmerksamkeit als den übrigen Organen; das Thema „Sex" sorgt für mehr Aufregung als andere Körperfunktionen. Es ist ein hoffnungsloses Unterfangen, wollte man vortäuschen, daß es irgendeine Zivilisation gäbe, in der es aufs gleiche hinausläuft, ob ich die Hand oder den Penis einer Person halte. Häufig greifen Kleinkinder nach der Brust der Mutter oder nach dem Penis des Vaters, wenn diese frei zugänglich sind.
Die Geschichten und Zeichnungen der Kinder verraten uns, daß ihre Gedanken und Gefühle – nicht ganz unerwartet – eng mit ihrer physiologischen Erscheinung verknüpft sind. Dreijährige Jungen sind normalerweise stolz auf ihre Erektionen und darauf, daß sie ihren Harnstrahl auf ein Ziel richten können. Wenn sie aber den El-

tern beim Urinieren zusehen, verunsichert sie das. Die Freude über das eigene gutfunktionierende Organ wird getrübt durch den Vergleich mit dem überlegenen Penis des Vaters, der nicht nur größer ist, sondern auch noch einen viel kräftigeren Harnstrahl von noch weiter oben produzieren kann. Daß bei der Mutter ein großes, dunkles Loch zu finden ist, verbindet sich von selbst mit der angstbesetzten Vorstellung, daß sie ihren Penis in der Toilette verloren habe. Auch kleine Mädchen sind manchmal überwältigt von diesem Anblick, dem großen, dunklen Loch, das auf geheimnisvolle Art irgendwie mit dem Loch des Abflusses in Verbindung zu stehen scheint. Wenn sich die Kleinen jedoch mit Gleichaltrigen vergleichen, können sie ihr Selbstwertgefühl erhalten und mit sich selbst, ihrem Körper und seinen Funktionen zufrieden sein.

Den Harnstrahl anhalten

Kleinkinder machen oft ein Spiel daraus, den Harn anzuhalten und dann wieder strömen zu lassen. Als Eltern sollten wir sie dafür loben, daß sie in das WC zielen und sich so gut beherrschen können; Zwischenfälle sollten nicht überbewertet werden. Das Urinieren unterbrechen zu können, ist eine neue Fertigkeit; auch wenn die Kinder das schon einigermaßen im Griff haben, müssen sie immer noch mit den letzten Tropfen fertig werden, die meist noch nachrinnen. Man kann ihnen diesen Vorgang erklären, indem man ein Glas Wasser ausleert und zeigt, daß nach ein paar Augenblicken immer noch ein paar Tropfen nachfließen, selbst wenn das Glas leer aussieht.

ad e) Das Säubern

Mit zweieinhalb oder drei Jahren haben Kinder schon reichlich Erfahrung, was das Abwischen betrifft. Man hat ihnen nach dem Essen das Gesicht abgeputzt und ihnen beim Wickeln den Po gesäubert. Mütter wissen, daß man sich von vorne nach hinten abwischen soll, damit keine Darmbakterien in den Uro-Genital-Trakt gelangen. Aber selbst nach erfolgreicher Sauberkeitserziehung verlangen manche Kinder, daß man sie säubern soll. Es ist schwierig, Körperteile zu

reinigen, die man nicht sieht. Darüber hinaus sind Mütter meistens nicht mit den von den Kindern erzielten Resultaten zufrieden.
Eltern sollten lieber einige praktische Ratschläge anbieten, anstatt zu kritisieren oder alles gleich selbst zu machen. Man sollte den Kindern sagen, daß sie von vorne nach hinten wischen sollen. Den Mädchen sollte man zeigen, wie sie die letzten Tropfen Urin abtupfen können, und die Jungen lehren, die letzten Tropfen an ihrem Penis in das WC zu schütteln.

Einnäßzwischenfälle

Die meisten dieser Zwischenfälle beruhen auf einem ungenügenden Zeitgefühl der Kinder. Manchmal wollen sie so lange einfach nicht zu spielen aufhören, bis es schließlich zu spät ist. Manchmal sind sie auch so in ein Spiel vertieft, daß sie gar nicht bemerken, daß sie sich bereits naßmachen. Solche Zwischenfälle spielen eine wichtige Rolle in einem Experiment, das umso spannender wird, je ärgerlicher die Eltern auf den klatschnassen Teppich reagieren. Wenn die Sauberkeitserziehung zum Machtkampf wird, setzt ein Kind diese Zwischenfälle ganz gezielt ein, um seine Betreuungspersonen zu bestrafen.
Manchmal passiert so etwas aus Gründen, die nicht unmittelbar mit dem Urinieren zu tun haben. Eine Dreijährige, deren Mutter schwanger war, pflegte z. B. an allen möglichen und unmöglichen Stellen zu urinieren, obwohl sie sehr genau wußte, wo das Badezimmer war. Sie hatte viel darüber nachgedacht, wie das Baby wohl zur Welt kommen würde und wo. Sie hatte uns auch des öfteren erzählt, daß sie selbst ein Baby im Bauch habe. Plötzlich fiel es ihren Eltern wie Schuppen von den Augen: Die Kleine übte das Kinderkriegen. Der reale Ort, an dem eine Geburt stattfindet, war ihr nur unter dem Namen „Krankenhaus" bekannt, aber sie wußte nicht, wo und was das war.
Ein Kleinkind kann tagsüber trocken sein, aber nachts immer noch sein Bett naßmachen, es muß daher zum Schlafen noch gewickelt

werden. Selbst wenn ein Kind nachts trocken ist, kann trotzdem noch gelegentliches Einnässen auftreten, besonders in Streßsituationen. Das Bettnässen ist eine besondere Form der Regression, bei der das Kind eine passive Haltung einnimmt und versorgt werden möchte. Der Ehrgeiz, alles selbst machen zu wollen, wird aufgegeben zugunsten der Hilfsbedürftigkeit eines Babys. Den Harn einfach fließen zu lassen, entspricht der Passivität, mit welcher der Mutter die Sorge um die körperlichen Bedürfnisse überlassen wird. Nächtliches Bettnässen ist ein Hilferuf an die Mutter, das Kind nicht allein zu lassen, es zu umsorgen und vom Kind nicht mehr zu verlangen, als es tatsächlich leisten kann.

Bettnässen tritt häufig in Streßsituationen auf, die ein Getrenntsein von den Eltern mit sich bringen. Nicht einmal in der ersten Klasse sind solche Fälle ungewöhnlich. Unsere Kinder sind meist nicht darauf vorbereitet, sechs Stunden in der Schule zu verbringen, ohne dazwischen nach Hause zu gehen, ohne Mutter zu sehen. Sogar in höheren Schulklassen kann es vorkommen, daß ein Kind einnäßt, wenn es sich vor einer Lehrperson fürchtet. Während des Krieges, als die Kinder z. B. aus London evakuiert werden mußten und daher von ihren Müttern getrennt wurden, war Bettnässen nichts Außergewöhnliches. Besonders in Trennungssituationen kommt das häufig vor. (Es mag Ihnen schon aufgefallen sein, daß Hunde, nachdem sie während des Urlaubs ihrer Eigentümer beim Nachbarn waren, am ersten Tag im alten Heim noch manchmal den Teppich naßmachen.) Wenn Kinder das Gefühl bekommen, daß sie die Person verloren haben, die ihnen Zusammenhalt vermittelt, dann verlieren sie oft ihre eigene innere Kontrolle.

Zusammenfassung

Wir wollten zeigen, daß die Blasenkontrolle einer anderen Entwicklungslinie folgt als die Darmkontrolle. Wir haben verfolgt, wie sich die Grundlagen für die Blasenkontrolle von einem frühen Alter an entwickeln, so daß das Kind allmählich darauf vorbereitet wird, im Alter von zwei bis drei Jahren trocken zu sein. Wenn das Kind in die urethrale Phase eintritt, stürmt es in der Sagittalebene (Radebene) vorwärts, fließt vorwärts, oft ohne Kontrolle. Die Eltern werden gebraucht, um dem Kleinkind Führung und Zusammenhalt zu vermitteln und um es vor der Angst zu beschützen, völlig außer Kontrolle zu geraten oder verlorenzugehen. Gegen Ende der urethralen Phase lernt das Kind, nach Belieben stehenzubleiben und sich selbst und seinen Harn zurückzuhalten bzw. zu steuern.

Selbst nach dem Sauber- und Trockenwerden passieren immer noch Einnäßzwischenfälle. Falls ältere Kinder bettnässen, ist die Wahrscheinlichkeit groß, daß sie in ihrer urethralen Phase eine Trennung erleben mußten, die sie noch nicht verkraftet haben. Solche Regressionen sind jedoch keineswegs beunruhigend. Sie erlauben es der Familie, frühere Fehler, die das Kind damals überfordert haben, wiedergutzumachen. Im nächsten Kapitel sprechen wir ausführlicher über diese Chancen der Wiedergutmachung bei zweieinhalb- bis dreijährigen Kindern.

AUS BABYS WERDEN MÄDCHEN UND JUNGEN

Zwei- bis dreijährige Kinder sind keine Babys mehr; das zeigt sich etwa daran, daß Dreijährige in den Kindergarten aufgenommen werden. Die Öffentlichkeit hält sie für vernünftig, für fähig, sich von der Mutter zu trennen, von ihr unabhängig zu werden und sich von babyhaften Verhaltensweisen zu lösen, wie z. B. an der Brust zu trinken oder gewickelt zu werden. Dreijährige können zwischen falsch und richtig unterscheiden, sie haben ein wenig Erfahrung, was Teilen, Geben und Nehmen heißt. Sie stellen unzählige Fragen wie: „Wo ist die Zigarette, wenn du sie geraucht hast?" Ihre Gesellschaft ist angenehm, und sie sind freundlich und einfühlsam. Angenommen, die Mutter ist traurig und deprimiert, kann aber nicht so richtig darüber sprechen. Sie setzt ein Lächeln auf. Ihr Mann bemerkt vielleicht gar nichts. Ganz automatisch räumt sie den Tisch ab und versucht ein freundlich-fröhliches Gespräch. Auf einmal läuft ein kleines, mitfühlendes Wesen zu ihr und sagt: „Mama, sei nicht traurig. Ich hab' dich lieb." Kinder spüren ganz intuitiv, was los ist. Es ist ein wunderbares Alter.
Plötzlich, von einer Minute auf die andere, fängt dieser Ausbund an Einsicht und Vernünftigkeit an zu quengeln und ignoriert sämtliche Erklärungsversuche oder Vorschläge. Das Kind jammert laut, hat Bauchschmerzen und klebt an der Mutter, ja hält sich so fest, daß sich diese fast aufgefressen fühlt. Wenn der Vater nach Hause kommt, verlangt er, daß man mit den Kleinen einfach strenger sein müsse, oder er beschuldigt die Mutter, daß sie eigentlich nichts tue, das ihre Müdigkeit rechtfertigen würde. Mütter mit einem neugeborenen Baby sehen sich oft noch zusätzlich den Forderungen älterer Geschwister ausgesetzt. Sie könnten eine Verschnaufpause gebrauchen. Und siehe da: Sobald der Vater übernimmt, wird das kleine Ungeheuer lammfromm; aber schon nach einigen Minuten zeigt sich der Wolf unter dem Schafspelz: „Ich mag keine Eier; ich will Käse. Der Käse ist ekelig. Ich will mein Auto. Du hast mein Auto vergessen. Wo ist mein rotes Auto?" Vater verliert die Geduld und schreit, Mutter kommt gelaufen: „Was machst du mit dem armen

Kind?" Die Eltern versuchen, sich gute Ausreden zurechtzulegen: „Sie ist müde; sie hat eine regressive Phase; das alles wird vorübergehen." Ist das aber wirklich nur vorübergehendes Regressionsverhalten, oder ist es etwas Neues, mit dem man nicht so leicht fertigwerden kann wie mit dem Trotzalter?

Was für eine Phase ist das?

In diesem Übergangsstadium zwischen Babyalter und „Groß-Sein" ist das Kind ständig zwischen der Sehnsucht nach alten Zeiten und dem Wunsch, so „groß" wie Mutter zu sein, hin- und hergerissen. Diese widersprüchlichen Gefühle und Wünsche verwirren das Kind, das sich all den Tendenzen früherer Entwicklungsphasen ausgeliefert fühlt. Selbst professionellen Beobachtern fällt es schwer, ein eindeutiges Bild eines dreijährigen Kindes zu zeichnen, und über das Entwicklungsstadium von Zweieinhalbjährigen scheiden sich die Geister.
Einige ExpertInnen meinen, daß sich diese Kinder noch in der analen Phase befänden. Sie verweisen auf das häufig produzierte Chaos, auf zeitweise Verstopfung einerseits und volle Hosen andererseits. Sie vermuten, daß Quengeln und provokantes Benehmen Bestandteil des Kampfes um Unabhängigkeit seien. Andere Fachleute sagen, daß sich zweieinhalb- bis dreijährige Kinder in der phallischen Phase befänden, die durch Aufdringlichkeit, sexuelle Neugier und Impulsivität gekennzeichnet sei. Vielleicht zucken Sie jetzt mit den Schultern und sagen: „Das ist doch oberflächlich, das sind Haarspaltereien, es ist doch egal, wie das heißt!" Es geht jedoch nicht nur um die Bezeichnung, sondern um die tieferliegende Ursache für das widersprüchliche Verhalten Dreijähriger.
Sehen wir uns die dreijährigen Kinder einmal genauer an, um das Wesen dieser Entwicklungsphase zu ergründen. Ruth McBrunswick, eine amerikanische Freud-Schülerin, fand heraus, daß kleine Mädchen über einen längeren Zeitraum hinweg ganz besonders an ihrer Mutter hingen. Als ich (JSK) Dreijährige beobachtete, war ich vom

Interesse der Mädchen an Babys sehr beeindruckt. Da wir Babys und Kleinkinder im Zentrum in der gleichen Gruppe betreuen, haben wir mehr Gelegenheit als andere ForscherInnen, die Interaktion zwischen Kindern verschiedenen Alters zu studieren.

Die mütterliche Phase?

Es ist nicht zu übersehen, daß dreijährige Mädchen ein großes Interesse an Puppen haben. Sie tragen sie mit sich herum und sprechen mit ihnen. Jungen haben mehr Talent, die Puppen herumzuschleudern oder sie an einem Bein hinter sich herzuschleppen. Wenn Jungen mit ihren Puppen oder Teddybären sprechen, dann etwa so: „Du bist jetzt brav und ruhig. Mama wird später mit dir spielen. Papa muß arbeiten. Böser Papa. Nein, du darfst nicht vom Wein trinken. Alkohol ist nichts für dich. Hunde dürfen etwas Alkoholisches trinken, es tut ihnen gut, besonders, wenn man ein Seemann ist. Wer fürchtet sich vorm schwarzen Mann?" Die Puppe wird fallengelassen, der Junge sagt: „Ich hab' dich tot gemacht."
Mädchen führen folgende Gespräche: „Mama gibt dir zu essen. Du brauchst nicht zu weinen. Wir gehen einkaufen in den Supermarkt. Nein, du bekommst keine Kekse. Hör auf zu weinen, oder ich lasse dich allein zu Hause. Du bist krank. Ich werde den Doktor holen."
Mädchen zeigen eine fürsorglichere Haltung als Jungen, doch beide sprechen in unzusammenhängenden Sätzen. Sie haben ihre unterschiedlichen Ideen und Gefühle noch nicht auf einen Nenner bringen können.
Dreijährige spielen oft, daß sie ein Baby im Bauch haben; sie stopfen sich Bälle oder anderes Spielzeug unter ihre Kleider und spielen dann „Entbindung". Mädchen, die man zum Zeichnen auffordert, zeichnen oft wellenförmige Linien, die im Kreis laufen. Innerhalb der Linien finden sich winzige, schnörkelige Zeichen. Wir deuten diese Zeichnungen so, daß sich die Kinder vorstellen, sie hätten so etwas wie ein Haus im Bauch, ein Haus, das viele Dinge enthält, darunter auch ein Baby. Manchmal ist auch Mutter da drinnen. (Innerhalb der Linien finden sich kleinere Zeichen.) Viele Mütter sind skeptisch gegenüber unseren Interpretationen, sind aber gleichzeitig davon be-

eindruckt, mit welcher Beständigkeit diese Formen auftauchen. Als eine Mutter ihre dreijährige Tochter beim Malen dieser typischen Kreise und Linien fragte, was das Bild denn darstelle, sagte die Kleine, etwas verwundert über die Frage: „Siehst du denn nicht, das ist ein Baby in einem großen Bauch."

Die Hinweise schienen klar auf eine bei Mädchen besondere Entwicklungsphase hinzudeuten, die weder zur frühen urethralen noch zur späteren phallischen Phase gehört. Woher kam aber dieses große Interesse der Dreijährigen an Mutterschaft und Babys? Eine Erklärung, die sich sofort anbietet, ist die Tatsache, daß sich Dreijährige mit der Mutter identifizieren. Viele Erziehungsfachleute raten zu einem Abstand von drei Jahren zwischen Geschwistern, und viele Mütter von Dreijährigen sind schwanger oder haben ein neugeborenes Baby. Natürlich beschäftigen sich die Kleinen mit dem Baby, ob es nun noch in Mutters Bauch oder auch schon außerhalb ist. Sobald das neue Baby da ist, wird der Verlust der eigenen Babyzeit besonders stark empfunden. Doch anstatt sich zurückgewiesen zu fühlen, oder genauer: statt sich aus der Wiege geworfen zu fühlen, identifizieren sich die Kinder mit der Mutter und spielen Zweitmutter. Sie sind zärtlich und liebevoll mit anderen Babys und Schmusepuppen und geben sogar vor, selbst schwanger zu sein.

Sogar Kinder, deren Mütter nicht schwanger sind, zeigen ein ähnliches Verhalten, wenn auch nicht in derselben Intensität. Sie werden groß und lassen die Babyzeit hinter sich. Sie übernehmen Aufgaben, die Mutter früher erledigt hat. Sie füttern sich selbst, ziehen sich selbst an, gehen allein auf die Toilette. Jedesmal, wenn sie sich selbst waschen, ist die Erinnerung daran, als Mutter das noch machte, mit dabei; jedesmal, wenn sie eine Puppe aufheben, wollen sie Mutter nacheifern in der Art, wie sie von ihr aufgehoben wurden. Das ist eine Möglichkeit, die Mutter in sich aufzunehmen und zu behalten, wie das kleine Kind sie erlebt hat. Ein anderer Weg, wie Dreijährige den Verlust ihrer Babyzeit wettzumachen suchen, ist die Art, sich selbst ein Baby zu erschaffen und es genauso zu behandeln, wie sie früher selbst behandelt wurden. Falls Sie wissen möchten, wie Sie klingen, wenn Sie zornig sind: Hören Sie nur einmal Ihrem Kind zu, wenn es seinen Teddybären anschnauzt. Dadurch, daß ein Kind „Mutter" spielt, durchlebt es noch einmal seine Babyzeit.

Die inner-genitale Phase[1]

Gibt es eine physiologische, also körperliche Grundlage für diese Phase? Da wir uns für Bewegungen interessieren, haben wir die Kinder beobachtet. Das begeisterte Dahinlaufen der urethralen Phase war verschwunden. Die Kinder bewegten sich langsam, gleichgültig, mit geringer Intensität. Besonders bei Mädchen fiel dieses Verhalten auf. Sie wiegten sich in den Hüften und gewannen so etwas wie Weiblichkeit. Dann nahm die Intensität der Muskelspannung zu, und sie wurden scheinbar grundlos ganz aufgeregt. Auch ihre Körperform veränderte sich: Aus Kleinkindern mit geradem Rumpf wurden kleine Mädchen mit Taille. Es war also nicht zu übersehen, daß sie in dieser Zeit physiologische Veränderungen durchmachten.

Rhythmen und Empfindungen im Körperinneren während der inner-genitalen Phase

Weitere Beobachtungen ließen mich (JSK) zu dem Schluß kommen, daß dreijährige Mädchen bestimmte Empfindungen oder Reize wahrnehmen, die von ihren inneren Geschlechtsorganen kommen. Diese Empfindungen sind nicht mit Sinneswahrnehmungen gleichzusetzen. Sie entziehen sich der (verbalen) Beschreibung, werden aber in Zeichnungen, in symbolischen Spielen und in Bewegungsmustern ausgedrückt: Man erkennt darin sanfte Wellen, die im selben Rhythmus erfolgen wie leichte Kontraktionen der Gebärmutter. Diese Wellen durchdringen alle Bewegungen der Kinder, so wie früher der Saugrhythmus alle ihre Bewegungen bestimmt hat, wie der Anstrengungsrhythmus die 18 bis 24 Monate alten Kinder dirigiert hat oder der Loslaufrhythmus die Zweijährigen dominiert.
Diese Wellen aus den inneren Geschlechtsorganen sind meist ganz sanft, werden aber gelegentlich intensiver. Sie stehen offenkundig im

---

[1] Ich (JSK) habe diese Phase zuerst als „mütterliche" bezeichnet. Später jedoch habe ich sie in „inner-genitale" umbenannt, weil ich entdeckt habe, daß die in dieser Zeit vorherrschenden Bedürfnisse der Kinder vor allem von einem Spannungsgefühl in den inneren Geschlechtsorganen herrühren.

Zusammenhang mit dem Quengeln, das wir von Dreijährigen kennen und das manchmal immer mehr zunimmt, bis schließlich das ganze Kind von Aufregung überwältigt ist. Um dieses Quengeln und Nörgeln besser zu verstehen, sprach ich mit Margaret Mead darüber, ob sie es auch in den Kulturen, die sie erforscht hat, beobachtet habe. Sie überlegte gründlich und meinte, daß man nörgelnde Frauen in allen Kulturkreisen finden könne und daß das wahrscheinlich einen echten weiblichen Charakterzug darstelle. Ich folgerte daraus, daß dieses Verhalten mit den nicht genau lokalisierbaren, im Körperinneren bohrenden Empfindungen in Verbindung steht, das die Bewegungen kleiner Mädchen kennzeichnet.

Jungen und die inner-genitale Phase

Anfangs glaubte ich (JSK), daß diese Empfindungen im Körperinneren von Uterus und Vagina ausgehen und nur bei Mädchen vorkommen.[2] Diese anfängliche Ansicht mußte ich jedoch bald ändern, als sich die Hinweise häuften, daß auch Jungen diese Phase durchlaufen. Jungen reden oft über die Babys in ihrem Bauch. Sie zeigen mütterlich-fürsorgliches Verhalten, auch wenn sie es anders ausdrükken, z. B. im Umgang mit ihren Autos. Es wurde auch klar, daß Nörgelei nicht ausschließlich ein weiblicher Charakterzug ist: auch Jungen nörgeln und quengeln.

Daß Jungen ebenfalls diese inner-genitale Phase durchmachen, ist nicht auf den ersten Blick zu erkennen, weil sowohl die Bedingungen unseres Kulturraums als auch die physiologischen Vorgänge im Körper des Jungen zu einem anders gestalteten Erscheinungsbild führen. Ein kleiner Junge behauptete z. B. ständig, wenn er groß werde, würde er eine Mama werden. Sein Vater hörte das und wurde wütend: „Du bist doch ein Junge, oder?" fragte er. Der Kleine nickte. Der Vater erklärte ihm, daß kleine Jungen nur Papis werden können,

---

[2] Die Bezeichnung „Scheide" wird oft benützt, um die Vulva, also die äußeren weiblichen Geschlechtsteile zu benennen, die die Kinder sehen können. Die tatsächliche Bedeutung des Begriffs, der die inneren Geschlechtsorgane bezeichnet, wird meist vernachlässigt. Kinder haben daher meist kein Wort, um den Innenraum des Körpers zu benennen.

keine Mamis. Um sicherzugehen, daß sein Sohn ihn verstanden hatte, fragte er ihn: „WAS wirst du werden, wenn du einmal groß bist?" Der kleine Junge druckste verlegen herum, bevor er antwortete: „Eine Mama." Da man fast allen kleinen Jungen beigebracht hat, daß sie sich nicht als „Mama" bezeichnen sollen, sich nicht wie Mutter anziehen oder über Babys und Puppen sprechen sollen, sind solche Tendenzen unterdrückt worden. Heutzutage sind die Grenzen zwischen den Geschlechterrollen nicht mehr so starr, und auch Jungen dürfen mit Puppen spielen und ihre Gedanken freier ausdrücken.[3] Wenn wir ihnen zuhören, erkennen wir, daß auch sie sich für Babys interessieren. Auch sie stellen sich vor, ein Baby im Bauch zu haben, spielen mit Puppen (wenn man sie ihnen anbietet) und identifizieren sich mit Mutter.

Manche LeserInnen sind vielleicht überrascht von unserer Annahme, daß sich Jungen mit ihrer Mutter identifizieren. Aber auch die Jungen wurden, genauso wie die Mädchen, vor allem von ihrer Mutter gefüttert, gekleidet, gewaschen und umsorgt. Auch ihre neuerworbene Fertigkeit, vieles selbst machen zu können, beruht wie bei den Mädchen auf der Art und Weise, wie die Mutter sich um sie gekümmert hat. Daß die Mutter die Quelle der Nahrung und Fürsorge war, mag vergessen worden sein, aber ihre Art und Weise, wie sie für das Baby gesorgt hat, bleibt in der Erinnerung haften. Damit soll nicht gesagt sein, daß Väter weniger Einfluß auf Kinder haben als Mütter, aber in bezug auf die Fähigkeit, sich um sich selbst zu kümmern und sich selbst zu beruhigen, spielen sie eine geringere Rolle. Väter werfen ihre Sprößlinge gern hoch in die Luft, toben mit ihnen durch das ganze Haus, machen Spiele und treiben Sport. Ihre Gestik, aus einer gewissen Entfernung wahrgenommen, wird ein wichtiger Bestandteil in der Auswahl der Gesten, die einem Kind zur Verfügung stehen; aber in den meisten Familien haben Väter weniger Modellfunktion, wenn es um Fürsorge und Trost geht. Daher nehmen kleine Jungen (wie Mädchen) an, daß Erwachsenwerden soviel bedeutet wie Mutter zu werden.

---

[3] Interessanterweise haben Mädchen mehr Flexibilität in ihrer Rolle gewonnen als Jungen. Es ist z. B. heute kaum noch vorstellbar, daß amerikanische Mädchen vor 25 Jahren nicht in Hosen zur Schule gehen durften.

Einige Jahre später erkannte ich, daß Jungen in der inner-genitalen Phase sich nicht nur mit der Mutter identifizieren, sondern auch ähnliches in ihrem Körper fühlen wie Mädchen. Mein Sohn lehrte mich, daß auch Jungen etwas von ihren inneren Geschlechtsorganen wahrnehmen. Im Alter von drei Jahren erklärte er mir, daß er ein Baby im Bauch habe und daß es seitlich an seiner Leiste herauskomme. Dabei deutete er auf die Stelle, an der der Samenleiter in den Hodensack eintritt und auf die Hoden trifft. Offensichtlich spürte er etwas in seinem Körperinneren, wie ich es bis dahin nur von Mädchen angenommen hatte. Seine Bewegungen waren ebenfalls langsam und wellenartig, ohne aber jemals eine bestimmte Intensität zu überschreiten. Einige Jungen beschrieben ihre Empfindungen, als ob sie Würmer im Bauch hätten. (Wenn sich die Vagina zusammenzieht, ist das Gefühl ähnlich.) Der Rhythmus läßt sich am Hodensack der Jungen beobachten: Unter der dünnen Hautschicht befindet sich das glatte Muskelgewebe des Dartos-Muskels, das sich in langsam ansteigenden und wieder verebbenden Wellen zusammenzieht und sich dabei von einer Seite auf die andere bewegt. Die Wellen haben denselben gleichförmigen Rhythmus wie bei den Mädchen, obwohl sie weniger häufig auftreten und auch nicht so große Intensität erreichen.

Empfindungen im Körperinneren bei Mädchen und Jungen

Sobald die anale und die urethrale Phase durchlaufen sind und die Kinder einigermaßen Kontrolle über ihre Ausscheidungsorgane haben, treten neue Empfindungen zutage: die Empfindungen und Wahrnehmungen an den äußeren und inneren Geschlechtsorganen nehmen zu. Kinder versuchen öfters, diese Empfindungen mit Worten für andere Wahrnehmungen im Bereich des Bauchs zu beschreiben: es sei wie Rülpsen, Krämpfe, Bauchweh. Sie denken, sie hätten etwas gegessen, was nun in ihrem Inneren rumore. In ihrer Phantasie stellen sie sich vor, sie hätten eine Person verschluckt, eine Mama oder ein Baby. Sie behandeln diese innere Unruhe wie ihren Darminhalt und versuchen, sie festzuhalten und nicht mehr loszulassen. In der Folge bekommen sie Verstopfung, oder sie unterdrücken diese innere Anspannung dermaßen, daß sie Angst bekommen zu platzen (das kommt bei Mädchen häufiger vor als bei Jungen, weil ihre Empfindungen intensiver sind).

Stellen Sie sich vor, Sie hätten das Gefühl, zur Toilette laufen zu müssen oder hungrig zu sein, und Sie unternehmen etwas Dementsprechendes, aber es hilft nicht. Wir können Empfindungen an den inneren Geschlechtsorganen nur sehr schwer von Empfindungen trennen, die von der Blase oder vom Darm herrühren. Noch viel schwieriger ist es, das Kommen und Gehen dieser Empfindungen zu verstehen: es gibt keinen offensichtlichen Auslöser dafür, und sie lassen sich nicht kontrollieren. Manchmal hat ein Kind den Eindruck, daß es nichts auf der Welt gebe, das diese innere Spannung je lösen könnte.

Jungen machen sich über drei unkontrollierbare Empfindungen Gedanken: 1) daß ihr Penis erigiert und dann wieder schlapp wird, ohne daß die Erwachsenen dazu etwas zu sagen hätten; 2) daß ihre Hoden und ihre Samenleiter durch Kontraktionen des Kremaster-Muskels hochgezogen werden und aus dem Hodensack in die Leistengegend „verschwinden"; 3) daß ihr Hodensack manchmal von Wellen gekitzelt wird, die über die Haut laufen und ganz von selbst anfangen und aufhören.

Mädchen spüren die Wellen der Aufregung durch ihren Körper laufen, die manchmal sanft und neckisch sind, aber dann auf einmal so intensiv über sie herfallen, daß sie unerklärliche Wutanfälle bekommen.

Unausgeglichenheit und neuerliche Balance der Gefühle

Der Beginn der inner-genitalen Phase ist eine verwirrende Zeit voller Unausgeglichenheit für alle Kinder, ob Mädchen oder Jungen. Zusätzlich zum Übergang vom Baby zum größeren Kind müssen sie sich auch noch mit geheimnisvollen Empfindungen im Körperinneren auseinandersetzen. Bis dahin konnten sie mit solchen Gefühlen umgehen, aber diese neuen Empfindungen sind nicht so einfach zu bewältigen. Die Kinder haben es schwer genug, ihren Willen gegenüber Eltern, Geschwistern und Gleichaltrigen durchzusetzen, daher sind sie beunruhigt von dem, was da in ihrem Körper so völlig gegen ihren Willen vor sich geht. Manchmal glauben sie, daß ihre Mutter dahintersteckt, sie macht ja auch sonst alles; ein anderes Mal glauben sie, daß sie ein Monster oder eine Hexe im Bauch hätten, die Spielsachen verschwinden läßt und sie zu Taten anstiftet, die sie gar nicht begehen wollen. Alle diese Vorgänge werden oft im Bild des Babys, das im Bauch herumschwimmt, zusammengefaßt; besonders Kinder, die ihrer schwangeren Mutter an den Bauch fassen und die Bewegungen des Fötus fühlen, vergleichen ihre Empfindungen mit dem, was sie bei Mutter gespürt haben. Die Zeichnungen weisen oft darauf hin, daß es so etwas wie einen inneren Aufruhr gibt.

In ihrer Verwirrung setzen die Kinder ihre Empfindungen in Jammern, Nörgeln, Zerstörungswut und schließlich Masturbation um, um die Spannung abzubauen. (Mädchen masturbieren oft indirekt, indem sie ihre Oberschenkel zusammenpressen; dabei bekommen sie einen starren Blick und stehen ganz still da.)

Dreijährige können liebe- und rücksichtsvoll sein – und sich von einer Minute auf die andere in ein Ungeheuer verwandeln. Wenn sich Eltern zu sehr auf die guten Seiten ihres Kindes konzentrieren, werden sie bitter enttäuscht sein, und das Kind spürt das. Eltern sagen oft: „Ich hab' genug von dir!", weil sie von den ständigen unvorhersehbaren Stimmungsschwankungen des Kindes überfordert sind. Sie könnten jedoch mehr Toleranz entwickeln, wenn sie sich vergegenwärtigen, welches (Über-)Maß an Beherrschung es das Kind kostet, nichts anzustellen, wenn sie ihren Kleinen den Rücken kehren oder ihren Zorn hervorgerufen haben. Kinder erfinden oft Anstifter, PhantasiegefährtInnen, vielleicht ein Monstrum in ihrem Inneren, dem sie dann die Schuld am großen Durcheinander geben. Natürlich kann das Kind seine kriegerischen Impulse beherrschen – solange ihm sein Körper Ruhe läßt, und auch die Eltern. Ob ein liebes Kind brav bleibt, hängt sehr viel von der Gegenwart eines Elternteils ab; sobald das Kind allein ist, bleibt von der Liebenswürdigkeit nicht sehr viel übrig, und das Monster übernimmt wieder die Regie. Das ist für Kind und Eltern gleichermaßen verwirrend.

Wenn sich das Kind nach vollbrachter (Un-)Tat schuldig fühlt und Schelte bekommt, wird es wahrscheinlich niedergeschlagen und gedämpft sein, weil es spürt, daß ihm die elterliche Liebe entzogen wurde. Daher ist es viel sinnvoller, Missetaten zu verhindern, als die Kinder nach vollendeten Tatsachen zu bestrafen. Wenn das Kind z. B. im Restaurant sehr laut ist, muß man ihm beibringen, daß das nicht geht. Statt zu sagen: „Das ist das letzte Mal, daß wir dich in ein Restaurant mitnehmen!" (eine Drohung, die möglicherweise gar nicht durchführbar ist), sollte man das Kind nach draußen bringen, damit es sich dort beruhigen kann. Die Logik dahinter ist einfach. Es heißt nicht: „Wenn du laut bist, wirst du bestraft!", sondern: „Ich will nicht, daß du im Restaurant, wo sich auch andere Menschen aufhalten, so laut bist!" Auf diese Art lernen die Kinder Selbstbeherrschung und Rücksichtnahme, anstatt sich einfach gehenzulassen. Sie lernen, ihre Entscheidungen aufgrund realistischer Überlegungen zu treffen. Bei manchen Kindern folgt auf die Zeit der Unausgeglichenheit eine längere Phase der Beruhigung und Harmonisierung der Gefühle, während andere Kinder mehr zu Gefühlsausbrüchen einmal in das eine und einmal in das andere Extrem neigen. Das Losungswort dieser Zeit ist das „Noch einmal": was auch immer in vorangegangenen Entwicklungsphasen schiefgelaufen ist, es kommt während dieser Zeit noch einmal ganz unübersehbar an die Oberfläche. Dadurch erhalten Kinder, Eltern und ErzieherInnen noch einmal die Gelegenheit, konstruktiv aufzuarbeiten, was im Baby- und Kleinkindalter noch nicht bewältigt werden konnte.

Bewältigung der inneren Spannungen und der Unausgeglichenheit

Kinder reagieren recht verschieden auf die inneren Spannungszustände und auf die ungelösten Probleme, denen sie sich in der innergenitalen Phase gegenübersehen. Die Reaktionen umfassen Regression in unbewältigte Entwicklungsphasen, Interesse an der Vergangenheit, den Wissensdurst, endlich in Erfahrung zu bringen, wie die Welt funktioniert, und Fragen nach Leben und Tod.

Regressives Verhalten

Was auch immer in der Vergangenheit nicht stimmte, jetzt ist die Zeit gekommen, sich daran zu erinnern. Kinder durchleben ihre Erfahrungen noch einmal, indem sie „schlimm" sind und regressives Verhalten an den Tag legen, sei es in Spielen, Gesten oder Körperhaltungen. Sie nehmen auf einmal wieder Verhaltensweisen an, von denen wir geglaubt hatten, daß sie längst der Vergangenheit angehörten. Wenn z. B. ein zehn Monate altes Baby jemanden beißt, sprechen wir vom Zahnen und geben ihm etwas, worauf es beißen kann. Wenn eine Dreijährige eine Freundin beißt, ist das regressives Verhalten. Wir können ihr etwas anderes zum Beißen anbieten, aber das ist selten die Lösung des Problems. Die Art des Verhaltens verrät den einsichtigen Eltern, woher die Regression kommt.

Selten jedoch sind die Hinweise so eindeutig, und die Eltern müssen versuchen, sich an Erfahrungen zu erinnern, die das noch sehr kleine Kind gemacht hat. In unserem Zentrum war z. B. die dreijährige Susan, ein bis dahin sehr fröhliches, allseits beliebtes Kind. Eines Tages nahm sie ihre Puppe und warf sie in den Mülleimer. Ihre Eltern berichteten, daß sie das auch schon zu Hause getan habe, ja, daß sie ihre geliebte Puppe schon für die Müllabfuhr vor dem Haus bereitgelegt habe. Andere Dinge, die sie gerne mochte, wurden ebenfalls verstoßen und weggeworfen. Wir baten die Mutter, aus Susans jüngster Vergangenheit zu berichten, aber es gab nichts, was ihr seltsames Benehmen erklären hätte können. Wir fragten weiter nach früheren Kindheitserlebnissen und erfuhren, daß die Mutter arbeiten gehen mußte, als Susan elf Monate alt war; eine Tante, die bei der Familie lebte, paßte auf Susan auf. Das Baby wurde von der Brust auf die Flasche umgestellt und schien zufrieden, bis es mit 17 Monaten für längere Zeit von Durchfall geplagt wurde. In dieser Zeit begann Susan, nach ihrer Mutter zu fragen; kurz danach kündigte die Mutter an ihrem Arbeitsplatz und blieb zu Hause.

Man kann nicht einfach vorhersagen, daß alle diese Umstände Susan dazu führen würden, ihre Puppe wegzuwerfen. Jedes Kind reagiert anders, und Erwachsene ahnen nur selten, wie ein kleines Kind eine bestimmte Situation erlebt, die den Großen völlig normal erscheint. Mit all unserem Hintergrundwissen bleiben wir doch zum Raten verurteilt. Mir (JSK) fiel auf, daß mich Susan ganz finster anstarrte, als ob sie mich erschrecken wollte. Ihre Mutter hatte einen ruhigen Blick, und ich hatte sie nie ein böses Gesicht machen sehen. Ich fragte Susan, wer denn so eine finstere Miene mache? Kinder in ihrem

Alter können eine Frage nur dann beantworten, wenn man ihnen eine gewisse Auswahl vorgibt: „Mama? Papa? Großmutter?" Susan schüttelte den Kopf. Erst als ich sie nach der Tante fragte, nickte sie. An diesem Punkt griff die Mutter ein und sagte, daß die Tante immer sehr freundlich sei und nie ein böses Gesicht mache. Die Behauptung des Kindes (die Mutter wird ja wohl nicht angenommen haben, daß das Ganze meine Idee gewesen sei), die nette Tante sehe finster drein, war der Mutter so unangenehm, daß sie versuchte, Susan diese Ansicht auszureden und sie zum Widerruf zu überreden. Ich sprach mit der Mutter, daß es doch möglich sei, daß selbst ein im allgemeinen freundlicher Mensch wie die Tante gelegentlich verärgert sei. Auch Erwachsene machen schließlich manchmal ihren Gefühlen Luft. Susan solle doch sagen, was sie fühle; da griff sie nach der Puppe, die ich hielt, und schleuderte sie in den Abfall. Sie sagte mir, daß ich die Puppe nie mehr wiedersehen würde, weil sie nämlich von den Müllmännern mitgenommen werden würde. Sie hob ein Taschentuch vom Boden auf und warf es mit einem angewiderten Gesichtsausdruck ebenfalls in den Abfalleimer. Ich hatte den Einfall, daß die Tante vielleicht einmal ein Ding weggeworfen hatte, an dem Susan sehr viel gelegen war; etwas, das die Tante veranlaßt hatte, angeekelt und zornig dreinzusehen.

Ich fragte Susan. Sie nahm eine zweite Puppe und warf sie der ersten hinterher. Mit gespieltem Entsetzen kommentierte ich, wie schrecklich es sei, daß die Tante das Baby weggeworfen habe. Natürlich glaubte ich nicht einen Augenblick daran, daß die Tante Susan oder ihre Puppe in den Abfalleimer befördert habe, aber Susans Erinnerung schien sich an diesem Wegwerfen festzumachen. Susans Mutter entsann sich plötzlich, wie häufig das Baby unter Durchfall gelitten hatte und daß die vollen Windeln in einen Eimer geworfen wurden, der im Zimmer stand. Es fällt nicht schwer, sich die Tante vorzustellen, wie sie eine Windel nach der anderen wechselt und sie voller Abscheu (und Erschöpfung) in den Abfalleimer wirft. Beim Spielen sagte Susan später zu mir: „Alle deine Kinder kommen in den Müll, und du wirst sie nie mehr wiedersehen!" Auf ihre jetzige Situation übertragen, hieß das, sie hatte Angst, ihre Mutter würde wieder weggehen und die Tante würde Susan selbst (nicht nur ihre Windeln) in den Müllkübel werfen!

Die zwei Ereignisse (daß Mutter zur Arbeit weggegangen war und daß die Tante Susans „Produkte" so offensichtlich angeekelt weggeworfen hatte) vereinten sich für das Mädchen zur Angst vor dem Verlassenwerden. Susan spielte ihre Angst, indem sie die Puppen wegwarf. Sie machte mit ihnen genau das, wovon sie fürchtete, daß es ihr selbst zustoßen könnte.

Diese Reaktion ist weit verbreitet: Kinder, die Angst haben, daß ihnen jemand weh tun könnte, tun oft lieber anderen weh. Um mit unangenehmen Erinnerungen fertig zu werden, benützen Kinder in diesem Alter hauptsächlich diesen Mechanismus der Externalisierung. Sie spielen ihre Ängste durch, um nicht von Gefühlen und nicht zu befriedigenden Sehnsüchten überwältigt zu werden und um sich an das „Größerwerden" zu gewöhnen, an die neue Selbständigkeit. Viele Kinder arbeiten sich ganz allein durch solche Probleme durch. Dreijährige denken viel über die Vergangenheit nach; das hilft ihnen, ungelöste Themen von früher mit Hilfe ihrer jetzt entwickelten Einsicht in die Dinge des Lebens zu verarbeiten.

Der Blick zurück

Dreijährige machen sich Gedanken darüber, wer sie sind und wer sie einmal waren; dies drückt sich in einem starken Interesse daran aus, wie die Vergangenheit mit der Gegenwart zusammenhängt. Sie sehen sich nicht nur gerne Babys an, sie möchten auch wissen, wie sie selbst als Babys waren. Sie fragen viel und blättern interessiert in Fotoalben. Mit dreieinhalb Jahren fragte mich (JSK) meine Enkelin, wo sie gewesen sei, bevor sie in Mamas Bauch war. Sie war aufgeregt und beunruhigt, daß sie einmal nicht-existent gewesen sein könnte. Ich beruhigte sie und sagte ihr, sie sei in Mamas Eizelle gewesen. Sie war zunächst erleichtert, ging aber noch einen Schritt weiter und fragte, wo sie gewesen sei, bevor Mama auf der Welt gewesen war. Ich erklärte ihr, ihre Mama sei in meiner Eizelle gewesen, und daß es da auch etwas gegeben habe, aus dem einmal meine Enkelin werden sollte. Doch sie machte erst halt, als wir die ganze Galerie unserer Ahnfrauen durchhatten.

Eine Mutter in unserem Zentrum machte eine ähnliche Erfahrung mit ihrem Kind, und als sie nicht mehr weiterwußte, sagte sie schließlich, alle Menschen stammten von Adam und Eva ab. Kinder haben ihre Babyzeit nicht dadurch schon völlig überwunden, daß sie eine Vorstellung von Vergangenheit haben. Aber Eva und Adam sind sehr anschauliche Vertreter der Vergangenheit, so wie Großeltern oder andere Vorfahren.

Manchmal kann man Dreijährige beim Spielen Sätze sprechen hören, die sie vor langer Zeit gehört haben müssen, wie z. B.: „Ich halte das Weinen nicht mehr aus! Was willst du? Den Schnuller? Was? Mir reicht's!" Sie wiederholen die Sätze genau so, wie sie sie gehört haben, oder sie schmücken ihre Erinnerungen aus, fügen neue Wörter und Phrasen ein, die dem, was sie früher als satzähnliche Melodie vernommen haben, Sinn verleihen. So verbinden sie die Vergangenheit mit ihrer Gegenwart, und wenn sie „Mutter" spielen, greifen sie auch schon nach der Zukunft.

Inner-genitale Spannungen erzeugen Neugier

Die Beunruhigung, die von den Empfindungen in den inneren Geschlechtsorganen ausgeht, wird oft externalisiert als Neugier und Interesse an der Außenwelt. Kinder möchten vor allem über das Auftauchen und das Verschwinden von Dingen Bescheid wissen, wohin die Dinge gehen, wenn man sie nicht mehr sehen kann. Typische Fragen sind z. B.: „Wo ist das Licht, wenn man es abdreht?" oder: „Warum fährt der Zug?" oder: „Was geschieht mit den Leuten im Fernsehen, wenn der Apparat ausgeschaltet wird?" Die Eltern antworten, aber die Kinder werden nicht müde zu fragen. Wir sind stolz auf die intelligenten Fragen unserer Kinder, aber gleichzeitig überrascht, daß sie mit keiner Antwort zufriedenzustellen sind. Manchmal hängen uns die ewigen „Warum?"-Fragen schon zum Halse heraus, und man wundert sich, warum Kinder in diesem Alter so wissenschaftlichen Forschungsdrang an den Tag legen.

Möglicherweise fragen sie uns tatsächlich nach Dingen, die in ihrem Körperinneren vorgehen, ohne daß ihnen die Frage bewußt ist. Sie möchten wissen, wie die Innenwelt mit der Außenwelt, in der die Dinge sichtbar sind, zusammenhängt. Am besten beantworten wir diese Fagen in möglichst einfacher und anschaulicher Form. Schließlich landen sie bei der Frage, woher denn die Babys kommen – ein Endprodukt der inneren Spannungen. Für eine Weile geben sie sich auch mit einer dementsprechenden Antwort zufrieden.[4]

Abwesenheit und Tod

Wenn die inneren Empfindungen für eine Weile aufhören, erleben das manche Kinder als Verlust. Wir haben schon von dem dreijährigen Mädchen erzählt, das verzweifelt versucht hatte, einen bestimmten roten Farbton herzustellen. Später konnte sie ihn als die Farbe eines Stuhls identifizieren, den sie seit der Übersiedlung der Familie vermißte. Da mit diesem Kind analytisch gearbeitet wurde, fand man heraus, daß sein Kummer über den Verlust des Sessels mit dem Bedauern über den Verlust der Empfindungen im Körperinneren zusammenhing, ebenso wie mit dem Gefühl, die Mutter verloren zu haben, die weggegangen war, um ein neues Baby zu kriegen.
Interessanterweise beschäftigen sich Kinder in diesem Alter sehr oft mit dem Tod. Mütter fallen aus allen Wolken, wenn das Kind fragt: „Mama, wann stirbst du?" Diese Frage macht ihnen Angst, weil es den Erwachsenen nicht leichtfällt, über den Tod zu sprechen oder ihn zu akzeptieren. Die Mütter fühlen sich durch diese Frage bedroht, die sich aber aus dem unerklärlichen Aufhören der Empfindungen im Körperinneren der Kinder ergibt oder durch das Verschwinden eines lieben Menschen, z. B. des Kindermädchens oder der Großmutter. Kinder möchten wissen, was es bedeutet, wenn plötzlich etwas aufhört, sich zu bewegen: Ist das der Tod? Manche Eltern sagen, der Tod sei ähnlich wie der Schlaf, man bewegt sich nicht und sieht nichts. Solche Erklärungen sind nicht besonders klug, weil das Kind dann manchmal Angst bekommt, wenn es seine schlafenden Eltern sieht, oder sich fürchtet, selber schlafen zu gehen. Aus demselben Grund ist es nicht empfehlenswert, davon zu sprechen, daß auch „der Hund jetzt schlafen geht", wenn er eingeschläfert wird.

---

[4] Wir sagen den Kindern, daß es im Körper der Mutter einen ganz besonderen Platz gibt, wo die Babys wachsen können, bevor sie zur Welt kommen.

Wenn sich Kinder Gedanken über den Tod machen, haben sie meist Angst davor, ihre Mutter zu verlieren. Mutter ist der Motor, der das Leben vorwärtstreibt und spannend macht. Falls Mutter stirbt, erlischt auch alles übrige Leben in der Welt, und man selbst stirbt auch. Die Abwesenheit der Mutter schmerzt, ist ein Verlust. Die Abwesenheit der inneren Empfindungen ist zwar einerseits eine Erleichterung, andererseits aber auch ein schmerzlicher Verlust. Jetzt ist die innere Spannung nicht mehr fühlbar, und das ist für das Kind beunruhigend. In dieser Zeit beklagen sich die Kinder manchmal über Langeweile. Sie meinen damit: Es gibt nichts, nichts zum Spielen, niemanden, mit dem sie zusammensein könnten, da ist nur Leere, Tod.

In der Absicht, Kindern zu mehr Klarheit zu verhelfen, indem wir sie zum Nachdenken anregen, verfaßten wir ein Bilderbuch zu „Großmutters Tod". Verschiedene Ansichten zum Thema Tod wurden darin vorgestellt: „Einige Leute glauben daran, daß man in den Himmel kommt oder zu Gott, wenn man stirbt." „Andere Leute glauben, daß man sich in ein anderes Lebewesen verwandelt." „Manche Leute glauben, tote Menschen leben nur in unserer Erinnerung weiter." Ein Kind sagte: „Wenn Menschen sterben, gehen sie so weit weg, daß man sie nicht mehr sehen kann." Wir ermuntern Eltern dazu, sachlich über den Tod zu sprechen, wenn ein Sterbefall vorkommt, und ihn nicht vor den Kindern zu verbergen. Es ist viel leichter, wenn man mit der Tatsache des Todes aufwächst und sich daran gewöhnen kann, als sich eines Tages völlig unvermittelt damit konfrontiert zu sehen. Stirbt ein Haustier, sollte man es betrauern und begraben und nicht sofort durch ein anderes Tier ersetzen. Kinder wollen wissen, wohin die Toten kommen, daher sollte man sie nicht einfach wortlos verschwinden lassen. Ein Friedhofsbesuch hilft ihnen, sich einen Platz für die Toten vorzustellen, was ihnen die Angst davor nimmt, daß Personen unter mysteriösen Umständen einfach verschwinden.

Hilfen zur Wiedererlangung des inneren Gleichgewichts

Wie gut Kinder Vergangenes in ihre Gegenwart einfügen und einarbeiten können, hängt großteils vom Innenleben des Kindes, aber auch von äußeren Ereignissen ab. Krankheiten, Erkältungen, Blutandrang in entzundenen Genitalien, Hautausschläge, Durchfall, all das kann das gerade begonnene Zeitalter der Ausgeglichenheit und der Vernunft gehörig durcheinanderbringen. Einen ähnlichen Effekt kann die zeitweilige Abwesenheit der Mutter haben. Kinder, die mit einem Erlebnis nicht allein fertig werden können, geben ein Signal, indem sie in regressives Verhalten flüchten, sich z. B. an die Mutter anklammern und sich weigern, sie gehen zu lassen. Die Botschaft ist eindeutig: sie brauchen Hilfe – wobei sie oft nicht wissen, warum sie so aufgewühlt sind, und keine Ahnung haben, wie sie mit ihren Gefühlen umgehen sollen. Was sie sagen und wie sie sich benehmen, gibt uns jedoch die Chance, ihnen bei der Durcharbeitung ihrer Ängste zu helfen.

Mütter und Väter sehen sich dabei oft zwei Problemen gleichzeitig gegenüber: Sie sind sich einerseits nicht sicher, in welcher Beziehung zu früheren Erfahrungen die anfallenden Schwierigkeiten stehen, zum anderen zweifeln sie manchmal an den Erklärungen, die wir ihnen im Zentrum anbieten.

Um die Brücke zur Vergangenheit zu schlagen, bedarf es einer guten Erinnerung an die früheren Erlebnisse des Kindes und auch einer gewissen Einsicht in die kindliche Entwicklung. Es ist wie Detektivarbeit: Man versucht, Informationen zu sammeln und dann die Einzelheiten zu einem Ganzen zusammenzufügen. Vorsicht ist geboten, um nicht durch vorgefaßte Meinungen zu vorschnellen Schlüssen zu kommen. Eine junge Lehrerin sagte z. B. zu einem Kind, das sich vor Hunden fürchtete: „Keine Angst, der Wauwau beißt nicht!" Das Mädchen schaute verwundert: das war nicht ihr Problem. Sie war mit einem äußerst gutmütigen Hund aufgewachsen, daher war ihr nie der Gedanke gekommen, das Tier könnte sie beißen. Sie hatte eher Angst, daß sie dem Hund weh tun könnte, wenn sie z. B. auf ihm ritt, seine Schnauze streichelte oder an seinem Schwanz zog. Wir müssen also in allererster Linie dem Kind gut zuhören, es beobachten und mit ihm gemeinsam nachdenken.

Vielleicht verstehen wir nicht auf Anhieb, wie die Mitteilung des Kindes lautet, aber wir müssen uns vor Augen halten, daß jedes Verhalten des Kindes ein Ausdruck seiner selbst ist und deshalb ernst genommen werden muß. Es genügt nicht, die Sache mit der Bemerkung abzutun: „Sie/er ist unter Streß." Wir wollen schlechtes Benehmen nicht durchgehen lassen oder entschuldigen. Wir wollen wissen, warum sich ein Kind auf eine bestimmte Weise verhält, damit dieses Benehmen nicht in der nächsten Streßsituation wieder auftaucht.

Ein Beispiel aus unserem Zentrum kann dies veranschaulichen. Es war gerade Musikstunde, und die Kinder marschierten mit ihren Instrumenten umher. Drei Kinder versteckten dabei die Instrumente unter ihren Kleidern. Alle drei schienen dasselbe zu tun, es war jedoch klar, daß Mary die beiden anderen angestiftet hatte. Sie versteckte ihre Flöte unter ihrem Rock, und diese stand bald unübersehbar zwischen ihren Oberschenkeln hervor. Die anderen zwei Mädchen verbargen ihre Instrumente in ihren Kleidern, ein Junge ahmte sie nach und steckte sein Instrument in sein Hemd. Später erklärten die Kinder einer Mitarbeiterin, daß sie Babys drinnen hätten. Es stellte sich heraus, daß alle drei Kinder jüngere Geschwister hatten. Flöten jedoch eignen sich von ihrer Form her nicht besonders gut als symbolische Babys, und die Frage war, warum Mary eine Flöte gewählt hatte, wo doch so viele runde Rasseln zur Verfügung gestanden hätten. Darüber hinaus unterschied sich ihr Umgang mit der Flöte ganz wesentlich vom Verhalten der anderen Kinder.

Mary war dreieinhalb und hatte eine kleine Schwester. Sie hatte mit Gleichgültigkeit auf Mutters Entzücken über das neue Baby reagiert. Sie erzählte uns sogar, daß sie allein ins Zentrum gekommen sei und Mutter und das Baby zu Hause gelassen habe. Doch war sie nun nicht mehr das Mädchen mit dem angenehmen Benehmen, das wir gekannt hatten, sondern war schwierig im Umgang geworden, stiftete allerhand Hänseleien unter den Kindern an, sprang unruhig hin und her: Aus der eleganten Tänzerin war ein Hampelmann geworden. Sie hatte sich in einen „schlimmen Buben" verwandelt, um so ihre Mutter dafür zu bestrafen, daß sie sich die meiste Zeit um das Baby kümmerte.

Wir fragten uns, ob sich Mary von ihrer treulosen Mutter abgewandt und sich mit ihrem Vater identifiziert haben könnte, indem sie sich in ihrer Phantasie einen Penis – wie den seinen – aneignete und damit die beunruhigende Tatsache zu bannen suchte, daß sie selbst kein Baby hatte. Trotzdem sehnte sie sich nach einem Baby und bezeichnete die Flöte als solches, obwohl sie das Instrument wie ein Phallussymbol verwendete. War das ihre eigene Interpretation, oder ordnete sie sich den anderen beiden Mädchen unter, deren Bedürfnis, wie ihre Mütter ein Baby im Bauch zu haben, die Oberhand gewonnen hatte? Marys Art, sich zu bewegen, und ihr ungehobeltes Benehmen schienen anzudeuten, daß sie lange vor Erreichen des vierten Lebensjahres in die phallische Phase eingetreten war.

Vielleicht fällt es auf, daß wir unsere Deutungsversuche als Fragen formuliert haben. Zum einen kann man Marys Verhalten nicht schon nach wenigen Tagen Beobachtung schlüssig interpretieren; zum anderen muß man herausfinden, warum sie anders als die anderen Kinder reagierte, die ja auch alle jüngere Geschwister hatten. Wir sprachen mit den Eltern und beobachteten Mary weiterhin. Wir wollten herausfinden, ob Mary vorübergehend „aus dem Tritt" geraten oder ob sie, früher als üblich, in eine neue Entwicklungsphase eingetreten war. Wir zogen in diesem Fall den Schluß, daß Mary ihre Mutter mehr brauchte, als sie sich anmerken lassen konnte. Sie brauchte sie, fand aber keine Form, um sich mehr Zuwendung zu verschaffen, daher versuchte sie es ihrem Vater gleichzutun. Wir baten die Mutter, während Marys Aufenthalt im Zentrum bei ihr zu bleiben. Wir schlugen ihr vor, mehr Zeit mit Mary zu verbringen, vielleicht sogar ganz besondere Zeiten zu finden, die sie zu zweit verbringen würden, ohne das Baby.

Manche Eltern wehren sich gegen die Fragen, die wir im Zentrum stellen. Warum, so sagen sie, sollten Kinder Angst bekommen, verlorenzugehen, wenn sie sehen, wie ihre Windeln in den Abfalleimer oder in die Toilette geworfen werden? Warum muß eine Flöte, die vom Bauch des Kindes wegsteht, unbedingt ein Phallussymbol sein? Die Antwort lautet: Es muß keineswegs so sein, aber es kann so sein. Wenn man den Kindern aufmerksam zuhört und das, was sie sagen, nicht als Unsinn abtut, wenn man ihre Zeichnungen betrachtet und ihren Spielen zusieht, erfährt man eine ganze Menge über ihre Denkweise.

Wir würden so gerne glauben, die Gedanken unserer Kinder seien einfach und unschuldig. Doch in der Erinnerung an unsere eigene Kindheit finden wir die Angst vor der Dunkelheit und vor den Monstern, vielleicht auch die Angst, mit dem Badewasser im Abfluß zu verschwinden; aber wir erinnern uns nicht mehr daran, warum wir uns vor Gespenstern gefürchtet haben, warum wir ein Baby wollten oder ängstlich besorgt waren, nur ja nicht die Hose vollzumachen. Diese Art des Denkens gehört wie unsere Kindheit der Vergangenheit an und ist von erwachsener Vernunft übertüncht. Wir sind uns kaum unserer seltsamen Gedanken bewußt, weil diese nur in unseren Träumen an die Oberfläche kommen, die wir am Morgen beim Aufwachen schon wieder vergessen haben. Wenn Sie sich mit der Entwicklung Ihrer Kinder beschäftigen und ihnen gut und aufmerksam zuhören, können Sie die geheimnisvolle Welt ihrer Gedanken erahnen. Dann werden Sie zu „Profi-Eltern".

Zeit für den Kindergarten

In der Zeit, in der Kinder aus dem Babyalter herauswachsen und sich doch danach zurücksehnen, wenn sie also gerade versuchen, mit der Integration von Vergangenheit, Gegenwart und Zukunft zurechtzukommen, werden sie oft in den Kindergarten geschickt. Viele Kinder kommen mit der Trennung von den Eltern gut zu Rande. Sie spielen gerne mit Gleichaltrigen und wissen, daß Mutter in einigen Stunden wiederkommt. Einige Kinder jedoch schaffen es nicht, sich allein einen Weg durch ihre Probleme zu bahnen. Sie werden still und niedergeschlagen oder zeigen andere Anzeichen, daß sie die Mutter eigentlich noch brauchen. Vor allem brauchen sie eine Person, die ihre Mitteilungen versteht.
Die ErzieherInnen im Kindergarten verfügen meist nicht über ausreichend Information, um dem Kind zu helfen. Ein Junge erzählte z. B., daß er sich am Tag zuvor im Zirkus gefürchtet habe. Der Clown habe ihm Angst gemacht. Die Erzieherin erwähnte diesen Vorfall ganz nebenbei in einer Besprechung, und die Mutter reagierte mit Verwunderung: Der Besuch im Zirkus hatte vor einem Jahr stattgefunden! Sie vermutete, daß irgend etwas ihrem Sohn Angst machte, aber daß er es nicht erklären konnte; statt dessen rief es die Erinnerung an eine angstvolle Erfahrung in der Vergangenheit wach. Die Wahrscheinlichkeit war groß, daß ihn etwas im Kindergarten verschüchterte, ähnlich wie es damals im Zirkus geschehen war. Die-

se Interpretation wurde untermauert durch Berichte aus dem Kindergarten, wonach einer der Jungen ständig den Kasperl spielte und die anderen damit störte. Wir rieten der Mutter, sich in den Gruppenraum zu setzen, bis das Kind besser eingewöhnt sein würde, womit sie ihm helfen könne, vergangene und gegenwärtige Ängste in Zusammenhang zu bringen. Die Mutter könnte z. B. sagen, daß der kleine wilde Junge sich so aufführe wie der Clown damals im Zirkus. Vielleicht war diese Angstvorstellung ganz leicht aufzulösen; vielleicht gab es aber noch ganz andere Sachen im Kindergarten, die dem Jungen Angst einflößten und bei deren Bewältigung die Mutter helfen konnte.

Es ist wichtig, den Kindergarten sorgfältig auszuwählen. Dabei sollte man nicht nur beachten, daß das Angebot Musik enthält, ebenso Tanz oder freie Bewegung, daß es einen Spielplatz gibt etc. Man sollte auch berücksichtigen, inwieweit die Institution auf individuelle Bedürfnisse der Kinder eingeht. Einige Kindergärten erlauben den Müttern, während der ersten Woche in einem Nebenraum zu sitzen, um so die Trennung für die Kinder nicht allzu abrupt werden zu lassen. Manche kooperativ arbeitenden Kindergärten erlauben (oder erwarten sogar), daß sich Eltern regelmäßig am Betrieb beteiligen, z. B. einmal im Monat. Die Kinder freuen sich auf diesen Tag, an dem Mutter oder Vater mitkommt. Die Eltern haben so auch Gelegenheit, Einblick in das Geschehen zu gewinnen. Selbst die besten ErzieherInnen übersehen manchmal, daß ein Kind niedergeschlagen ist oder Probleme hat.

Als meine (JKA) Tochter in den Kindergarten kam, bat ich um Erlaubnis, einige Tage lang hinten im Gruppenraum sitzen zu dürfen, wie es sich meine Tochter gewünscht hatte („Mama, laß mich nicht allein!"). Alle anderen Mütter gingen hinaus, und ich spürte die Mißbilligung im Blick der Erzieherin. Meine Tochter beachtete mich gar nicht, und die Lehrerin meinte, das Trennungsproblem hätte wohl eher ich. Ich vereinbarte mit meiner Tochter, daß sie mir sagen würde, wann ich gehen könne. Meine Idee war, daß sie Zutrauen zum Kindergarten fassen würde, wenn sie den Zeitpunkt ihrer Unabhängigkeit selbst bestimmen könne. In der Zwischenzeit beobachtete ich auch die anderen Kinder. Ein kleines Mädchen weinte jeden Tag jämmerlich, wenn seine Mutter hinausging, war dann sehr still und stand meist in meiner Nähe. Am dritten Tag sagte ich „Hallo!" zu ihr, und von da an bezog sie sich mehr auf mich als auf ihre Erzieherin. Ich versuchte, sie davon abzubringen, aber sie suchte offenkundig nach einer Ersatzmutter. Am fünften Tag erlaubte mir meine Tochter, nach Hause zu gehen, das andere Mädchen jedoch weinte und bat mich zu bleiben. Ich telefonierte mit der Mutter, die ganz überrascht war, daß ihre Tochter im Kindergarten so unglücklich war. Sie hatte angenommen, daß das Mädchen seinen Kummer über die Trennung von der Mutter vergessen würde, sobald die Türe des Gruppenraums sich hinter ihr schloß.

Kaum eines der Kinder, die die Trennung von den Eltern noch nicht verkraften können, setzt sich hin und weint. Einige behalten ihre Gefühle für sich und werden ganz ruhig, einige werden aggressiv gegenüber den anderen. Den Kindern ist mit einer Bestrafung nicht geholfen. Man muß vielmehr die Herkunft ihres gefühlsmäßigen Notstands herausfinden, damit man so das auffällige Verhalten aus dem Weg räumen kann.

Zusammenfassung

Die inner-genitale Phase ist eine lange Zeit, in der die Kinder die Probleme aus der Vergangenheit lösen müssen. Alles erhält „noch einmal" eine Chance. Am Anfang dieses Stadiums ist das Kind verwirrt: Es sieht sich dem Übergang vom Baby zum größeren Kind ausgesetzt und muß irgendwie mit den geheimnisvollen Empfindungen im Inneren des Körpers fertigwerden. Die Kinder zeigen großes Interesse an ihrem Körper und stellen sich vor, sie hätten ein Baby im Bauch. Sie sind auch sonst äußerst neugierig, was zu den berühmten endlosen „Warum"-Fragen führt. Einfache Antworten befriedigen sie nicht. Als Reaktion auf ihre allgemeine Verwirrung beginnen sie, ihre Vergangenheit zu erforschen, die sie manchmal wiederaufleben lassen, indem sie regressives Verhalten an den Tag legen.

Die Kinder geben uns mit dem, was sie sagen und tun, zahlreiche Hinweise darauf, welche Unsicherheiten sie durchstehen müssen. In dieser Zeit sollten Eltern bereit stehen, im Bedarfsfall ihren Kinder zu Hilfe zu kommen.

Im nächsten Kapitel wollen wir Beispiele für solche ungelösten Probleme beschreiben. Wir wollen zeigen, welche Auswirkungen sie auf spätere Entwicklungsphasen haben können, und wir werden Vorschläge machen, wie Eltern ihren Kindern in der inner-genitalen Phase helfen können, die Vergangenheit in die Gegenwart zu integrieren und dem Babyalter zu entwachsen.

DIE GRENZEN SPRENGEN, DEN HIMMEL STÜRMEN – UND WIEDER AUF DER ERDE LANDEN

Im Alter von dreieinhalb bis vier Jahren zeigen Kinder meist Anzeichen dafür, daß sie in ein neues Entwicklungsstadium eintreten. Zu ihrer nachdenklichen Haltung, mit der sie dem (inneren) Wesen der Dinge auf den Grund gegangen sind, kommen nun äußerst lebhafte und vehemente Impulse, den äußeren Raum zu erobern.

Gesell nennt die Vierjährigen „ausufernd": alles wächst, dehnt sich aus, sprengt die Grenzen. Kinder in diesem Alter sind einfach überall, alles wird erforscht und untersucht, auch wenn das gelegentlich bedeutet, das Objekt der Neugierde zu zerstören.

Erinnern Sie sich noch an das Krabbelkind, vor dem nichts in seiner Umgebung Befindliches sicher war? Denselben Forschungsdrang haben auch die Vierjährigen, nur mit dem Unterschied, daß sie außerdem schon bereit sind, in den Raum hineinzuspringen, die sicheren Grenzen von Haus und Garten zu verlassen und die ganze Welt in Besitz zu nehmen.

Diese Haltung gegenüber dem Leben durchdringt einfach alles. Vierjährige sind Eindringlinge, nicht nur, weil sie so neugierig sind, sondern vor allem, weil sie mit der Kraft zu kämpfen haben, die sie von innen her antreibt.

Gegen Ende der inner-genitalen Phase treten die Kinder – vor allem Jungen – aus ihrer engen Identifikation mit der Mutter heraus; sie wünschen sich nicht länger ein Baby und betrachten ihr Körperinneres nicht mehr als babyhaft oder weiblich. Dafür identifizieren sie sich jetzt mit dem Vater und wenden sich der äußeren Welt zu. Ihre Energien und ihr Verhalten in dieser Phase sind nach außen gerichtet; es überwiegt das Interesse an äußeren Aspekten ihres Körpers, und dieses Interesse wird generell auf die äußere Welt übertragen. In diesem Alter beschäftigen sich die Kinder ausführlich mit den äußeren Geschlechtsorganen, weshalb Freud diese Zeit als „phallische" Phase bezeichnet hat.

Die frühe phallische Phase: die narzißtische Periode

Die narzißtische Periode steht am Anfang der phallischen Phase, weil die Kinder mit ca. vier Jahren von plötzlich aufwallender und wieder abfallender geschlechtlicher Erregung erfaßt werden. Narzißtisch deshalb, weil sie so völlig von ihrem eigenen Körper und ihren neuen Fähigkeiten fasziniert sind. Sie springen in die Höhe, um sich größer zu machen, und landen weich in den Knien, nur um sofort wieder hinaufzuschießen. Sie fühlen ihren Körper als einheitliches Ganzes und werfen sich mit Lust auf Menschen oder Dinge. Der Rhythmus ihrer Bewegungen spiegelt das An- und Abschwellen ihrer Erregung. Ganz allgemein gilt: Während die inner-genitale Phase mehr die weiblichen Qualitäten betonte und auch mehr die Mädchen betraf, stellt die phallische Phase die männlichen Qualitäten in den Vordergrund und betrifft die Jungen stärker als die Mädchen.

Hormonelle Veränderungen in der phallischen Phase

Einige Forschungsprojekte haben sich mit dem Muster der hormonellen Entwicklung beschäftigt, das die verschiedenen Verhaltensweisen eines Kindes in jeder Phase einsichtig macht. Von früher Kindheit an steigt bei Jungen der Spiegel der Androgene (= der männlichen Hormone), so daß Jungen stetig immer männlicher werden. Diese beständig fortschreitende Entwicklung wird nur einmal, im Alter von drei Jahren, unterbrochen, wenn auch für Jungen die inner-genitale Phase beginnt. In dieser Zeit identifizieren sie sich mehr mit ihrer Mutter und zeigen ein gewisses Maß an Weiblichkeit. Bei den Mädchen ist der Androgen-Spiegel niedriger, bis er plötzlich – mit etwa vier Jahren – dramatisch ansteigt, also zum Zeitpunkt des Einsetzens der phallischen Phase. Im Alter von fünf Jahren sinkt der Androgen-Gehalt sowohl bei den Mädchen als auch bei den Jungen allmählich ab. Dementsprechend ist ihr Betragen mit vier aktiv und erregt, während Fünf- bis Sechsjährige friedfertiger und differenzierter sind, wie wir später sehen werden.

In der frühen phallischen Phase sind die Kinder einfach überwältigt von der Freude an ihrem eigenen Körper und dem, was sie alles damit machen können. Besonders Jungen unterliegen diesem Narzißmus. Diese Vierjährigen sind davon überzeugt, die Größten zu sein, die mächtigsten Lebewesen auf dieser Welt, und natürlich können sie fliegen wie Superman. Ihr Realitätssinn ist getrübt von ihren Großartigkeitsphantasien und ihrer ungezügelten Vorstellungskraft, gepaart mit absoluter Furchtlosigkeit. Ohne auch nur einen Augenblick lang zu zögern, stürzen sie sich mit ihrem ganzen Körper in neue Aufgaben. Ein vierjähriger Baseball-Spieler fuchtelt wild mit dem Schläger durch die Luft. Sein Körper ist mit soviel Aufregung geladen, daß ein kontrollierter Schwung unmöglich ist. Der Junge ist in sich selbst und in den Schläger verliebt, er fühlt sich groß und stark, und sein Körper widmet sich uneingeschränkt der Aufgabe, den Ball zu treffen.

Da sie so sehr von ihren Körperkräften eingenommen sind, neigen Vierjährige auch zum Herumkommandieren. Diese Chef-Attitüde ist anders als die der Zweijährigen. Die Kleinen wollen in Selbständigkeit alles nach ihrem Willen machen. Vierjährige dagegen wollen Anführer sein, die Welt regieren. Sie wissen alles besser und geben sehr klare und eindeutige Befehle, denen man sich manchmal nicht entziehen kann. Die weniger Herrschsüchtigen in einer Gruppe werden zur Gefolgschaft. Doch auch sie möchten einflußreich sein, und ihre Macht gründet sich darauf, daß sie Mitglieder einer Bande sind und sich in der Gruppe stark fühlen können. Spielkameraden gewinnen an Bedeutung. Das Kind, früher scheu und anhänglich, von dem die Mutter geglaubt hat, es werde sich nie von ihr trennen und in den Kindergarten gehen können, dieses Kind winkt jetzt lässig zum Abschied und läuft davon, um mit den anderen Kindern zusammenzusein.

Mädchen und Jungen im Vergleich

Jungen können in sehr hohe Errregungszustände geraten. Sie laufen z. B. mit voller Wucht gegen einen Spielgefährten, und es ist schwer zu sagen, ob sie das mit Absicht tun, um dem anderen Kind weh zu tun, oder ob es ein unglücklicher Zufall war, ausgelöst durch die überwältigende phallische Erregung. Die Jungen spüren, wie ihr Penis und ihre Hoden wachsen, und sind fasziniert davon, Gegenstände hin- und herzubewegen. Das gilt für Ballspiele gleichermaßen wie für Modellflugzeuge oder Autos. Sie erliegen dem Zauber der Bewegung, der Geschwindigkeit und der Faszination von Maschinen.

Aus dem Namen dieser Phase könnte man schließen, daß Mädchen gar nichts damit zu tun haben. Aber auch sie spüren die Unruhe in ihren äußeren Geschlechtsorganen, deren Hauptimpuls von der Klitoris kommt, die manchmal „der kleine Penis" genannt wird. Insgesamt erreicht das Ausmaß der Erregung bei den Mädchen nicht das der Jungen, und ihr Benehmen und ihre Bewegungen sind etwas gedämpfter. Mädchen orientieren sich mehr auf die Sprache hin als auf die Motorik (bei den Jungen ist es umgekehrt). Aber auch sie werden aufdringlich, stecken ihre Nase überall hinein und stellen unzählige Fragen.

Viele dieser Fragen drehen sich um Sex. Wie wir zuvor schon beschrieben haben, interessieren sich die Kinder während der innergenitalen Phase für das, was innen geschieht: wie das Baby in Mutters Bauch wächst, wie der Mechanismus im Inneren eines Gegenstands funktioniert etc. In der phallischen Phase richtet sich das Interesse mehr auf den äußeren Ablauf der Dinge: wie kommt Papas Samen in Mamas Bauch, wie kann ein Flugzeug oder ein Vogel fliegen etc. Nur selten jedoch stellen die Kinder direkte Fragen über Sex. Sie haben gelernt, daß sie keine „schmutzigen" Wörter benützen sollen und daß Erwachsenen das Thema Sex unangenehm ist. Die Kinder nehmen solche Einstellungen sehr wohl wahr und gehen zu indirekterer Fragestellung über. Viele ihrer Fragen kann man in ihren Phantasiespielen finden, in ihren Zeichnungen, und indem man zwischen den Zeilen liest. Während Dreijährige z. B. Kreise mit winzigen Kritzeleien darinnen zeichneten, die Mutters Bauch samt Baby darstellten, malen Vierjährige phallusähnliche Formen.

Die Anspannung und die Erregung dieser Phase erhalten ein gesundes Ventil im Kichern, in Ringkämpfen und in anderen sportlichen Betätigungen. Jungen bestehen leidenschaftliche Phantasiekämpfe mit (imaginärem) Speer oder Gewehr. Sie greifen Monster aus dem Weltraum an, scheuchen die Mädchen auf und geben vor, wie eine

Rakete die Schwerkraft überwinden zu können. Mädchen versuchen bei diesen Spielen mitzumachen, indem sie die Jungen provozieren, ihnen nachzulaufen. Sie genießen den Abbau physischer Spannung durch das Hüpfen und Laufen. Häufig werden Mädchen angeleitet, eher in einen Tanzkurs oder zur Gymnastikstunde zu gehen, als einen Mannschaftssport zu betreiben. Alle Kinder brauchen einen geregelten Rahmen, um ihre Energie beieinanderhalten zu können, aber man sollte ihnen nicht zu viele Beschränkungen auferlegen, damit immer noch genügend Spielraum bleibt, in dem sie ihrer Erregung Luft machen können.

Die Rolle der Genitalien in der phallischen Phase

Die Entwicklung der Sexualität *vor* der phallischen Phase

Ein neugeborenes Kind kommt normalerweise mit angeschwollenen Genitalien zur Welt, verursacht durch die mütterlichen Hormone, die sich noch immer in seinem Blut befinden. Langsam gehen die Schwellungen zurück. Wenn der kleine Junge vier bis sechs Wochen alt ist, verwandelt sich sein Hodensack aus einer runzeligen Hautfalte in eine straffe Hülle für die Hoden. Die roten, vergrößerten Schamlippen des Mädchens ändern sich ebenfalls und werden nach ein paar Monaten blasser und kleiner.
Babys zeigen kein besonderes Interesse an ihren Genitalien, obwohl sie natürlich sensibilisiert werden, wenn Mutter sie sauberwischt oder sie mit einer Hand zwischen den Beinen hält. Jedweder Teil des Körpers wird durch eine Berührung für das Kind interessant, aber die sinnliche Erfahrung durch die Berührung der Genitalien ist intensiver als alles andere.
Sobald ein Junge sitzen kann, hat er auch seine Genitalien entdeckt. Er wird beim Wickeln danach greifen und sie ansehen, wenn er sitzt. Ein Mädchen sieht ihre Genitalien viel später, weil sie vom Bauch verdeckt werden. Kinder wollen ihre Genitalien angreifen. Ein kleiner Junge, der gerade abgestillt wird (oder wurde), wird manchmal nach der mütterlichen Brust greifen und dann mit einer ähnlichen Geste nach seinem Penis fassen. Diese Verwirrung hat man auch bei

Welpen oder Fohlen beobachtet, die versucht haben, bei einem männlichen erwachsenen Tier (Rüden oder Hengst) zu trinken, weil sie den Penis mit der Saugwarze verwechselt haben – ein Schock für das ausgewachsene Tier.

Kleinkinder entdecken den Unterschied zwischen den Geschlechtern

Im Alter von ca. eineinhalb Jahren zeigen manche Kinder voller Interesse auf die Genitalien eines anderen. Eltern sollen sich vor Augen halten, daß das Kleinkind nicht an den Geschlechtsteilen an sich interessiert ist, sondern ganz allgemein neugierig ist, wie sein Körper aussieht und was bei anderen Leuten anders ist. Wie die Kinder den Unterschied zwischen den Geschlechtern verstehen, hängt weitgehend von den elterlichen Reaktionen ab.

Mädchen

Manche Eltern passen gewissenhaft darauf auf, daß ihr kleines Mädchen nur ja keinen Penis sieht oder gar anfaßt, vermutlich, weil sie Angst um die „Unschuld" ihrer Tochter haben. Eine Mutter sagte z. B.: „Greif da nicht hin! Das gehört nicht dir! Der kleine Junge darf mit seinem Penis spielen, du nicht!" Solche Kommentare sind dazu geeignet, daß sich ein Mädchen benachteiligt fühlt, besonders dann, wenn das Kind noch sehr besitzergreifend ist, weil es den Verlust der Brust oder der Flasche noch nicht verwunden hat. Und dann gibt es schon wieder etwas, das es nicht haben darf! Das Mädchen würde sich sicherer fühlen, wenn man ihm erklären würde, daß Jungen einen Penis sowie Hoden und andere innere Organe haben (es ist schon kurios, daß noch nie davon die Rede war, daß Mädchen die Jungen auch um ihre Hoden beneiden könnten) und daß ein Mädchen eine Vulva hat und andere Organe im Inneren des Körpers. Allzu oft erklärt man den Mädchen, daß sie eben keinen Penis haben. Sie sehen an sich hinunter, und der vorläufige Befund lautet, daß da unten rein gar nichts ist; und so befürchten sie, ihnen sei der Penis abgeschnitten worden. Man kann ihnen jedoch sagen, daß auch sie da unten etwas haben, wie Mutter und andere Mädchen und Frauen auch.

Mädchen masturbieren, indem sie ihre Genitalien reiben oder ihre Oberschenkel zusammenpressen. Sie tun das in der Hoffnung, doch noch irgendwo einen versteckten Penis zu finden. Der Masturbation geht oft ein Gefühl der Benachteiligung voraus: Entweder fühlt sich das Mädchen um orale Befriedigungen betrogen („Ich habe nie genug bekommen!"), oder es empfindet es als Diebstahl, wenn die Mutter den Kot beseitigt, der mit einem Penis gleichgesetzt wird. Falls diese Vorstellung über eine längere Zeit hinweg anhält, kann das Sauberwerden sehr schwierig sein. Die Eltern können helfen, indem sie dem Kind in einer Zeichnung oder an einer Puppe zeigen, daß der Darminhalt hinten herauskommt, während der Urin vorne herausfließt.

Mädchen kratzen sich oft wie verrückt bei einem juckenden Hautausschlag oder einer Pilzinfektion im Genitalbereich, und nicht selten kommt es vor, daß Mädchen unter zwei Jahren, deren Schamlippen die Genitalien nicht vollständig abdecken, sich infolge einer solchen – leicht zu erwerbenden – Pilzinfektion blutig kratzen. Ein warmes Bad mit Maisstärke hilft in diesem Fall, die entzundenen Schleimhäute zu beruhigen. Sollte das Problem länger als einen Tag andauern, muß ein Arzt aufgesucht werden.

Jungen

Wenn kleine Jungen ein nacktes Mädchen sehen, sind sie überrascht, daß ihr Gegenüber nicht ebenfalls einen Penis hat wie sie selbst. Sie nehmen einfach an, daß alle Menschen wie sie selbst aussehen. Auch kleine Jungen folgern daraus rasch, daß den Mädchen der Penis abgeschnitten wurde. Sie schließen daraus aber auch, daß es ihnen ähnlich ergehen könnte, und sind verwirrt, wenn sie erfahren, daß ihre Mutter keinen Penis hat. Oft bestehen sie darauf: „Doch, du hast einen!"

PsychoanalytikerInnen haben immer gehofft, daß sich die Kastrationsängste in nichts auflösen würden, sobald Eltern nicht mehr sagen: „Wenn du weiterhin so fest an deinem Penis ziehst, wird er abreißen!" oder: „Sei jetzt brav, sonst schneide ich deinen Penis ab!" Doch weit gefehlt. Manchmal reiben die Jungen an ihrem Penis, um ihn größer zu machen, weil sie Angst haben, er könnte kleiner und kleiner werden und schließlich ganz verschwinden, wie es bei den Mädchen gewesen sein muß. Der Anblick nackter Mädchen scheint ihre Theorie zu bestätigen, und daher ist es besser, den Kindern schon sehr bald den Unterschied zwischen den Geschlechtern zu erklären, als damit zu warten, bis sie älter sind und noch viel mehr Ängste in dieser Richtung aufgebaut haben. Eltern können z. B. sagen, daß Jungen und Mädchen verschieden sind: Jungen werden Väter, wenn sie einmal groß sind, sie haben einen Penis. Mädchen werden Mütter, sie haben eine Vulva. Man kann ihnen auch erklären, daß ein Penis manchmal groß und steif ist und manchmal klein und weich, so ist das eben.

Andere ansehen und anfassen

Sehr kleine Kinder erschrecken, wenn sie Erwachsene nackt sehen oder sie zur Toilette begleiten. Allein die Größe der Genitalien erfüllt sie mit Schaudern; es ist daher besser, wenn sich die Eltern nicht entblößen.
Kinder sehen die Genitalien anderer Kinder an und berühren sie, weil sie die Unterschiede herausfinden wollen. Gelegentliche Begutachtungen sind normal und nicht abträglich. Falls Eltern besorgt sind, daß diese „Forschungsarbeit" zu häufig aufgenommen wird, sollten sie darauf achten, daß sich die Kinder beim Spielen nicht ausziehen. Man kann darauf hinweisen, daß Geschlechtsteile etwas Persönliches sind und zum Privatleben einer Person gehören. Dabei sollten die Eltern jedoch darauf achten, daß sie nicht angewidert das Gesicht verziehen, sondern das Thema möglichst sachlich behandeln.
Andererseits sollte man eingreifen, falls ein älteres, z. B. drei- bis vierjähriges Kind versucht, die Genitalien eines jüngeren Kindes zu berühren. Das ältere mag gerade am Höhepunkt seines Forschungsdrangs in bezug auf Geschlechtsteile sein, aber das kleinere ist damit noch überfordert. Für das kleinere Kind kann die Berührung wie ein Mißbrauch sein, eine übermäßige Stimulierung. In solchen Fällen sollte man entschieden sagen: „Du darfst deine Schwester/deinen Bruder da nicht anfassen, das ist zu aufregend für sie/für ihn."

Im Alter von zweieinhalb Jahren haben die Kinder meist ihre Genitalien mit der Hand und/oder mit den Augen erforscht. Viele fangen dann zu masturbieren an, indem sie sich ein Spielzeug zwischen die Beine stecken (Mädchen nehmen Puppen, Jungen Teddybären). Auch bei Zweijährigen kommt es vor, daß sie sich einen Stock zwischen die Schenkel klemmen und vorgeben, es sei ein Penis, aber das Erlebnis ist noch nicht so intensiv wie bei Vierjährigen.

Die phallische Periode

Bei Vierjährigen nimmt die Erregung der Genitalien immer mehr zu und drückt sich in angeberhaftem Verhalten, leichter Erregbarkeit und kurzer, aber intensiver Masturbation aus, besonders bei Jungen. Mädchen schwanken zwischen jungenhaftem Verhalten – in der Hoffnung, daß ihnen ein Penis wächst – und dem Verlangen, wie Mutter zu sein. Bei Kinder beiderlei Geschlechts gibt es lebhaftere und ruhigere Naturen. Doch wirkt sich der Einfluß der Erregung in dieser Phase auf alle Kinder aus.

Geschlechtsidentität: Unterschiede zwischen Mädchen und Jungen und das Verhältnis zu den Eltern

Das Ziel, das es in der phallischen Phase zu erreichen gilt, ist es, mit der Energie, die durch die Erregung der Genitalien freigesetzt wird, zu Rande zu kommen und schließlich zu einer stabilen Geschlechtsidentität zu finden. Die Energien sind in dieser Zeit oft chaotisch und ohne Ziel. Jungen stürzen sich kopfüber in ihre maskuline Rolle und sind ein Herz und eine Seele mit ihren Vätern. Sie geben mit Vaters Verdiensten an und sonnen sich in seinem Ruhm. Falls sie in einem Kampf unterliegen, kündigen sie drohend an: „Mein Vater wird deinen verhauen!" Der Vater wiederum ist stolz auf seinen ungehobelten, lebhaften Sohn. Die Bindung zwischen Vater und Sohn wird sehr eng, weil sich beide gegenseitig bewundern.
Die Beziehung des Jungen zu seiner Mutter ist anders. Der Vierjährige schließt sich in seiner Erregtheit und seinen nach außen gerichte-

ten Impulsen mit seinem Vater zusammen. Mutter ist besonnener. Ihre Ruhe steht im Gegensatz zur Erregung ihres Sohnes. Der versucht, ihr etwas von seiner Energie zu übertragen, und überhäuft sie vielleicht mit liebevoller Zuwendung. Er hüpft beim „Hoppe-hoppe-Reiter" auf ihr herum und wird möglicherweise sexuell erregt, womit er noch nicht fertig werden kann. In so einem Fall sollte die Mutter lieber eine sportliche Aktivität zusammen mit ihrem Sohn ausüben, als passiv ertragen zu müssen, wie er über sie herfällt. Aber noch ist die Identifikation mit dem Vater und die Anziehung gegenüber der Mutter keineswegs gefestigt, sondern unterliegt noch Schwankungen, die wir später beschreiben werden.

Auch das Mädchen versucht in dieser Phase, seine geschlechtliche Identität zu entwickeln, aber seine Situation ist komplexer. Einerseits weiß eine Vier- bis Fünfjährige sehr genau, daß sie ein Mädchen ist, und sie sucht die Nähe und das Lob der Mutter. Andererseits befindet sie sich ja in der phallischen Phase. Der Spiegel der männlichen Hormone in ihrem Körper steigt und mit ihm ihre Erregtheit, die sie lebhafter und aggressiver als bisher macht. In dieser Hinsicht identifiziert sie sich mit dem Vater. Einige Mädchen bezeichnen sich sogar als Jungen; sie behaupten, sie seien als Jungen zur Welt gekommen, aber irgendwie habe man ihnen den Penis weggenommen. Ihre Aggressivität richtet sich oft gegen männliche Wesen, die für sie Rivalen sind. Manche Mädchen versuchen, sich in die Spiele der Jungen einzumischen, oder sie distanzieren sich davon mit der Aussage, daß die Jungen doof sind und man ihnen daher besser aus dem Weg gehen soll. Einige Mädchen wechseln zwischen rüder Jungenhaftigkeit (Identifikation mit dem Vater) und besonnenerem Verhalten (Identifikation mit der Mutter). Manche kehren öfters zur Mutter zurück, weil sie Bestätigung und Unterstützung suchen. Sie sind weniger mit sich selbst beschäftigt als die Jungen und daher oft sehr hilfsbereit, sie nehmen Rücksicht auf die Mutter und gehen eine enge Bindung zu ihr ein. Manchmal machen die kleinen Mädchen ihrer Mutter richtiggehend den Hof und versuchen, den Vater in puncto ritterlichem Benehmen zu übertreffen.

Das Ausmaß der Identifikation mit dem weiblichen oder dem männlichen Elternteil schwankt in dieser Altersstufe ziemlich; friedliche Zeiten wechseln mit stürmischen. Die Kinder hassen einmal die Mutter und einmal den Vater. Sie reiten Attacken gegen andere und lieben es, angegriffen und gejagt zu werden. Das Kind kommt mit einem Gewehr in der Hand in die Küche gelaufen (falls es kein solches Spielzeug besitzt, zielt es mit den Fingern): „Peng, peng, du bist tot!" ruft es voll Entzücken und erwartet sogar, daß man zurückschießt: Es möchte auch einmal das Opfer sein, das tot umfällt.

Zusätzlich zu den allgemeinen Schwankungen im Benehmen gibt es natürlich beträchtliche individuelle Unterschiede. Einige Kinder erreichen nicht gleichzeitig mit dem vierten Lebensjahr auch die phallische Phase; bei einigen Vierjährigen ist diese Phase nur schwach ausgeprägt, und sie brauchen mehr Ruhe und Frieden als andere. Auch gibt es Kinder, die sich beinahe pubertär aufführen und die Mutter mit ihrer Erregtheit überrollen. Aber selbst das quirligste Kind braucht Verschnaufpausen oder eine ruhige Beschäftigung zwischen den aktiven Perioden, denn selbst die tollsten Energiereserven müssen nachgeladen werden.[1]

Kurz gesagt, die frühe phallische Phase ist eine aufregende, chaotische Zeit für Kinder. Während in der inner-genitalen Periode die Jungen die Mädchen beneidet haben, weil diese Babys bekommen können, sind die Mädchen jetzt auf die verkörperte Männlichkeit eifersüchtig. Mädchen sind in dieser Zeit verwirrt: Sie identifizieren sich mit Mutter, möchten aber gleichzeitig stark, tapfer und männlich wie Vater sein. Die Identifikation mit Mutter ist unbefriedigend, weil sie dem Drang nach Aktivität nicht Rechnung trägt. Die Identifikation mit dem Vater ist weitaus stärker, aber letztlich genauso unbefriedigend, weil das Mädchen kein Mann werden kann. Diese Schwankungen haben aber auch ihre positiven Seiten: Die Kinder lernen breitgefächerte Verhaltensweisen, die von traditionell weiblich bis traditionell männlich reichen. Darüber hinaus wächst das Verständnis für das andere Geschlecht, indem sich Jungen mit Mädchen identifizieren (und umgekehrt) und kurzfristig die Rolle der/s anderen übernehmen.

---

[1] Für uns Erwachsene ist es oft schwer verständlich, daß sich kleine Kinder innerhalb von fünf Minuten erholen können, um sich sofort wieder ins Geschehen zu stürzen. Kinder wiederum begreifen nicht, wie Erwachsene stundenlang durch Museen oder Kaufhäuser wandern können und dabei vergessen, daß das Kind aufgrund der Reizüberflutung ganz erschöpft ist.

In der nächsten Phase unternimmt das Kind entschiedenere Schritte in Richtung einer stabileren, klar definierten geschlechtlichen Identität. Indem sie genau zwischen weiblich und männlich unterscheiden lernen, werden Kinder stolz auf das, was sie sind.

Die spätere phallische Phase

Zu Beginn der frühen phallischen Phase glich das Temperament der Kinder einem hüpfenden Gummiball. Sie stürzen von einem Extrem ins andere: Liebe und Haß, Aktivität und Passivität, und manchmal waren mehrere Gefühle miteinander vermischt. Gegen Ende der phallischen Phase nun finden die Kinder langsam zu sich. So wie sie beginnen, die frühen Regungen des Geschlechtstriebs kontrollieren zu lernen, so beherrschen sie nun auch ihre Aggressionen besser, während sie zuvor die anderen mit ihrer ungestümen Art getroffen haben. Sie fallen weniger oft hin und verletzen sich nicht mehr so häufig. Die genitale Erregbarkeit besteht zwar weiterhin, hat aber ihre Form geändert: Das Gefühl ist dringlicher, gleichzeitig beherrschter und zielgerichteter.

Das spiegelt sich auch in den Bewegungen der Kinder wider, in der Art und Weise etwa, wie sie die Türe zuschlagen oder einem Freund einen Stoß versetzen. Wenn ein Kindergartenkind auf einen Ball zielt, kann es seine Arme und Beine viel bestimmter und koordinierter einsetzen, um das Ziel besser zu treffen. Anstatt den ganzen Körper als einen einheitlichen Block zu bewegen, können Hände und Finger immer geschickter unabhängig voneinander benützt werden und bewältigen daher auch leichter solche Aufgaben, die Feingefühl verlangen: schreiben, Musikinstrumente spielen, zeichnen, Puzzles zusammensetzen etc. Die vielerlei Beschäftigungen, denen Kinder im Kindergartenalter nachgehen, tragen dazu bei, ungebändigte Aggression in angemessenes, zielgerichtetes Benehmen umzuwandeln.

In dieser Phase finden sich auch Hinweise auf ein beinahe „erwachsenes" Gewissen. Die Kinder denken: „Ich soll brav sein." Fünfjährige fürchten sich vor ihren inneren Impulsen, die sie zu schlechtem Betragen anstiften, und fühlen sich deswegen schuldig. In der Folge übertreiben sie ihr Bemühen, ein braves Kind zu sein, um die anderen – und auch sich selbst – davon zu überzeugen. Das Böse-Sein wird auf andere projiziert. Fünfjährige sind großartig beim Petzen, eifrig wird von den Fehlern und Regelüberschreitungen der anderen Kinder berichtet, während das eigene Benehmen als untadelig und über jeden Zweifel erhaben dargestellt wird.

Das wichtigste Ergebnis der Entwicklung in der späteren phallischen Phase ist jedoch die Tatsache, daß das ständige Schwanken der Kinder zwischen Aggressivität und Passivität, zwischen Maskulinität und Femininität ein Ende hat und in ein beständigeres, einheitlicheres Verhalten mündet. Die Jungen identifizieren sich in gereifter Weise mit dem Vater, die Mädchen mit der Mutter. Die Jungen wollen Mutter gefallen und machen sich oft bei ihren Vätern unbeliebt; umgekehrt gilt dasselbe für Mädchen. Das Benehmen der Mädchen und Jungen unterscheidet sich in zunehmendem Maße voneinander.

Der Ödipuskomplex

Freud benannte diese Phase nach einer Sagenfigur, einem König, dem es vom Schicksal bestimmt war, seinen Vater zu töten und seine Mutter zu heiraten. Freuds Analyse seiner PatientInnen führte ihn zu der Annahme, daß Jungen dieser Altersstufe sich in ihre Mutter verlieben und Mädchen in ihren Vater. Dadurch entstehen Eifersucht und Rivalität mit dem gleichgeschlechtlichen Elternteil. Unter normalen Umständen verursacht das Gewissen (das in diesem Alter sehr ausgeprägt ist) bei dem Kind Schuldgefühle, und gegen Ende des Stadiums unterdrückt das Kind seine ödipalen Gefühle.

Der Ödipuskomplex ist äußerst umstritten. Einige Leute halten ihn für ein an den Haaren herbeigezogenes Konstrukt. Manche ForscherInnen behaupten, daß die Aggressivität fünfjähriger Jungen gegen ihren Vater Teil einer natürlichen Revolte gegen autoritäre Eltern sei, und streiten ab, daß sexuell motivierte Eifersucht mit im Spiel sei. Andere halten den Ödipuskomplex für völlig universell, unabhängig von der Familienstruktur. Viele Streitigkeiten betreffen die Art, wie der Ödipuskomplex beschrieben wird und das Thema der kindlichen Sexualität im allgemeinen.

Kindliche Sexualität

Eltern wollen oft auf keinen Fall ihren Kindern sexuelle Gefühle zugestehen, auch wenn sie zugeben, daß sich die Sexualität der Jugendlichen auf etwas gründen muß. Wir wissen, daß bei Kindern der Spiegel weiblicher und männlicher Hormone gelegentlich steigt, daß die Kleinen masturbieren und erregte Neugier bezüglich sexueller Fragen zeigen. Niemand, der jemals kleine Jungen gesehen hat, die sich vor Kichern kaum halten konnten, weil sie bei irgendeinem Mädchen die Unterhose erspäht haben, wird mehr behaupten, daß Kinder nichts von sexueller Erregung spüren, solange sie noch nicht 13 Jahre alt sind. Natürlich läßt sich die Sexualität der Kleinen nicht mit der der Erwachsenen vergleichen. So wie die Organe eines Jungen anders sind, sind auch seine Phantasien anders gestaltet, deren Entwicklung Bestandteil des Mannwerdens ist.

Identifikation mit dem Vater

Der Junge identifiziert sich in der ödipalen Phase völlig mit seinem Vater. Er bewundert ihn und versucht, sein Benehmen nachzuahmen: sein Interesse für Sportwagen, seine Aufmerksamkeiten gegenüber Mutter etc. Durch dieses Nacheifern entwickelt sich der Sohn zum Rivalen. Der Vater muß in allem nachgeahmt werden, und oft entwickelt der Junge den Ehrgeiz, seinen Vater sogar zu übertreffen, was leicht in Aggressivität mündet. Er sucht die Zuneigung und die Aufmerksamkeit seiner Mutter und wird eifersüchtig auf jedes Zeichen der Zuneigung, das sie dem Vater schenkt.
Wir haben also einen fünfjährigen Jungen, der eine Woge der sexuellen Erregung erlebt; er fühlt sich getrieben und möchte sich am liebsten wie ein Geschoß in alles mögliche hineinkatapultieren. Er beobachtet Vater genauestens und versucht, ihn nachzumachen. Die geschlechtliche Erregung und der Versuch, Vater zu übertreffen, verschmelzen und veranlassen den Jungen, sein Interesse der Mutter zuzuwenden.
In manchen Kulturen akzeptiert man als selbstverständlich, daß die Beziehung zwischen Mutter und Sohn bzw. zwischen Vater und Tochter etwas Besonderes ist. Die Nähe zum gegengeschlechtlichen

Elternteil wird gefördert. Väter fragen ihre Töchter: „Wirst du mich heiraten, wenn du groß bist?" Mütter verwöhnen ihre Söhne mit Kommentaren wie: „Was für einen süßen kleinen Penis er doch hat!" In einigen Kulturen ist die Sexualität viel strenger geregelt als bei uns und sogar von Strafe bedroht. In unserer Zivilisation sagen wir zwar, daß sich Mütter und Söhne bzw. Väter und Töchter näherstehen, aber wir versuchen, jeden Eindruck und jede Andeutung von Inzest zu vermeiden. Wenn wir uns aber vor Augen halten, daß die Sexualität eines Kindes noch völlig unausgereift ist, fühlen wir uns vielleicht nicht mehr ganz so unbehaglich, falls wir erste Anzeichen dafür entdecken.

Nachdem wir die Beziehung zwischen Eltern und Sohn in groben Zügen beschrieben haben, möchten wir nun mehr ins Detail gehen. Fünfjährige Jungen verbringen viel Zeit damit, mit realen oder fiktiven Waffen herumzulaufen und sich vorzustellen, sie seien irgendwelche Fernsehhelden. Sie wollen kühn, stark, männlich und ihrem Vater so ähnlich wie möglich sein. Väter genießen diese Zeit. Sie lieben es, mit den Jungen zu toben und herumzualbern. Allerdings müssen sie erleben, wie mitten im größten Vergnügen ihr Sohn plötzlich zu boxen anfängt und versucht, ihnen weh zu tun. Ein interessantes Phänomen ist, daß manche Väter ganz beleidigt auf die Feindseligkeiten des Jungen reagieren oder sogar Angst bekommen. Selbst gutmütige Väter greifen zur Maßregelung, schlagen zurück oder schimpfen heftig mit dem Kind. Dieses Verhalten bestätigt dem Sohn nur die Richtigkeit seiner Phantasien: daß Vater und er zu Rivalen geworden sind, und daß unausgesprochen Kriegszustand herrscht.

Obwohl die wenigsten Kinder ihre Gefühle offen aussprechen, kommt es häufig vor, daß ein Junge sagt: „Ich heirate einmal Mama." Vielleicht fügt er noch hinzu, daß Papa ja die Großmutter heiraten könnte – das scheint ein fairer Ausgleich. Falls er sich nicht allzusehr vor seinem Vater fürchtet, sagt er möglicherweise zu seiner Mutter: „Papa ist alt, er stirbt bald, und dann können wir zwei beisammen sein."

Manche Söhne suchen bei ihrer Mutter Schützenhilfe für ihre Aggressivität gegenüber dem Vater. Sie sagen, wie dumm der Vater doch sei; sie bemerken Dinge, die Mutter an Vater nicht leiden kann, und

sprechen schlecht über ihn: „Warum hilft er dir nicht beim Geschirrspülen?" Manchmal verteidigt die Mutter ihren Mann, aber ein anderes Mal freut sie sich darüber, daß noch jemand anderem aufgefallen ist, worüber sie sich schon lange kränkt. Die Mutter genießt die Nähe zu ihrem Sohn, die Geheimnisse, die sie teilen. Sie freut sich über die kleinen Geschenke, die er ihr macht, und über die Heldentaten, die er für sie vollbringen will. Es ist schwierig für Mütter, diesen Aufmerksamkeiten und Schmeicheleien nicht zu erliegen.
Während des Übergangs von der frühen zur späten phallischen Phase können Jungen mit ihren Müttern sehr grob werden. Manchmal sieht man sie heftig gegen die Mutter stoßen, oder sie sitzen auf ihrem Schoß, hopsen herum und lassen sich, wenn sie das Gleichgewicht verlieren, mit voller Wucht auf die Mutter fallen. Obwohl die Mutter anfänglich vielleicht mitmacht, werden ihr diese Spiele zunehmend unangenehm, wenn der kleine Sohn allzu erregt wird. Es ist nicht nur die Grobheit, die sie stört, sondern sie spürt, daß die ganze Sache letztendlich zu unkontrolliert und zu intim wird.
Wenn die Jungen in der späteren phallischen Phase mehr Beherrschung haben und ihre Sinnlichkeit besser verbergen können, finden die Mütter wieder Gefallen an ihnen und akzeptieren gerne das sie umwerbende Gebaren des jungen Kavaliers. Die Frauen sind stolz, daß sich die frühere Heftigkeit und Unüberlegtheit in Ritterlichkeit verwandelt hat. Die Billigung, die der Junge durch seine Mutter nun erfährt, bestärkt ihn in dem Gefühl, daß er Frauen gefallen kann.
Ältere Jungen denken nicht mehr so viel an die Mutter, sondern richten ihre Aufmerksamkeit auf die Lehrerin, auf die Klassenkameradin, auf die Schwester oder auf andere Frauen, die sie im Fernsehen sehen. Sexuell getönte Spiele zwischen Geschwistern und/oder FreundInnen sind keine Seltenheit. Es fängt an mit Doktor-Spielen, Familie-Spielen oder damit, daß man die Geschlechtsteile der anderen beäugt – das Interesse der Kinder richtet sich so mehr und mehr auf Gleichaltrige.

Kastrationsangst und andere Ängste

„Kastrationsangst" ist ein weiteres Konzept aus der Freudschen Psychologie, das schwer zu verstehen ist und oft als weit hergeholt betrachtet wird. Der Begriff darf keinesfalls wortwörtlich genommen werden: Gemeint ist nicht die Angst vor echter Kastration (d. h. Entfernung der Hoden), sondern die Befürchtung, den Penis zu verlieren. Eltern finden es oft schwer, sich diese Angst vorzustellen und lehnen diese Idee rundweg ab: Da sie dem Jungen ja nicht die Vorstellung vermitteln, sein Penis werde abfallen, wenn er masturbiert, könne das Kind doch ganz beruhigt sein.

Fünfjährige Jungen sind aber nun einmal vordringlich mit ihrem Penis beschäftigt: Er ist ein unverzichtbarer Teil ihrer Identität. In seinen Phantasien bekommt der Junge den größten Penis der Welt, so groß wie der des Vaters. Er überlegt sich Mittel und Wege, wie er sich dessen Penis verschaffen und an sich selbst anbringen könnte, oder denkt daran, sich mehrere Penisse anzueignen, um im Fall des Falles einen in Reserve zu haben. Weil er versucht, sich mit starken Männern zu messen und ihnen ihre Macht zu entreißen, hat er Angst, ihm könnte schließlich dasselbe widerfahren: daß sein Penis, seine Macht, ihm weggenommen werden könnte.

Kinder weihen ihre Eltern nur selten in die wahren Gründe ihrer Ängste ein. In der analytischen Behandlung sprechen sie sich dafür umso deutlicher aus. Ein fünfjähriger Junge behauptete, sein Penis gehe mit seinem Vater fort. Als ich (JSK) ihn fragte, wohin er denn ginge, meinte der Kleine ernsthaft, sein Penis gehe zu Konferenzen. Der Junge fürchtete sich nachts und wachte regelmäßig auf, um zu sehen, wo seine Eltern waren. Er wußte, daß sein Vater häufig zu Konferenzen fuhr und dabei Dinge mitnahm. Irgendwie war ihm der Gedanke gekommen, sein Vater könnte auch seinen Penis wegnehmen, während er schlafe.

In diesem Alter kommen alle möglichen Phobien vor. Einige Jungen fürchten sich vor Hunden, andere vor Schlangen oder Monstern. Freud analysierte den Fall eines Jungen, der Angst vor Pferden hatte, und kam zu der Auffassung, daß sich der Kleine vor seinem Vater fürchtete und diese Angst auf ein großes, mächtiges Tier übertrug. In vielen Fällen werden zornige Mütter oder Väter durch angst machende Ungeheuer symbolisiert. Beim kleinen Kind sind diese Gespenster noch vage und undefiniert, ein verzerrtes Bild der Eltern. Gegen Ende der phallischen Phase kann das Kind die potentiellen Angreifer schon genauer beschreiben. Einige dieser Ängste hängen mit der Unsicherheit in bezug auf das Mannwerden zusammen und mit dem Wunsch, einen so großen Penis wie der Vater zu bekommen.

Manche dieser Ängste mögen aber auch von ganz anderen Dingen herrühren. Die Phobie kann vorübergehend sein und ihre Ursache in einem ganz konkreten Umstand haben, z. B. wenn das Kind sieht, wie jemand vom Pferd stürzt oder vor einem knurrenden Hund zurückschreckt. Man muß sehr vorsichtig sein, nicht zu überinterpretieren und vorschnell anzunehmen, man wüßte schon, wo das Problem liegt. Die vordringliche Aufgabe ist es, gut zuzuhören und herauszufinden, wovor sich das Kind fürchtet.

Gut und böse

Obwohl ein Fünfjähriger viele Dinge inzwischen besser differenzieren kann als sein jüngerer Bruder, hat er doch eine andere Eigenheit, die Diskussionen mit ihm schwierig werden läßt: Die Dinge sind entweder schwarz oder weiß, Grautöne gibt es nicht. Sobald eine Antwort erfolgt ist, ist keine andere Aussage mehr möglich. Dies gilt besonders für Jungen, bei denen Menschen in „gut" und „böse" eingeteilt sind und die um jeden Preis zu den Guten gehören wollen. Eines Tages spielte der kleine Junge, dessen Penis immer zu Konferenzen ging, Räuber und Gendarm mit mir (JSK). Ich war die Verbrecherin, die er unweigerlich auf frischer Tat ertappte und umgehend verhaftete. Als ich bei der Gelegenheit einmal eine Schachtel Buntstifte vom Tisch „stehlen" sollte, konnte er sich nicht zurückhalten und nahm sie selbst in die Hand. Obwohl die Beweislage eindeutig zu meinen Gunsten sprach, wurde ich für das Vergehen bestraft. Wir hatten ausgemacht, wer der Gute und wer die Böse war, und was auch immer er in seiner Rolle als Gesetzeshüter tat, er war über jeden Verdacht erhaben.

Es ist gefährlich, einen Fünfjährigen als „böse" zu bezeichnen; es könnte ihn zu wahrhaft schlimmen Taten anspornen. Dasselbe gilt übrigens für Erwachsene. Wenn jemand zu Ihnen sagt: „Wie du immer herumläufst!", dann werden Sie ärgerlich und defensiv und sagen: „So bin ich nun mal!" Lautet andererseits der Kommentar: „Du siehst heute aber gut aus!", dann fühlen Sie sich dazu angeregt, auch am nächsten Tag alles mögliche zu tun, damit Ihr Äußeres diesem Anspruch gerecht wird. Für ein kleines Kind ist es kaum einsichtig, daß es nicht für alle Zukunft zum Böse-Sein verurteilt ist, wenn es an einem Tag „böse" ist. Sobald ein Kind „böse" genannt wird, schämt es sich wahrscheinlich, weiß aber leider nicht, wie es aus dieser Situation wieder herausfinden soll. Vielleicht versucht es daher, stolz darauf zu sein: „Ich bin, wie ich bin!" Wenn schon ein Bösewicht, dann ein richtiger. Dies gilt besonders für Kinder, denen schon mehrfach vorgeworfen wurde, böse zu sein.

Ein zweijähriger Junge namens Jackie hatte sich angewöhnt, seine SpielgefährtInnen auf den Kopf zu schlagen. Seine Mutter hielt ihn nicht von der Tat zurück, schimpfte ihn aber wiederholt einen „bösen Jungen". Schließlich nahm er diesen Vorwurf in sein Verhaltensrepertoire auf; er sagte mit einer tiefen Stimme: „Jackie ist böse!" und schlug gleichzeitig das andere Kind auf den Kopf. „Böse" wurde ein Teil seiner Identität, und als er fünf Jahre alt war, hatte sich ihm dieses „Jackie ist böse" schon sehr fest eingeprägt. Seine Schwester war das genaue Gegenteil, sie war das brave Kind und blieb es noch als Erwachsene.

Es dauert eine Weile, bis ein Kind verstehen und akzeptieren kann, daß es zwar Fehler macht, daß aber deshalb noch nicht alles verloren ist. Die Aufgabe der Erwachsenen liegt darin, dem Fünfjährigen zu helfen, eine moralische Person zu werden, die das Richtige tut, weil sie sich selbst als „gut" begreift. Niemand will, daß Kinder das Richtige nur aus schlechtem Gewissen oder aus Angst vor Bestrafung tun. Falls alles gutgeht, gibt der Fünfjährige den Wunsch auf, dem Vater die Mutter wegzunehmen oder ihn zu übertreffen. Statt dessen identifiziert er sich mit seinem Vater und versucht, ihm nachzueifern, ohne ihn ausschalten zu wollen. Das geschieht meist im Alter von sechs Jahren, manchmal mit sieben. Sobald der Kleine ein besseres Gefühl für seine Identität als männliches Kind hat, ist es ihm möglich, seine Neugierde auf kleine Mädchen zu verlagern und nun seine Spielgefährten auszustechen. Zwischen den Jungen in der Schule, die Gruppen bilden, entsteht auch ein Zusammengehörigkeitsgefühl. Hatte die kindliche Vorstellung von Fairneß früher gelautet: „Wie mich andere behandeln sollen", so heißt es jetzt: „Wie man mit anderen Menschen umgehen soll". Nach der Versöhnung wird der Vater zum Freund und Verbündeten.

Die Rolle der Eltern für Jungen

Der Wechsel vom eifersüchtigen, gelegentlich feindseligen Fünfjährigen zum realitätsbezogenen Sechsjährigen verlangt dringend nach Unterstützung durch die Eltern. Die Verwandlung kann nicht stattfinden, wenn der Vater nicht das ist, was das Kind von ihm erwartet: ein fairer und gerechter Erwachsener, der den Sohn nicht angreift, ihn nicht einschüchtert oder herabsetzt, sondern ihn mit dem Respekt behandelt, der Kindern seines Alters zusteht. Je leichter es für den Vater war, mit den aggressiven Forderungen und Absichten des Kindes umzugehen, desto leichter wird es auch für den Kleinen, sich selbst zu verzeihen und einen neuen Anfang zu machen. Je rauher und strenger der Vater, desto schwieriger ist es für den Sohn, mit seinen gegen den Vater gerichteten aggressiven Impulsen zu Rande zu kommen.

Die Rolle der Mutter ist gleichermaßen wichtig. Falls sie es allzusehr genießt, der bevorzugte Elternteil zu sein, und sich zu stark mit dem Sohn gegen den Vater verbündet, erschwert sie es ihm, die enge Verbindung zu lösen. Wenn sich das Kind dem Vater zuwendet, muß die Mutter es ertragen, daß das Interesse ihres Kindes jetzt mehr ihm gilt als ihr. Und natürlich setzt ihre „Entthronung" auch ihr Selbstwertgefühl herab. Ohne daß sie sich dessen bewußt ist, beginnt sie vielleicht mit dem Vater zu rivalisieren, indem sie den Jungen umarmt und festhält und ihn als ihr „Baby" behandelt. Andere Mütter wieder werden ungehalten und jagen mit ihrer Wut den Kindern Angst ein. Der Junge gibt aus mehreren Gründen seine Mutter als sein Wunschobjekt auf: Gewissensbildung, engere Beziehung zum Vater, zunehmendes Interesse an Gleichaltrigen etc. Es kann auch sein, daß er die Mutter aus Furcht verläßt: Sie hat ihn übermäßig beansprucht, oder sie hat Wutanfälle, oder der Vater hat sie dazu angestiftet, den Jungen zu bestrafen. Der Sohn verbündet sich daraufhin mit dem Vater und bietet sich ihm als Ersatzpartner für die von beiden gefürchtete Mutter an. Deshalb muß er sich nicht länger vor dem Vater in acht nehmen, gibt aber gleichzeitig etwas von seinem Ehrgeiz auf, ein richtiger Mann zu werden. Er wird unterwürfig und versucht nun, mit seinen Aufmerksamkeiten gegenüber dem Vater die Mutter zu übertrumpfen.

Diese Trends können innerhalb der normalen Entwicklung verschieden ausgeprägt sein, nicht nur je nach Atmosphäre in der Familie, sondern auch nach den Bedingungen in der Schule und unter Gleichaltrigen. Der Junge hat möglicherweise das – vorübergehende – Ziel, sich selbst in ein aggressives weibliches Wesen (statt eines männlichen) zu verwandeln, falls er z. B. von einer strengen Lehrerin eingeschüchtert wird. Wenn er von einem älteren Bruder oder vom Lehrer gepiesackt wird, gewöhnt sich der Junge vielleicht daran, sich zu unterwerfen. Sollte die Unterwürfigkeit zu einer Dauerhaltung des Kindes werden, so ist es wichtig, den Rat von Außenstehenden zu suchen.

Einige Jungen entsprechen so sehr dem Stereotyp von „weiblich", daß sich die Eltern ernsthaft Sorgen machen. Es gibt jedoch keinen Grund zur Beunruhigung, solange Passivität und Schüchternheit nicht weit bis über das Alter von sechs oder sieben Jahren hinaus andauern. Manche Jungen sind Spätentwickler, denen es schwerfällt, groß zu werden. Ihr schüchternes, mädchenhaftes Benehmen gehört noch zum Gefühl des Baby-Seins und stellt nicht zwingend eine Identifikation mit Mädchen dar. Möglicherweise lutschen diese Jungen noch an ihren Daumen, nässen das Bett und verlangen, wie ein Baby getragen zu werden. Manches Mal, besonders, wenn es eine ältere Schwester gibt, machen sie die Mädchen nach, tragen Mutters Schmuck und die Haarbänder der Schwester. Nur in den Fällen, in denen dieses Verhalten nicht nach einiger Zeit von selbst verschwindet, sollten die Eltern fachlichen Rat suchen.

Unter normalen Umständen wenden sich die Jungen der Außenwelt zu, nicht nur in dem Sinne, daß sie den Raum beherrschen, sondern sie suchen auch nach Beziehungen und Tätigkeiten außerhalb der Familie. Schule, Sport und Spiele im Freien werden viel wichtiger als das, was zu Hause vorgeht. Jungen legen besonders viel Wert darauf, sich Gleichaltrigen anzupassen, was Kleidung und Benehmen betrifft. Der Wunsch nach schulischem Erfolg entspringt meist zweierlei Bedürfnissen: das Wohlgefallen der Eltern und gleichzeitig den

Respekt der KameradInnen zu gewinnen. Langsam aber stetig hat sich der Junge in ein Schulkind mit eigenen Interessen verwandelt. Obwohl seine ehrgeizigen Ziele auf früheren Erfahrungen und auf den Ermutigungen der Eltern basieren, werden sie mehr und mehr familienunabhängig.

Die Rolle der Eltern für Mädchen

Am Anfang der phallischen Phase identifizierte sich das Mädchen mit seinem Vater. Es kümmerte sich um seine Mutter und schenkte ihr Aufmerksamkeit und Zuneigung. Allmählich gewinnt aber der Groll gegenüber der Mutter die Oberhand. Das Mädchen erinnert sich an das Abstillen, das Sauberwerden, an die Enttäuschung, als es herausfand, es könne noch nicht wirklich ein Baby haben, und an sein Unvermögen, dem Vater Konkurrenz zu machen. Es erinnert sich daran, daß ihm all das weggenommen wurde und daß es nichts dafür bekam – und natürlich gibt es Mutter die Schuld. Prompt wird der Mutter alle Zuneigung und Bewunderung entzogen, und der Vater rückt als Idol an ihre Stelle.

In der phallisch-ödipalen Phase stehen einander Tochter und Vater sehr nahe. Sie bewundern einander und bestätigen sich gegenseitig, die wichtigste Rolle im Leben zu spielen. Wenn der Vater nach Hause kommt, ist die Tochter diejenige, die ihn überschwenglich mit Komplimenten begrüßt. Die erschöpfte Mutter ist vielleicht sogar froh darüber, daß sie nun endlich in Ruhe ihre Arbeit erledigen kann. Sie kann aber genausogut eifersüchtig und mürrisch werden, was wiederum den Bund zwischen Vater und Tochter stärkt, die freundlich zueinander sind und sich nicht anmeckern.

Zu diesem Zeitpunkt wechselt die Tochter aus ihrer Jungenhaftigkeit zu sehr femininem Betragen, auch wenn sie sich mit ihrem Vater sportlich betätigt. Mit Vorliebe putzt sie sich heraus und schmückt sich. Wie schon früher einmal wird es für sie sehr wichtig, was sie anhat, und sie versinkt in Tagträume über Kleider. Ein Junge erwählt sich eine besondere Mütze zum Favoriten, als Symbol seiner Männlichkeit; ein Mädchen hängt sein Herz an ein besonderes Kleid, das es nicht mehr hergeben will. Aber noch etwas Neues kommt in dieser Phase dazu: Die Tochter wird sehr wählerisch, was ihre Mutter für sie an Kleidung kaufen darf. Sie kritisiert Mutters Geschmack und die Kleider, die sie früher so bewundert und begehrt hat. Zum einen identifiziert sie sich mit der Mutter, zum anderen sieht sie in ihr die Rivalin. Es ist von großer Wichtigkeit für sie, wie eine Erwachsene gekleidet zu sein. Das Mädchen verbringt vielleicht Stunden damit, eine Barbie-Puppe an-, aus- oder umzuziehen, die eher wie eine elegante Dame aussieht als wie ein Baby. Die Fünfjährige hat wenig Interesse daran, Puppenmutter zu spielen; sie möchte lieber eine Frau von Welt sein.

Märchen von Prinzessinnen und Märchenprinzen erfreuen sich großer Beliebtheit, und all die grausamen Geschichten über böse Stiefmütter erfüllen alle Erwartungen des Mädchens, das seinen Phantasien Ausdruck verleihen will. Es stimmt schon, daß kleine Mädchen ihre Mütter dermaßen provozieren können, daß diese tatsächlich gemein werden. Besonders unangenehm wird die Situation, wenn der Vater offen für seine Tochter Partei ergreift und die Mutter auffordert, das Kind in Ruhe zu lassen. Viele Frauen fühlen sich in dieser Situation zurückgestoßen und sind voller Bitterkeit gegenüber ihren Ehemännern. Ihre Gefühle werden vielleicht auch noch von scheinbar unschuldigen Fragen wie „Wann stirbst du, Mama?" verletzt.

Diese Zeit ist von großer Bedeutung für die Entwicklung der Weiblichkeit. Die Anerkennung als liebenswertes weibliches Wesen schafft die Grundlage für die weibliche Identität. Die Weiblichkeit des Mädchens wird damit von der Mutterschaft abgekoppelt und mehr zur Attraktivität in Beziehung gesetzt. Im körperlichen Erleben spürt es jetzt ein Verlangen, ausgefüllt und geliebt zu werden.

Das Mädchen genießt ganz bewußt Phantasien über Märchenprinzen oder über einen Jungen, den es kennt. Die Tagträume kreisen um das Heiraten. Dementsprechend ist auch „Aschenputtel" das beliebteste Märchen. (Aschenputtel ist jenes bedauernswerte Mädchen, dessen Mutter gestorben ist und das von seinen Schwestern miserabel behandelt wird. Es gewinnt die Bewunderung und das Herz eines Märchenprinzen, und sie leben glücklich bis an ihr Lebensende.) Einige Mädchen beschließen, ihren Vater zu heiraten, aber sie könnten genausogut einen Schulgefährten oder einen Bruder anstelle des Vaters als Bräutigam wählen.

Mädchen sind in dieser Phase stiller als Jungen. Ihre Erregung ist nicht so offensichtlich, weil sie sie besser verbergen oder sich selbst besser kontrollieren können. Während die Jungen masturbieren oder sich durch aufgeregtes Herumhüpfen stimulieren, pressen die Mädchen unauffällig ihre Oberschenkel zusammen oder klemmen ein Spielzeug dazwischen ein. Das kleine Mädchen springt jedoch so wie ihr Bruder auf Vaters Schoß auf und ab und spielt „Hoppa-Reiter" analog zu dem Jungen, der sich auf seine Mutter wirft.

Töchter und Söhne wechseln gelegentlich von der Nähe zum andersgeschlechtlichen Elternteil in eine enge Beziehung zum gleichgeschlechtlichen Elternteil. Mädchen sind jedoch insgesamt mehr darauf bedacht, Gefallen zu finden. Selbst wenn sie ihrer Mutter gegenüber feindliche Gefühle hegen, möchten sie immer noch von ihr gelobt werden. Sie suchen Bestätigung dafür, daß sie geliebt werden und etwas wert sind. Daher sind die Mädchen weniger rebellisch und leichter zu „handhaben" als die Jungen.

Die Mädchen wandeln ihre Rivalität zur Mutter und ihr Fasziniertsein vom Vater schließlich in intensive Freundschaften mit Kindern um. Sie lieben z. B. das Spiel, Freundinnen für sich zu interessieren und dann prompt abzuweisen. Sie kokettieren mit fremden Männern, und man muß sie mit Nachdruck darauf hinweisen, daß sie nie mit Unbekannten mitgehen dürfen.

Am Ende der ödipalen Phase ist das Gewissen des Mädchens ziemlich ausgereift; es ist nicht so unabhängig wie das der Jungen. Während Jungen sich mit den moralischen Grundsätzen von „gut" und „böse" beschäftigen, interessieren sich Mädchen mehr für das Schicksal der Menschen in ihrer Umgebung, ob sie glücklich oder unglücklich sind. Mädchen spielen nicht soviel in Gruppen wie Jungen, und selbst wenn sie mit anderen Kinder zusammen sind, befassen sie sich mehr mit einzelnen innerhalb der Gruppe.

Das Vorschulalter

Für Mädchen und Jungen gleichermaßen rückt das Schulleben mehr und mehr ins Blickfeld. Während die Drei- bis Vierjährigen mit Vorliebe „Familie" spielten und dabei in den Rollen von Mutter und Va-

ter agierten, spielen die Fünf- bis Sechsjährigen mit Begeisterung „Schule", und jede/r darf einmal LehrerIn sein. Genußvoll teilen sie einander unmögliche Hausaufgaben zu.
Die LehrerInnen übernehmen nun die bisher den Eltern zugeschriebenen Funktionen. Kinder lieben ihre LehrerInnen oder fürchten sie oder beschuldigen sie, ungerecht und voreingenommen zu sein. Eltern freuen sich vielleicht schon, daß ihnen ein Teil ihrer Erziehungsaufgaben abgenommen wird, aber oft benimmt sich ein Kind in der Schule ganz wohlerzogen und läßt dann zu Hause den aufgestauten Dampf ab. Darüber hinaus verlieren die Eltern etwas von ihrer Autorität. Früher legten ausschließlich Mutter und Vater die Regeln fest, nach denen man sich zu benehmen hatte, und sie waren die einzigen Informationsquellen für das, was in der Welt draußen passierte; diese Aufgabe übernimmt jetzt auch die Lehrkraft. Kinder können deren Regeln oft sehr ernst nehmen und irritieren damit ihre Eltern, die spüren, daß ihre Rolle, die sie im Leben ihres Kindes spielen, nicht mehr ganz so wichtig ist. In der dritten oder vierten Klasse korrigiert sich diese Einseitigkeit von selbst: Die Eltern werden um Hilfe bei den Hausaufgaben gebeten, sollen sich mit dem Kind gegen die nun unweigerlich „fürchterlichen" Lehrenden verbünden und sind ganz allgemein ein sicherer Zufluchtsort.

Zusammenfassung

Die wichtigsten Aufgaben dieser Entwicklungsstufe sind einerseits die Kontrolle ungezügelter Energien und andererseits das Erlernen der Fähigkeit, Dinge zu differenzieren. Am Anfang der phallischen Phase verläßt das Kind die relative Ruhe der inner-genitalen Periode und stürzt in eine neue, lebhafte Zeit des Wachstums voller Verwirrung und unkontrollierter Energie. Wie in jedem Fall, wenn dem Kind die Zügel entgleiten, ist es wichtig, daß die Eltern dem Kind helfen, die Kontrolle über die Situation zurückzugewinnen. Man muß dem Kind viel Freiraum geben, es aber gleichzeitig lehren, seine Grenzen zu erkennen.
Das bedeutet nicht, Strafen auszuteilen, sondern unangebrachte Verhaltensweisen zu unterbinden und das Kind zu angemessenen For-

men hinzuführen, in denen es sich abreagieren kann. Erklärungen sollten kurz und bündig sein und alle Anweisungen in knappen Sätzen erfolgen. Kichern, Raufen, Umhertoben und Phantasiespiele sind gute Ventile für aufgestaute Energien.

Die Kinder schwanken zwischen Passivität und Aktivität, zwischen weiblicher und männlicher Identifikation. In der zweiten Hälfte der phallischen Phase haben sie mehr Kontrolle über sich selbst und können differenzieren. Mädchen identifizieren sich mit der Mutter, Jungen mit dem Vater.

Am Ende der phallischen Phase haben die Kinder einen besseren Blick für die Realität. Mädchen erkennen, daß sie Mädchen sind und nicht so sein können wie ihr Vater. Jungen sehen ein, daß sie kleine Jungen sind und noch keine erwachsenen Männer. Die Rolle des eigenen Geschlechts hat sich klar herauskristallisiert, ebenso die Einsicht, daß Kinder eben Kinder sind und als solche bestimmten Regeln unterworfen. Sie sind nicht allmächtig.

Diese Einsicht macht es ihnen leichter, ihre ödipalen Machtbestrebungen aufzugeben. Die Kinder müssen erfahren, daß sie ihre Mutter, die normalerweise die Schranken setzt, nicht so leicht loswerden und nicht nur den nachgiebigeren Vater behalten können. Eltern können zu diesem Lernprozeß beitragen, indem sie den Manipulationsversuchen der Kinder Widerstand bieten und nicht zulassen, daß ein Elternteil gegen den anderen ausgespielt wird.

VÄTER

Im 19. Jahrhundert – und auch noch zu Beginn dieses Jahrhunderts – stellten die Väter im westlichen Kulturkreis eindeutige Autoritätsfiguren dar. Sowohl meinem (JSK) Vater als auch meinem Mann (= JKAs Vater) wäre es nicht im Traum eingefallen, das Baby zu wickeln oder ihm die Flasche zu geben. Das war die Aufgabe meiner Mutter und später meine eigene. Väter haben ihre Kinder vielleicht geneckt oder ihnen gute Ratschläge erteilt, aber alles andere erwarteten sie grundsätzlich von den Müttern, während sie selbst ihrem Beruf nachgingen und Geld verdienten. In vielen Familien sagten Mütter, die sich eine strengere Autorität herbeiwünschten, um die Kinder in Zaum zu halten, drohend zu den Kleinen: „Warte nur, bis Vater nach Hause kommt!" Die Väter hörten sich dann die Beschwerden an, vorgebracht von der Mutter als der Vertreterin der Anklage, und bestimmten daraufhin das Ausmaß der Strafe, die sehr oft die Form körperlicher Züchtigung annahm. Um sich ihre Wirkung als Zuchtmeister zu erhalten, blieben die Männer auf emotionaler Distanz zu ihren Kindern und wurden daher gefürchtet oder zumindest mit respektvoller Vorsicht behandelt.

Die Zeiten haben sich geändert, nicht zuletzt im Gefolge einer immer stärker werdenden Frauenbewegung und der steigenden Anzahl von Frauen, die am Arbeitsprozeß teilnehmen. Väter geben sich nicht mehr so unangreifbar und verbreiten nicht mehr in erster Linie Furcht und Schrecken. In einem guten Vater finden sich viele sogenannte „mütterliche" Züge: Er geht sanft und vorsichtig mit den Kindern um, er kann ein aufgeregtes Kind beruhigen und zeigt Einfühlungsvermögen mit dem Baby.

Wie wir im Abschnitt über die Entwicklung des Körperbildes beschrieben haben, ist im Körper der Mutter deutlich die Erinnerung daran gespeichert, wie sie selbst als Baby getragen wurde. Auch Väter waren einmal Babys, und auch sie erinnern sich daran, wie sie einst umsorgt wurden. In einer patriarchalisch organisierten Gesellschaft werden mütterliche Qualitäten bei Männern belächelt, wie auch jede andere Identifikation mit Frauen. Heutzutage werden hingegen mütterliche Züge bei Männern viel eher akzeptiert, weil auch Frauen mehr Anerkennung erfahren als früher; Männern steht damit ein größeres Repertoire an gefühlsmäßigem Ausdruck zur Verfügung. Indem wir aber die Männer dazu auffordern, sich mehr in der Babypflege zu engagieren, nehmen sie ihr Gefühl stärker wahr, aus der intimen Vertrautheit zwischen Mutter und Säugling ausgeschlossen zu sein.

Auch Väter können eine enge Beziehung zu ihrem Baby eingehen. Ihre erste innige Bindung zu einer besonderen Person – ihrer Mutter – wird in der Beziehung zur eigenen Frau und später in der zum Kind wiederholt. Wenn sie in die Vertrautheit zwischen Mutter und Kind nicht mit einbezogen werden, spüren sie vielleicht die alten kindlichen Gefühle der Eifersucht wieder in sich aufkommen. Ein Kleinkind z. B. reagiert eifersüchtig, wenn es sieht, wie sich die Eltern küssen, und versucht, sich dazwischenzudrängen. Damit will nicht die/den andere/n aus dem Weg räumen; diese Geste bedeutet vielmehr „ich auch"; das Kind möchte ebenfalls ganz nahe bei der Mutter sein und bei der Person, die sie umarmt, seien es Geschwister oder der Vater. Ähnlich verhalten sich frischgebackene Väter, die zur neuentstandenen Familie dazugehören wollen.

Viele Mütter sind von ihrem neugeborenen Baby dermaßen fasziniert, daß es ihnen schwerfällt, noch jemanden an dieser Intimität teilnehmen zu lassen. Falls sich ein Vater dann beleidigt zurückzieht, fühlt sich die Mutter im Stich gelassen und wird ärgerlich, was natürlich nicht zum Familienfrieden beiträgt. Damit Vaters Beitrag zu einer wichtigen emotionalen und physischen Unterstützung werden kann, bedarf es der Geduld auf seiner Seite und der Anerkennung seines Wollens von seiten der Mutter.

Manche Mütter ergreifen die Initiative und ermuntern die Väter von Anfang an, sich an der Babypflege zu beteiligen. Einige Frauen entscheiden sich ganz bewußt dafür, das Kind mit der Flasche großzuziehen, damit auch die Väter das Vergnügen des Fütterns erleben können. Wir unterstützen hingegen das Stillen und fordern die Väter dazu auf, anderweitig an der Babypflege teilzunehmen.

Weil hier offensichtlich ein Bedarf bestand, habe ich (JSK) eine Art Büstenhalter für Väter entwickelt (und patentieren lassen), der Milch (entweder aus Mutters Brust gepumpt oder Babynahrung)

enthält, die das Baby mit Hilfe einer Saugers trinkt. Der Büstenhalter und die „Brustwarze" sind mit einem hautähnlichen Material überzogen und werden von der warmen Milch von innen her leicht angewärmt. Da ich jedoch keine Geschäftsfrau bin, konnte ich meine Erfindung nie richtig vermarkten oder einsetzen.
Einige Frauen brauchen unbedingt Zeit für sich selbst, sie wollen abends ausgehen und/oder allein etwas unternehmen. Diese Erholungspausen ermöglichen es ihnen, gestärkt zu ihrer lohnenden und anstrengenden Tätigkeit der Babybetreuung zurückzukehren. Väter können diese Zeiten dazu nützen, um eine eigene, selbständige und vertrauensvolle Beziehung zu ihrem Kind aufzubauen.
Vater-Kind-Beziehungen unterscheiden sich im Säuglingsalter deutlich von der Mutter-Kind-Beziehung. Die letztere ist in den ersten Monaten meist ziemlich symbiotisch: Mutter und Kind sind in ihrem seelischen Erleben sehr eng aufeinander bezogen, sie verschmelzen zu einer gemeinsamen Identität. Vater und Kind stellen dagegen zwei unterschiedliche Ganzheiten dar. Dennoch kann der Vater dem Baby viel Unterstützung gewähren, wofür er mit beinahe unendlichem Vertrauen belohnt wird. Darüber hinaus schafft ein Vater, der sich auf sein Baby einläßt und Verantwortung übernimmt, eine stärkere Bindung zu seiner Frau: zwischen Mutter, Kind und Vater entsteht familiäre Verbundenheit.
Viele Väter fühlen sich anfangs ihren neuen Babys gegenüber etwas unbehaglich, da sie dazu erzogen wurden, alle mütterlichen Verhaltensweisen aus ihrem Repertoire auszugrenzen; nun müssen sie im Umgang mit dem winzigen Lebewesen auf einmal auf diese tabuisierten Eigenschaften zurückgreifen. Manche Formen der Interaktion fallen den Männern leicht, wie z. B. das Baby zu tragen oder es vor sich hochzuwerfen (was den meisten Müttern Angst und Schrecken einjagt). Sie machen mit den Babys Bewegungsspiele, während sie die nötigen Pflegemaßnahmen wie wickeln oder baden durchführen. Nachdem die erste Scheu überwunden ist, lernen die Männer, sanfter mit den ganz kleinen Babys umzugehen.
Im zweiten Lebensjahr, wenn Bewegung und Spiel zum motorischen Abreagieren wichtig sind und die ersten Worte geformt werden, entdecken die Väter ihre Kinder aufs neue als SpielgefährtInnen (auch wenn es ihnen natürlich mehr Spaß macht, mit einem lebhaften Jun-

gen durchs Haus zu toben als mit einem kleinen ängstlichen Mädchen). Dieser Spielgemeinschaft zwischen Vater und Kind gehen andere Spiele voraus: meist wird das Baby wie ein Ball hoch in die Luft geworfen und dann wieder aufgefangen. Einer der Väter in unserem Zentrum erklärte von sich aus, daß „mit dem Kind spielen" für ihn mit „Ballspielen" identisch war: Er trug seine acht Monate alte Tochter wie einen Baseball und gab vor, sie auch so zu werfen. Er war sich über sein Verhalten völlig im klaren. Viele Väter sind sich jedoch dieses Zusammenhangs keineswegs bewußt.

Sobald die Babys krabbeln und die Kleinkinder laufen können, begeben sich die Väter mit ihnen auf den Fußboden und freuen sich an der neuen Beweglichkeit. Kaum kann das Baby sitzen, zeigt ihm der Vater, wie es mit einem Ball spielen kann. Aufregende Spiele beginnen, und auch Mädchen werden in Vaters Vorliebe für abrupte, heftige Bewegungen mit einbezogen. Je einfühlsamer ein Mann, desto eher spürt er, wenn das Baby oder Kleinkind vom wilden Spielen genug hat. Wenn er das Gesicht seines Kindes während der Balgerei aufmerksam beobachtet, kann er leicht feststellen, ob er die Heftigkeit etwas reduzieren oder gar das Spiel beenden muß. Die Fähigkeit des Vaters, seine eigenen Bewegungen zu kontrollieren, hat einen wohltuenden Effekt auf die Selbstbeherrschung des Kindes.

Während viele Mütter dazu neigen, ihre Kinder als unselbständige Babys und mit äußerster Vorsicht zu behandeln, gewinnen die Kinder im Umgang mit ihren Vätern an Zähigkeit und werden mit kraftvollerem, zielgerichtetem Verhalten vertraut. Mütter schreiten da oft ein, weil sie dem wilden Spiel nicht zusehen können oder weil sie intuitiv zu spüren meinen, daß das Kind genug hat. Ein kleines Kind kann von länger dauernden motorischen Aktivitäten mit Erwachsenen übererregt sein, aber es wird selten deswegen weinen. Anfangs gluckst und lacht es vor Vergnügen; wenn die Aufregung zu viel wird, verändert sich das Lachen: es wird „hysterisch", ängstlich, eine Mischung aus Vergnügen und Furcht, aufgeregter Freude und Unbehagen. Besonders schwierig ist es, wenn der Vater spät am Abend nach Hause kommt und dann unbedingt noch mit dem Kind spielen will, entweder unmittelbar vor oder sogar schon nach der Schlafenszeit. Kein Wunder, daß das Baby nach so viel Aufregung ganz aufgewühlt ist, nicht einschlafen kann und in der Nacht

manchmal aufwacht. Krabbelkinder und solche, die gerade laufen lernen, sind von ihren motorischen Fertigkeiten so fasziniert, daß sie den ganzen Tag lang üben, sobald und solange sie eben wach sind. Sie fühlen sich erniedrigt, wenn wie sich plötzlich hinlegen sollen. Schon im Halbschlaf, versuchen sie noch immer (das ist von Kind zu Kind verschieden), auf alle viere zu gelangen oder im Bett aufzustehen. Manche Mütter ärgert diese Übererregtheit, während andere sich in ihr Kind hineinversetzen und sich an dem gebotenen Schauspiel erfreuen können.
Väter sehen häufig den ursächlichen Zusammenhang zwischen Übererregtheit des Kindes und Schlafproblemen nicht. Sie glauben, daß das Kind lieber mit ihnen als mit anderen Leuten spielt, ja jeden Augenblick genießt, und daß die Kleinen sie nachts vielleicht sogar vermissen. Solche Männer denken nicht daran, daß Babys und Kleinkinder von Bewegung träumen und aufgrund ihrer Übererregung möglicherweise Alpträume haben könnten. Die Kleinen schreien im Schlaf plötzlich auf und sind desorientiert, wenn sie aufwachen. Auch Eltern werden ärgerlich oder besorgt, wenn sie ständig aus dem Schlaf gerissen werden. Aber die Reaktionen sind unterschiedlich: Die eine Mutter benötigt mehr Schlaf als die andere, und dasselbe gilt für Väter. Ein ungeduldiger, schläfriger Elternteil wird des Nachts lange zur Beruhigung eines Babys brauchen. Väter stehen auf, holen das Kind aus seinem Bett und tragen es zur Mutterbrust, denn Gestilltwerden wirkt auf das Baby wie ein Schlafmittel – so lange, bis es wieder aufwacht. Wenn es zu den Eltern ins Bett darf, spürt und hört das Baby den Atem von Mutter und Vater, und dieser ansteckende Rhythmus macht schläfrig. Was das Kind dabei jedoch nicht lernt, ist, sich selbst zu beruhigen. Es wird von der Anwesenheit der Eltern abhängig und fürchtet sich vor dem Alleinsein im Bett. In dieser Situation verwandelt sich der Vater – bisher Spielkamerad, Spaßmacher und heiß begehrter Gefährte – plötzlich in einen strengen Zuchtmeister. Der vorher erwähnte Baseball-Vater wurde so wütend, als seine Tochter ständig ins elterliche Schlafzimmer kam, daß er sie in ihr Zimmer einsperrte und sie weinen ließ.
Die Kombination von Nachgiebigkeit und plötzlicher Maßregelung ist nicht an das Geschlecht gebunden. Beide Elternteile können so sein. Die Eltern geben meist deshalb nach, weil es so für sie beque-

mer ist. „Erziehungsmaßnahmen" werden erst ergriffen, wenn es den Eltern zu bunt wird. Viele Väter sind geduldig und bleiben ruhig, während Mutter die Nerven verliert und schreit. Trotzdem finden einige Männer ein übererregtes Kleinkind lästig, auch wenn sie selbst an diesem Zustand schuld sind. Wollen Väter ein Spiel beenden, sind die Kinder häufig dazu nicht bereit, nicht fähig. Die meisten Väter sind am Abend müde und wollen die Kinder ins Bett bringen, weil sie sich darauf freuen, nach einem anstrengenden Tag in aller Ruhe die Zeitung lesen oder fernsehen zu können.

Es ist insgesamt ein riskantes Unterfangen, mit einem Kind über seine Schlafenszeit hinaus zu spielen. Die Eltern sollten wissen, wieviel Aufregung ihr Kind verkraften kann, und ihm genügend Zeit lassen, sich geistig darauf vorzubereiten, daß es jetzt allmählich aufhören muß. Sie können das Ende des Spiels ankündigen und dann langsam die Aktivitäten auslaufen lassen. Eltern müssen die Intensität des Spielens und in der Folge auch die Unzugänglichkeit für vernünftige Argumente berücksichtigen. Sie müssen sich der Art ihrer Kinder, mit Zeit umzugehen, anpassen. (Väter können diese neue Rücksichtnahme übrigens auch in ihrer Berufswelt anwenden; sie werden feststellen, daß sich das Arbeitsklima wesentlich verbessert.)

Mit etwa zwei Jahren trödeln Kinder ausgiebig und vergewissern sich, daß sie diejenigen sind, die die Entscheidungen treffen, indem sie ihre Aktivitäten ungeachtet der elterlichen Wünsche und Bedürfnisse beginnen oder beenden. Kluge Eltern lehren ihre Kinder bei aller Rücksichtnahme aber doch ein gewisses Zeitgefühl; sie sagen z. B.: „Wir gehen gleich nach dem Mittagessen aus", oder „wenn Vater mit dem Brief fertig ist". Man kann Zweijährigen durchaus vermitteln, wann etwas anfängt bzw. aufhört, indem man ihnen zeigt, wo der Uhrzeiger dann sein wird.

Obwohl es stimmt, daß Väter ganz allgemein ihre Söhne zu mehr Unabhängigkeit und Aktivität ermuntern als ihre Töchter, so wird die unterschiedliche Behandlung bei Kindern über drei Jahren noch deutlicher. In dieser Phase verhalten sich Kinder beiderlei Geschlechts sehr mütterlich und fürsorglich gegenüber ihren „Babys", als ob sie sagen wollten: „Ich bin jetzt kein Baby mehr; ich bin eine Mama, ich bin groß." Dadurch werden Jungen nicht weiblich; es ist lediglich ihre Art, sich von Mutter zu lösen und Unabhängigkeit zu lernen.

Dreijährige glauben fest daran, daß sie nur zwei Alternativen haben: Baby oder Mutter zu sein. Ein Zweieinhalbjähriger kam mit seinem Vater zu einer psychoanalytischen Sitzung. Der Vater fragte: „Was wirst du werden, wenn du einmal groß bist?" Die Antwort kam wie aus der Pistole geschossen: „Eine Mama." Der Vater wiederholte die Frage mehrmals und bekam immer wieder dieselbe Antwort. Leicht verzweifelt fragte er seinen Sohn, ob er ein Mädchen oder ein Junge sei. Ohne zu zögern, antwortete der Kleine: „Ein Junge." – „Dann", entgegnete der Vater mit Erwachsenenlogik, „wirst du aber ein Papa." Der Sohn erklärte daraufhin ungehalten: „Ich bin ein Junge, und ich werde eine Mama."

Mütter und Väter gleichermaßen sind noch immer besorgt, wenn ihr Junge mit Puppen spielt. Obwohl die Vorurteile nicht mehr so weit verbreitet sind wie noch vor drei Jahrzehnten, können sich die Eltern doch des nagenden Gefühls nicht erwehren, daß da etwas nicht stimmt. Der kleine Junge gewöhnt sich an zu behaupten, daß er ein Papa ist, weil er spürt, daß für ihn „Mamasein" tabu ist. Eltern sollten nicht den vorschnellen Schluß ziehen, daß ein Dreijähriger, der mit Puppen spielt, homosexuell veranlagt oder unsicher hinsichtlich seiner Geschlechtsrolle sei. Die Väter müssen lediglich ein halbes bis ein Jahr warten, und dann wird ersichtlich, daß die Kinder sehr gut zwischen den Rollen der Geschlechter unterscheiden können.

Bis in diese Phase hinein ist der Junge davon überzeugt, daß seine Mutter einen Penis habe; daher ist es für ihn erstrebenswert, so wie sie zu werden. Manche Jungen verleugnen die Tatsache, daß Mutter keinen Penis hat, und versuchen, unter den Röcken der Frauen den Beweis dafür zu finden. Zwar geben die Kleinen vielleicht zu, daß Mädchen eine Vagina haben (obwohl das, was sie sehen, genaugenommen die Vulva ist), aber sie nehmen an, daß man, um Mutter zu werden, einen Penis wachsen lassen oder ihn aus seinem Geheimversteck holen muß. Darüber müssen einige Mütter amüsiert lächeln, während die Väter den Kindern in Oberlehrermanier die Fakten immer wieder aufs neue zu erklären versuchen. Phantasiespiele und erfundene SpielgefährtInnen sind nicht nach Vaters Geschmack. Er fühlt sich wohler, wenn er reale Dinge erklären soll: wie etwas funktioniert, wie das Ding auseinandergenommen und wieder zusammengesetzt werden kann. Er zeigt den Kindern von klein auf, etwas

Kaputtes zu reparieren, und macht sie bald zu nützlichen HelferInnen bei praktisch orientierten Tätigkeiten wie hämmern, sägen, etwas bauen etc. Selbstverständlich aber gibt es auch Väter, die nur zu gerne alles Handwerkliche der Mutter überlassen.

Es ist Aufgabe des Vaters, dem Kind dabei zu helfen, diese Phase, in der es die Mutter idealisiert und nachahmt, hinter sich zu bringen und sich neuerlich mit dem Vater zu identifizieren; die Jungen brauchen ihn dafür stärker als die Mädchen. Der kleine Junge, der gerade laufen gelernt hat, teilt sein Vergnügen an motorischen Leistungen mit dem Vater; vielleicht bleibt der Kleine auch während der mütterlichen Phase Vaters bester Freund. Im Alter von dreieinhalb bis vier Jahren jedoch basiert die Wiederannäherung zwischen den beiden vor allem auf der Bewunderung des Sohnes für seinen Vater, der in das Reich seiner Kultfiguren, die Stärke und Heldenmut verkörpern, aufgenommen wird. Der Junge fängt an, Mädchen zu verachten und Phantasiepersonen wie Superman zu idealisieren.

Das Mädchen wird in der mütterlichen Phase von beiden Elternteilen dazu ermutigt, seine Rolle als kleine Mutter zu spielen. Wenn auch die Tochter die „männliche" phallische Phase erreicht, identifiziert sie sich mit dem Vater und wird sehr jungenhaft. Sie ist enttäuscht, daß sie nicht unmittelbar wirklich Mutter werden kann und stürzt sich gleich auf die nächste, unmöglich zu erfüllende Aufgabe: Sie wünscht sich, daß aus ihr ein Junge werde und daß ihr ein Penis wachse. Es liegt am Vater, sie allmählich von dieser fixen Idee (ein großer Held wie ihr Bruder zu werden) abzubringen und sie davon zu überzeugen, daß Weiblichkeit ein erstrebenswertes Ziel ihres Lebens sein kann. Mädchen und Jungen hilft Vaters Bestätigung gleichermaßen, sich mit dem ihnen angeborenen Geschlecht auszusöhnen. Für die Mütter (weniger für die Väter) sind die Kinder ihre „Babys" und werden es immer bleiben. Ein Mädchen bleibt „Vatis kleine Tochter", was durch ihre unverhohlene Vorliebe für ihn und durch die ersichtliche Freude, die ihm ihre Liebe bereitet, verstärkt wird. Von den kleinen Jungen wiederum wird erwartet, daß sie groß werden und Vaters Vorstellungen von Männlichkeit verwirklichen.

Der zweieinhalbjährige Leny erhielt nie eine Chance, seine mütterlichen Instinkte zu entwickeln und auszuleben: Sobald er einen Ball werfen konnte, lehrte ihn sein Vater die Haltung eines perfekten

Baseballspielers. Leny konnte seine Gefühle bezüglich der Loslösung von seiner Mutter nie aufarbeiten, weil er sich sofort unabhängig geben mußte. Als er zur Schule kam, weinte er bitterlich und wollte seine Mutter bei sich haben.

In vielen Fällen – besonders wenn der Vater abwesend ist – besteht das Bedürfnis danach, einen positiven Vaterersatz zu finden, um die Entwicklung der geschlechtlichen Identität voranzutreiben.

Väter führen ihre Kinder durch die Entwicklungsphase, die in der Psychoanalyse Ödipuskomplex genannt wird. Im Idealfall vertreten sie das Realitätsprinzip und sind weder streng und strafend noch verführerisch. Indem sie die Liebeserklärungen der Kinder (daß der Junge seine Mutter und das Mädchen seinen Vater heiraten will) respektieren, helfen die Eltern – und besonders der Vater – ihren Töchtern und Söhnen, den Vater weder als Liebhaber noch als Rivalen zu sehen und sich selbst in der Rolle des Kindes zu akzeptieren. Solcherart entwickeln die Kinder ein klar strukturiertes Gewissen, das im Laufe der Schulzeit immer solider und differenzierter wird.

Manche Schulen fordern die Eltern dazu auf, mit ihren Kindern die Hausaufgaben zu machen. Kluge Eltern helfen bei Bedarf und leiten das Kind dazu an, ihre Arbeit entsprechend den Schulregeln zu erledigen. Der Vater bleibt weiterhin eine Leitfigur in der realen Außenwelt. Es ist wichtig, daß er sich selbst dabei ernst nimmt und daß seine Frau seine Autorität nicht untergräbt. In unserer Zivilisation werden Frauen ermutigt, sanft und zärtlich zu sein, während die Väter streng und entschieden sein sollen. Durch den wachsenden Einfluß der Frauenbewegung wurden diese Rollen zum Teil vertauscht: Die Mütter setzen die Grenzen, und die Väter beschwichtigen ihre Schuldgefühle – weil sie so wenig Zeit mit ihren Kindern verbringen – durch übermäßige Nachgiebigkeit. Zunehmend mehr Mütter mit Kleinkindern arbeiten noch, um Geld zu verdienen, und wenn sie nach Hause kommen, sind sie müde. In Kleinfamilien wachsen den Eltern die zu lösenden Alltagsprobleme häufig über den Kopf; in Großfamilien konnten die Aufgaben besser verteilt werden. Die Kinder werden dann damit belastet, daß sie den Eltern gegenüber eine fürsorgliche Haltung einnehmen müssen, und allmählich entwickelt sich das Kind zur tragenden Säule der Familie, statt daß es festen und verläßlichen Halt von den Eltern erhält.

Eltern müssen sich gegenseitig unterstützen und Verständnis zeigen, wenn die/der andere müde ist, und abwechselnd dem Kind Rückhalt bieten. Manchmal wenden sich besorgte, unsichere Eltern an KinderärztInnen und PädagogInnen, um Zuspruch und Rat zu finden. Wir sehen es als unsere Aufgabe, den Eltern zu helfen, fachkundige und einsichtige Betreuungspersonen zu werden, die darüber Bescheid wissen, was ihrem Kind guttut, und die die gemeinsame Aufgabe der Kindererziehung in harmonischem Miteinander bewältigen. Indem sie erkennen, was das Kind von jedem Elternteil braucht, und indem sie die unterschiedlichen Rollen von Mutter und Vater respektieren, gewinnen die Eltern genügend Selbstvertrauen, um selbstbewußte Mütter und Väter der nächsten Generation großziehen zu können.

SCHWANGERSCHAFT – DER ERSTE SCHRITT ZUR ELTERNSCHAFT

Indem wir die Phasen der Babyzeit, der Kindheit und der Jugend durchlaufen, werden wir darauf vorbereitet, selbst einmal Eltern zu werden. Auch die Schwangerschaft ist eine solche Zeit der Vorbereitung, aber nicht nur das: Sie ist bereits der erste Schritt in Richtung Elternsein.

Während der Körper einer schwangeren Frau immer mehr an Umfang zunimmt, verändern sich sowohl ihre Gedanken, die sie tagsüber begleiten, als auch ihre nächtlichen Träume durch das neue in ihr wachsende Lebewesen. In diesem Kapitel sprechen wir von den Träumen schwangerer Frauen, von der Rolle der Väter und davon, wie Eltern mit dem ungeborenen Baby Kontakt aufnehmen können. Wir werden auch zahlreiche praktische Vorschläge anbieten, wie sich Frau und Mann schon vor der Geburt auf die lohnende Aufgabe der Elternschaft einstimmen können. Zur Beziehungsaufnahme mit dem Ungeborenen gehört beispielsweise auch die Körperhaltung, die die Schwangere einnimmt, also wie sie die Last des eigenen Körpers – und damit auch das Baby – trägt. Entsprechende Übungen vor der Geburt können helfen, auf verschiedenste Weise mit dem Baby in Interaktion zu treten.

Einer schwangeren Frau steht viel Information zur Verfügung, und meist wird sie mit guten Ratschlägen überhäuft; einige davon kommen ungebeten, einige sucht sie von sich aus in Erfahrung zu bringen. Beliebt und geschätzt sind vor allem die Kurse zur Geburtsvorbereitung. Aus welchem Grund auch immer, in unserer Gesellschaft steht die Vorbereitung werdender Eltern auf die Entbindung im Mittelpunkt, so als ob mit der Geburt alles vorbei wäre. Selbstverständlich ist eine möglichst „natürliche" Geburt eine wichtige Erfahrung für Eltern und Kind; konzentriert man sich aber ausschließlich auf eine erfolgreiche Entbindung, so verliert man das größere, eigentliche Ziel aus den Augen: Wie können wir dem Kind gute Eltern sein? So kommt es zu dem bemerkenswerten Phänomen, daß die werdenden Eltern wohl auf die Geburt bestens vorbereitet sind, nicht aber auf die Zeit danach, wenn es ernst wird mit dem Elternsein.

Diese Vorgangsweise beruht auf zwei Annahmen; die eine ist, daß Eltern spontan und intuitiv wissen, was sie zu tun haben. Bis zu einem gewissen Grad stimmt das auch. Bemuttert zu werden ist eine gute Vorbereitung, um selbst Mutter zu werden. Für die meisten Säugetiere gilt, daß ihre Jungen zu inkompetenten Eltern heranwachsen, wenn sie selbst als Waisen großgezogen wurden. Von Anfang an findet ein unglaublich breitgefächerter, unbewußter Lernprozeß statt. Eltern, die selber schon als Kinder geholfen haben, noch kleinere aufzuziehen, haben allerdings noch bessere Aussichten, ihre Aufgabe selbstsicher wahrzunehmen. In vielen Kulturen wird das so gehandhabt: Ältere Geschwister müssen auf die jüngeren Kinder achtgeben, und wenn sie erwachsen werden, haben sie schon reichlich Erfahrung darin, für ein Baby zu sorgen. In manchen Ländern schleppen schon die Drei- bis Vierjährigen fast den ganzen Tag lang ihre jüngeren Geschwister mit sich herum. In einem ostafrikanischen Land brachten die Kinder die Babys, für die sie verantwortlich waren, sogar in den Kindergarten mit. In unserer Zivilisation haben die wenigsten jungen Erwachsenen Erfahrung im Umgang mit Kindern – von gelegentlichem Babysitten einmal abgesehen.

Beraterinnen in Geburtsvorbereitungskursen und die Schwestern im Krankenhaus geben ein paar grundsätzliche Anleitungen dafür, wie ein Baby getragen, gestillt, gebadet und zum Aufstoßen hochgehalten wird, aber überraschenderweise gibt es in unserer Gesellschaft, in der sonst Unterricht für alles mögliche angeboten wird, keinen Kurs, der Frauen und Männer auf ihr Elterndasein vorbereitet. Da die meisten von uns jede nur mögliche praktische Übung gut gebrauchen könnten, scheint es nur vernünftig, mit dem Elternsein anzufangen, sobald die Frau schwanger ist, und nicht damit zu warten, bis ein noch unvertrautes, brüllendes Baby hilflos in unseren Armen liegt.

Die Leute sprechen auch deshalb während der Schwangerschaft noch nicht so gerne von der Zeit danach als Eltern, weil sie ihrer Meinung nach erst mit der Geburt des Kindes zu Mutter und Vater werden. Es ist, als ob sie sich erst dann mit dem Baby beschäftigen müßten, oder als ob das ungeborene Kind – Fötus genannt – eigentlich noch gar nicht ihr Baby sei.

Vielleicht haben wir nur deshalb Angst davor, uns allzusehr auf das Ungeborene einzulassen, weil etwas schiefgehen könnte. Wir wollen sichergehen, daß alles in Ordnung ist, bevor wir unser Herz an das neue Lebewesen hängen. Das ist gewiß eine „vernünftige" und auch verständliche Einstellung. Heutzutage jedoch, da Mütter gut ernährt sind und ordentlich umsorgt werden, sind erfolgreich verlaufende Schwangerschaften ohnehin die Norm. Die geringen Risiken für unsere Gefühlswelt werden bei weitem von der Befriedigung aufgewogen, die als Lohn winkt, wenn Frau und Mann sich schon während der Schwangerschaft als Eltern fühlen. Diese eher unkonventionelle Idee wird immer beliebter, weil sie eine Möglichkeit bietet, den Bindungsvorgang zwischen Eltern und Kind zu einem früheren Zeitpunkt und auf eine sanftere Art zu beginnen. Natürlich liegt die Entscheidung darüber bei den Eltern.

Ein anderer Grund, warum sich werdende Eltern vor allem mit körperlichen Übungen und Ernährungsfragen beschäftigen, aber nicht so sehr mit der Eltern-Kind-Beziehung als einem umfassenden Kommunikationssystem, ist vielleicht die Tatsache, daß wir erst in allerjüngster Zeit die Fähigkeiten des ungeborenen Kindes kennenlernen. Verny hat beschrieben, daß der Fötus im sechsten Monat „sehen, hören, schmecken kann, Erfahrungen macht und, auf primitivster Ebene, im Mutterleib lernfähig ist". Dr. Truby, Professor für Kinderheilkunde an der Universität von Miami, fand heraus, daß der Fötus vom sechsten Monat an deutlich hören kann und sich in seinem Bewegungsrhythmus auf den Sprechrhythmus der Mutter einstimmt. Viele Eltern haben die Erfahrung gemacht, daß die Babys Lieder wiedererkennen, die ihnen als Ungeborenen vorgesungen wurden; diese Melodien hatten nach der Geburt eine beruhigende Wirkung auf sie.

Viele Eltern stellen sich den Fötus als ein gestaltloses Etwas vor, das nur strampeln kann und sonst nichts. Könnte es sein, daß erst mit der Geburt aus diesem formlosen Ding ein vollständiges menschliches Wesen wird, das plötzlich sehen, hören, atmen, schreien, glücklich oder traurig sein kann? Die Logik sagt uns, daß dem nicht so ist. Das Baby unterscheidet sich einen Monat vor der Geburt kaum vom Neugeborenen. Und da heute so viele Frühgeburten überleben, wissen wir noch mehr von den Fähigkeiten eines Babys selbst einige Zeit vor dem errechneten Geburtstermin. In wachsender Anerkennung dieser Tatsache wird es immer beliebter, dem ungeborenen Baby Geschichten vorzulesen oder ihm etwas vorzusingen; besonders Väter ergreifen diese Gelegenheit, solcherart aktiv an der Schwangerschaft teilzunehmen.

Es gibt auch noch viele andere Möglichkeiten, wie Eltern eine Beziehung zu ihrem ungeborenen Kind knüpfen können, um so den langen, aber lohnenden Prozeß der Kindererziehung zu beginnen.

Gefühlsmäßige Bande knüpfen

Vor einigen Jahrzehnten sorgte John Bowlby für Aufregung mit der Behauptung, daß es so etwas wie einen mütterlichen Instinkt gebe, der – solange er ungestört bleibe – dafür sorge, daß sich zwischen Mutter und Kind eine starke Beziehung entwickelt. Auch beim Menschen kommt unmittelbar nach der Geburt dieser Bindungsprozeß in Gang, der aus der Tierwelt ja bestens bekannt ist: Die Muttertiere und ihre Jungen werden aufgrund verschiedener Schlüsselreize (die das Sehen, Hören, Riechen, Tasten sowie den Bewegungssinn betreffen) aufeinander geprägt. Dieser Vorgang wird erleichtert, wenn das Baby nach der Geburt Hautkontakt mit der Mutter hat. Daher verlangen die BindungsforscherInnen, man solle das Neugeborene zuerst auf Mutters Bauch legen und dann auf ihren Brustkorb. Der Bindungsvorgang zwischen Menschen beruht jedoch nicht auf einem einzelnen Erlebnis oder einer einzigen Situation; er entwickelt sich vielmehr allmählich und fortlaufend. Dabei greifen die Eltern auf die Erfahrungen mit der eigenen Mutter und auch auf spätere Erlebnisse zurück.

Wir beginnen unsere Beschreibung dieses Bindungsvorgangs in der Schwangerschaft mit einem kurzen Blick auf die Bedeutung der frühen Einflüsse, die unsere Eltern auf uns ausübten.

Der Einfluß der Eltern

Es ist erstaunlich, daß sich Erwachsene „körperlich" daran erinnern, wie sie als Babys getragen wurden, obwohl sich dieses Wissen nicht

in Worten oder Bildern ausdrücken läßt. Wenn wir Eltern werden, tragen wir unsere Kinder wieder auf dieselbe Art, wie wir gehalten wurden (vgl. den Abschnitt: Wie Kinder gehalten werden: Die Entwicklung des Körperbildes). Wahrscheinlich tragen sogar schwangere Frauen ihr Baby so, wie sie selbst im Mutterleib getragen wurden.
Zusätzlich zu den intensiven Körpererinnerungen lagern auch noch andere Erinnerungen tief in unserem Inneren, oft ohne daß wir uns dessen bewußt sind. Viele Töchter und Söhne schwören, ihre Kinder „ganz anders" großzuziehen, als sie selbst erzogen wurden; trotz der besten Absichten aber geraten sie in das Fahrwasser ihrer Eltern und wiederholen die Geschichte. Obwohl man sicherlich manches nicht genauso machen will wie die eigenen Eltern, liegt doch auch etwas Positives in dieser Wiederholung. Man kann nicht bei jedem Kind den gesamten Bereich „Kindererziehung" von Grund auf neu erfinden. Vielmehr können wir auf das gesammelte, weitgehend unbewußte Wissen von Elternschaft zurückgreifen und es fein abstimmen, anpassen und neu modellieren, um den Erziehungsstil zu finden, der unserer Familie am besten zusagt.

Die Entscheidung, ein Kind zu haben

Wann entschließen sich Menschen, ein Kind zu bekommen? In manchen Kulturkreisen besteht eine religiöse Pflicht, Kinder zu haben, in anderen Ländern ist es einfach althergebrachte Tradition. Der gesunde Menschenverstand sagt uns, daß wir dann ein Baby haben sollen, wenn wir schon einige Zeit mit einer Frau/einem Mann zusammen sind, uns in dieser Beziehung sicher und geborgen fühlen und in der Lage sind, für ein Baby zu sorgen. Oft sehen sich Frauen jedoch verschiedenen, einander entgegengesetzten Forderungen ausgesetzt.
Eine junge Frau, die eigentlich warten wollte, bis sie eine Dauerarbeitsstelle haben würde, entschloß sich, doch schon vorher ein Baby zu bekommen, weil sie von ihrer Mutter – die unbedingt bald ein

Enkelkind wollte – dazu gedrängt wurde. Seltsamerweise versuchen manche Ehepaare, ihre gescheiterte Beziehung mit Hilfe eines Babys zu kitten. Natürlich gibt es auch die Überlegung, daß ab einem gewissen Alter der Mutter das Risiko steigt: sowohl was die Entbindung betrifft als auch die normale Entwicklung des Babys. Am häufigsten fällt die Entscheidung für ein Kind aufgrund des allmählich immer stärker werdenden Wunsches, Mutter oder Vater zu werden – nicht nur, um den eigenen Eltern nachzueifern, sondern auch weil die Fortpflanzungsfähigkeit zunimmt und im Alter zwischen 25 und 35 Jahren ihren Höhepunkt erreicht.

Empfängnis

In der Hoffnung, daß eine Befruchtung stattgefunden hat, träumen manche Frauen, die sich ein Baby wünschen, immer wieder davon, daß sie befruchtet werden. Es ist, als ob die früheren Zeiten, da eine Schwangerschaft noch unerwünscht war, nun zu dem ersehnten Baby beitragen könnten. Eine Zeit der Ungewißheit beginnt, obwohl einige Frauen, die bereits eine Schwangerschaft hinter sich haben, ein gewisses „Gefühl" bekommen, das ihnen schon zu einem frühen Zeitpunkt verrät, daß sie schwanger sind. In den meisten Fällen jedoch liefern das Ausbleiben der Monatsblutung und Übelkeit den ersten Hinweis auf eine Schwangerschaft.

Das erste Drittel der Schwangerschaft

Bald nach der Befruchtung nistet sich der Embryo in der Gebärmutter ein. Er muß sich am Uterus festmachen und so eine Verbindung mit der Mutter herstellen. Im Alter von zehn Wochen ist das Kind äußerst aktiv und bewegt sich in dem zur Verfügung stehenden Raum, obwohl Mütter diese Bewegungen erst fühlen, wenn das Baby schon größer ist. Aus der Sicht des winzigen Lebewesens müssen wir uns einen riesigen Ozean vorstellen, in dem das Baby tanzen und schwimmen kann.[1] Wenn es sich eingenistet hat, hat es doch immer noch genügend Bewegungsfreiheit, da ihm die Nabelschnur erlaubt, sich hin- und herzubewegen. Vielleicht ist dieser ständige Ortswechsel des Babys daran schuld, daß sich die Mutter seekrank fühlt. Aber es ist für das Baby sehr wichtig, aktiv zu sein, denn diese Bewegungen fördern die Reifung des Nervensystems, wie neueste Forschungen zeigen.

Die meisten GynäkologInnen machen für die Übelkeit ein Hormon verantwortlich, das in dieser Zeit dominiert. Und doch wird einigen Frauen überhaupt nicht schlecht, während andere Fürchterliches erdulden müssen, bis dieser Spuk am Ende des dritten Monats (= des ersten Drittels) ausgestanden ist und sie aufatmen können. Im Falle einer geplanten Schwangerschaft sind Mutter und Vater normalerweise voll aufgeregter Erwartung. Trotzdem können sich diese positiven Gefühle mit dem üblichen Konflikt verstricken: mit dem Wunsch, ein Kind zu haben, und der Angst, jede persönliche Freiheit aufgeben zu müssen. Vor allem Väter – aber in letzter Zeit zunehmend auch Mütter – machen sich Sorgen, ob sie ihr Kind finanziell erhalten können und ob sie neben der Arbeit noch genügend Zeit für das Kind übrighaben werden. Diese widerstreitenden Gefühle sind vorhanden, selbst wenn das Baby geplant, ersehnt und begrüßt wird. Schließlich bringt die Elternschaft nicht nur Freude, sie verlangt auch Opfer.

Obwohl Fehlgeburten nicht allzu häufig sind, ist doch das Risiko dafür im ersten Drittel der Schwangerschaft am höchsten, und viele Eltern müssen ständig daran denken. Interessanterweise handeln viele Träume der Eltern in dieser Zeit von Menschen, die verlorengegangen waren und wiedergefunden wurden. Diese Träume scheinen eine gewisse beruhigende Wirkung zu haben: So wie diese Personen wiedergefunden wurden, so wird auch das Baby – das noch nicht fest eingenistet ist und daher noch verlorengehen könnte – bald sicher im Mutterleib festgemacht sein. Das Baby wird zur erfolgreichen

---

[1] Wir bezeichnen hier das ungeborene Kind als Baby und nicht als Fötus. Der Begriff „Baby" wird ja auch von den Eltern benutzt und ist im übrigen zutreffend.

Reinkarnation aller wichtigen Personen, deren Verlust verschmerzt werden mußte. Aber das Baby wird immer zurückkommen und seine Mutter niemals für immer verlassen.

Viele Frauen lassen schon am Anfang der Schwangerschaft ihren Brustkorb zur Körpermitte hin sinken. Es scheint, als wollten sie ihr Baby sicher an seinem Platz halten und mit dem unteren Teil des Brustkorbs umschließen und beschützen. Natürlich kann nicht der Brustkorb das Baby halten; es wird vielmehr vom Uterus umschlossen, der es an seinem Platz in der Verbindung mit der Plazenta festhält. Die Plazenta sollte gut durchblutet sein – schlechte Haltung wie z. B. ein eingesackter Brustkorb könnte die Blutzirkulation beeinträchtigen.

Körperliche Übungen

1. Auf dem Baby „sitzen" oder mehr Platz für das Baby schaffen

Sogar Frauen, die sich normalerweise aufrecht halten, erliegen während der Schwangerschaft oft dem Impuls, in sich zusammenzusinken. Das Resultat ist ein Druck auf die Magengegend, der wiederum zu der von vielen Frauen am Anfang der Schwangerschaft erlebten Übelkeit beiträgt. Diese Haltung, bei der die Frau quasi auf dem Baby „sitzt", wie wir es nennen, behindert auch ihre Bauch- bzw. Beckenatmung. Je größer der Bauch wird, desto mehr erschwert die zusammengesunkene Haltung der Frau das Gehen. Sie fängt zu watscheln an, und jede körperliche Bewegung wird mehr zur Qual als zur Belebung. Diese Körperhaltung geht Hand in Hand mit Gefühlen der Niedergeschlagenheit und der Hilflosigkeit.

Wenn die Mutter auf dem Baby „hockt", kann das auch für das Kleine nicht besonders angenehm sein, denn es braucht ja Platz, um zu wachsen. Anstatt es unbeweglich an einer Stelle im Körper festzubinden, stellt die Natur dem Baby genügend Raum zur Verfügung, in dem es springen, schwimmen, sich drehen und wenden kann.

Anstatt in sich zusammenzusinken, sollten Mütter eine aufrechte Haltung einnehmen, um Platz für das Baby zu schaffen. Wenn sie sich selbst aufrecht halten, haben sie den ersten Schritt getan, um auch dem Baby Halt geben zu können.

2. Dem Baby Halt geben

Sobald das Baby größer und schwerer wird, geben viele Mütter nach, wenn ihr Bauch vom Gewicht des Babys nach unten gezogen wird. Sie lehnen sich zurück, machen ein Hohlkreuz, und mit fortschreitender Schwangerschaft kommen oft auch noch Rückenschmerzen dazu.
Dem Baby bietet ein nach unten hängender Bauch keine Stütze. Stellen Sie sich einen Augenblick lang vor, das Kind im Arm zu halten. Wenn der Arm ermüdet, lassen Sie ihn schlaff nach unten hängen. Wenn Mutters Körperhaltung zusammensinkt, wird auch das Baby schlaff, und keiner der beiden fühlt sich wohl dabei.
Das Baby entwickelt als eine seiner ersten Fähigkeiten den Sinn für Orientierung im Raum. Das ist das System, das uns stabil und sicher oder aber schwindelig werden läßt und das verantwortlich ist für die Angst, zu fallen. Wir wissen, daß es in einer solchen Situation hilft, die Füße fest auf dem Boden zu haben. Wenn das Baby wächst, lernt es, sich bis zum Beckenboden hin auszustrecken. Manchmal läßt es sich spielerisch nach unten gleiten, nur um sich dann wieder abzustoßen und nach oben zu schwimmen. Je größer das Baby wird, desto stärker sacken manche Mütter in sich zusammen, um dem Druck auf den unteren Teil des Bauches und auf die Blase auszuweichen. Aber das ist ein Trugschluß: Auch das Baby hängt dabei schlaff nach unten und fühlt sich nur umso schwerer an.
Obwohl die Frau im ersten Drittel der Schwangerschaft nicht allzuviel an Gewicht zunimmt, ist gerade dieses frühe Stadium die richtige Zeit, die aufrechte Haltung zu üben. Wenn eine schwangere Frau ihre Muskeln früh genug trainiert, wird es ihr später leichtfallen, das größer werdende Baby zu stützen. In unserem Zentrum zeigen wir den Frauen, wie sie die Beckenbodenmuskulatur stärken und den unteren Teil des Bauches anheben können, um dem Baby Halt zu geben. Viele Frauen können ihren Beckenboden nicht spüren. Folgende Übungen können dabei helfen, die Muskeln, aus denen der

Beckenboden besteht, wahrzunehmen und richtig einzusetzen, damit das Baby abgestützt wird:

a) Das Becken kippen.

Die Beckenbodenmuskulatur kann dadurch angespannt und gestärkt werden. Stellen Sie sich mit leicht gegrätschten Beinen hin, beugen Sie Ihre Knie etwas und schieben Sie dann Ihr Becken nach vorne und in einem Bogen nach oben; benützen Sie dabei die Bauchmuskeln, ohne Ihre Schließmuskeln anzuspannen, und auch die Beckenmuskulatur beteiligt sich an dieser Bewegung. Diese Übung wirkt Rückgratverkrümmung und Hohlkreuz entgegen.

b) Sich erden.

Wir arbeiten auch daran, den Boden unter den Füßen wahrzunehmen: Dazu stellen wir die Füße fest auf die Erde, spüren, wie uns der Untergrund trägt, und lassen dieses Gefühl nach oben steigen, bis es den Beckenboden erreicht, der wiederum der tragende Untergrund für das Baby ist.

c) Sich selbst und dem Baby vorsingen.

Singen ist nicht nur eine vergnügliche Art, mit dem Ungeborenen Kontakt aufzunehmen, es hift der Mutter auch, ihren Beckenboden und den unteren Teil des Bauches zu kräftigen. Wir leiten die Mütter an, folgendermaßen zu singen: zuerst einatmen – das drückt das Zwerchfell nach unten und erweitert den Rumpf nach oben hin –, dann ausatmen, indem die Luft langsam nach oben gedrückt wird. Wenn die Frau über einen längeren Zeitraum hinweg ganz einfach nur „ahhhh . . ." singt, werden die Becken- und Bauchmuskeln ohne Anstrengung gestärkt.
Das gute Gefühl, wenn sich die Frau reckt und streckt und dabei gleichzeitig den haltgebenden Boden unter ihren Füßen spürt, überträgt sich auf ihr Baby, wenn es richtig getragen wird. Das Baby hat

dann ebenfalls Platz, um sich zu strecken, und trotzdem gibt es einen festen, haltbietenden Untergrund.
Es besteht kein Grund, wie auf rohen Eiern zu gehen, um das Baby nicht zu stören. Das Baby braucht von unten her eine Stütze gegen die Wirkung der Schwerkraft und Spielraum nach oben hin. Das ist im ersten Drittel der Schwangerschaft noch leicht zu gewährleisten, wird aber im zweiten Drittel oftmals schwieriger. Doch es könnte die erste Form von „Kommunikation" zwischen Mutter und Kind sein, wenn die Frau dafür sorgt, daß das Baby gut gestützt wird.

Das zweite Drittel

Am Ende des ersten Drittels der Schwangerschaft hat das Baby seinen festen Halt gefunden, und die Gefahr einer Fehlgeburt ist nahezu gebannt. Zur selben Zeit fühlt sich die Mutter körperlich besser, wird innerlich ruhig und interessiert sich dafür, das Baby näher kennenzulernen. Gar nicht so wenige Frauen, besonders solche, die schon einmal schwanger waren, fühlen die ersten feinen Regungen des Babys im vierten Monat. Manche Mütter beschreiben das Gefühl folgendermaßen: Es sei wie sanfte Wellen oder wie ein kleiner Fisch, der herumschwimmt, oder wie das vorsichtige Pochen kleiner Finger. Häufiger allerdings werden die kindlichen Bewegungen erst im fünften Monat wahrgenommen, wenn sie deutlicher geworden sind. Der Wunsch der Mütter, ihr Baby endlich zu sehen, wird in dieser Zeit immer größer. Falls die Mutter mit Ultraschall untersucht wird, können sie und der Vater das Baby beobachten. Obwohl die Frau die Veränderungen in ihrem Körper gespürt hat, hat das Baby noch keine eigene Identität. Es wäre eine gute Erfahrung, könnten die Eltern die Aufzeichnungen der Ultraschall-Untersuchung mit nach Hause nehmen, dort den Film in aller Ruhe betrachten und sich so mit den Bewegungen des Babys vertraut machen.
Die Träume der Schwangeren verändern sich, verursacht von den neuen Empfindungen in ihrem Körper und dem Wunsch, das Baby endlich besser kennenzulernen. Die Frauen träumen oft davon,

Häuser, Zimmer, Treppenhäuser zu erforschen, in denen sich sehr viele Leute aufhalten, oder wo sie ein Baby finden. Einige träumen, daß das Baby schon zur Welt gekommen sei und wundern sich, daß die Entbindung so schnell vorüber war. Auch ängstliche Phantasien tauchen auf. Das unbekannte Lebewesen im Inneren des eigenen Körpers nimmt die Form gänzlich unbekannter Dinge an, die angst machen, eben weil die Frau sie nicht kennt. Die Mütter überlegen sich, was für ein Kind ihr Baby wohl sein werde; nicht nur, ob es ein Mädchen oder ein Junge sein wird, sondern auch, wie es aussehen, wie es sich benehmen wird. Alte, aus der Kindheit stammende Ängste vor Monstern vermischen sich mit Phantasien von einem engelgleichen Baby. In den Träumen kommen solche Befürchtungen wieder an die Oberfläche, werden bearbeitet und gelöst.

Viele Frauen machen sich um ihr Aussehen Sorgen, weil sie immer mehr an Gewicht zunehmen. Sie befürchten, daß ihre Männer sie nicht mehr attraktiv finden, und brauchen viel Selbstbestätigung und Unterstützung. Väter sind stolz und aufgeregt wegen des Babys, fühlen sich aber vom Geschehen ausgeschlossen. Sie brauchen ebenfalls Bestätigung. In manchen nicht-westlichen Kulturen wird angenommen, daß der Mann während der Schwangerschaft seiner Frau Heißhunger auf bestimmte Speisen entwickle bzw. eine bestimmte Ernährung nötig habe. Bei manchen nordamerikanischen Indianerstämmen müssen sich die werdenden Väter niederlegen, um sich auszuruhen, und werden mehr umsorgt als die Frauen. In unserer Gesellschaft wird es mehr und mehr üblich, daß sich Männer an der Kommunikation mit dem ungeborenen Kind beteiligen und bei der Geburt dabeisind.

Kommunikation mit dem ungeborenen Kind

Im Lauf des zweiten Drittels der Schwangerschaft werden die Tritte und Stöße des Babys heftiger. Leider geben sich Babys besonders dann aktiv, wenn sich die Mutter hinlegt, um etwas auszuruhen. Trotzdem wird das Strampeln als Mitteilungsform des Babys begrüßt, und viele Väter legen freudig ihre Hand auf den Bauch der Frau, um die Bewegungen spüren zu können.

Auch die Eltern teilen ihren Ungeborenen einiges mit, obwohl sie diesen Vorgang vielleicht gar nicht als „Mitteilung" bezeichnen würden. Das Baby hört den Herzschlag der Mutter, hört Leute sprechen und spürt, wenn die Mutter angespannt oder unter Streß ist. Eltern können auch einen ganz bewußten Dialog mit dem Baby führen. Einige Väter sprechen zu ihrem Kind durch die „Wand", die die Bauchdecke für sie darstellt. Einige Mütter antworten, wenn die Babys von innen „anklopfen", indem sie beruhigend den Bauch streicheln oder singen. Die Frauen können ihre Kinder sogar schaukeln, indem sie Bauch und Becken von links nach rechts oder nach oben und unten schwenken, wie Bauchtänzerinnen. Ich (JKA) zeigte Schwangeren, wie sie ihre Hüften richtig schwingen können, mit diesen weichen, sinnlichen Bewegungen aus dem Orient. Es war ein großartiger Anblick, all diese großen Bäuche sich so anmutig und elegant bewegen zu sehen! Einige Babys reagieren auf das Schaukeln, indem sie selbst aufhören zu strampeln. Sie scheinen von der wiegenden Bewegung eingelullt zu werden; langsame Musik wirkt ebenfalls beruhigend auf sie. Andere Babys bewegen sich in Übereinstimmung mit ihrer Mutter und scheinen solcherart einen richtiggehenden Dialog zu führen. Der Vater und die Geschwister können an diesem Dialog gleichfalls teilnehmen, wenn sie ihre Hände auf den Bauch der Schwangeren legen und mit ihr gemeinsam das Baby schaukeln. So lernen Geschwister, vorsichtig mit dem Baby umzugehen, noch bevor es geboren ist. Die Eltern sollten den Geschwistern erklären, daß das Baby ihre Stimmen wiedererkennen wird, wenn sie jetzt schon zu ihm sprechen; Neugeborene erkennen auch Musik wieder, die vor der Geburt in ihrer Nähe gespielt wurde. (Wie allerdings kann festgestellt werden, daß Babys Stimmen von Familienmitgliedern oder Musik wiedererkennen? Dazu wird die Beschleunigung des Herzschlags gemessen, die als Anzeichen für Streß dient. Wenn der Herzschlag ruhiger wird, bedeutet das, daß sich das Baby beruhigt oder sich ganz und gar auf etwas konzentriert, z. B. auf eine bekannte Stimme.)
Verny erzählt in seinem Buch „The Secret Life of the Unborn Child"[2] die Geschichte eines Dirigenten des Ontario Philharmonic Sympho-

---

[2] Verny, T.: „The Secret Life of the Unborn Child". New York 1981. Deutsch: Verny, T. & Kelly, J.: „Das Seelenleben des Ungeborenen". Frankfurt/M. 1983.

ny Orchestras. Diesem Mann wurde unheimlich zumute, als er jeweils die nächsten Textzeilen eines Liedes voraussagen konnte, von dem er sich nicht erinnerte, es jemals gehört zu haben. Als er die Noten seiner Mutter zeigte, lüftete diese das Geheimnis: Sie hatte dieses Musikstück oft während ihrer Schwangerschaft gespielt. Der Mann erinnerte sich deshalb an diese Lieder, weil sie sich seinem Gedächtnis als Baby im sechsten oder siebenten Schwangerschaftsmonat (oder vielleicht noch früher) eingeprägt hatten (vgl. Verny, S. 23).
Unserer Erfahrung nach haben Babys bestimmte Vorlieben, was Musik betrifft. Ein fünf bis sechs Monate altes Baby im Mutterleib wird ruhig, wenn Mutter oder Vater leise singen oder sanfte, langsame Musik gespielt wird; dagegen wirkt lebhafte Musik z. B. der Beatles anregend. Einige Babys reagieren vielleicht umgekehrt. Wie auch immer die Vorlieben oder Abneigungen, der Geschmack der Babys bleibt auch nach der Geburt erhalten.
Wir haben bis jetzt nur davon gesprochen, wie Eltern mit den ungeborenen Kindern kommunizieren können. Im folgenden möchten wir uns darauf konzentrieren, auf welche Art dieser Dialog noch intensiver und informativer werden kann.

Die Bewegungen des Fötus aufzeichnen

Im vierten oder fünften Schwangerschaftsmonat nimmt die Mutter allmählich die Bewegungen des Babys in ihrem Inneren wahr. Mütter sagen dann oft: „Das Baby ist jetzt ganz ruhig", oder „Ich kann das Strampeln spüren." Durch diese Wahrnehmungen lernen die Frauen ihre Kinder schon vor der Geburt kennen, aber nur selten wissen sie, welche Art von Bewegung den Kleinen am liebsten ist.
Nach der Geburt zeigen sich gleich Unterschiede in den Persönlichkeiten. Einige Babys sind ruhig und unkompliziert, andere sind voller Anspannung, heftig und aktiv, wieder andere sind nicht leicht zufriedenzustellen, rastlos oder anschmiegsam. Von klein auf zeigt jedes Baby das ihm eigene Temperament; manche Eigenschaften ändern sich vielleicht noch im Lauf der Zeit, aber die Grundzüge des Charakters bleiben im wesentlichen erhalten. Manche Eltern passen sich diesen intuitiv an: Sie sind sanfter mit einem ruhigen Kind und zei-

gen mehr Festigkeit gegenüber einem kräftigen und willensstarken Kind. Umgekehrt passen sich selbst die kleinsten Babys dem Temperament ihrer Eltern an. Wahrscheinlich sind die besten Eltern diejenigen, die sich auf ihr Kind einstimmen, und die besten Kinder solche, die sich auf ihre Eltern einstimmen: Von Anfang an sollte alles auf Gegenseitigkeit beruhen.

Dieser Prozeß der Vertrauensbildung und gegenseitigen Einstimmung kann schon mit dem Baby im Mutterleib begonnen werden. Das Baby kennt – wie schon mehrfach erwähnt – bereits vor der Geburt die Stimmen der Familienmitglieder und die Bewegungsmuster der Mutter, die es spürt, wenn es von einem Ort zum anderen getragen wird.

Aber auch Mutter und Vater können herausfinden, welche rhythmischen Bewegungsmuster ihr Baby am meisten liebt. Indem man beispielsweise im Rhythmus des Strampelns sachte auf den Bauch pocht, kann man dem Baby antworten. Dieses erhält dadurch eine Ahnung, was es heißt, so, wie es ist, angenommen zu werden, weil die Eltern seine Art, sich auszudrücken, übernehmen und bestätigen. Wenn das Baby geboren wird, sind die Eltern schon auf seinen Bewegungsstil vorbereitet. Das alles schafft eine Beziehung voll Nähe. Um diesen Vorgang zu fördern, haben wie eine Methode entwickelt, die zwar etwas schwer zu erklären, aber umso leichter anzuwenden ist. Fast alle schwangeren Frauen entwickeln eine erstaunliche Sensitivität für den Fluß der Bewegungen, den das Kind in ihrem Inneren vollzieht. Wozu Studenten, die sich in Bewegungsbeobachtung ausbilden lassen, manchmal Wochen brauchen, lernen Mütter oft in zehn bis dreißig Minuten:

1. Schritt:

Im ersten Abschnitt der Übung geht es darum, sich zu entspannen und die Bewegungen des Babys zu spüren (der Vater kann dazu seine Hand auf den Bauch der Frau legen). Lassen Sie den Rhythmus des Babys auf ihren ganzen Körper übergehen.

Sie können auch mit anderen Erwachsenen üben, sich auf den Rhythmus im Körper der/s anderen zu konzentrieren. In unserem

Eltern-Kind-Zentrum bringen wir das den Müttern bei, indem wir mit der Hand von hinten auf ihren Rücken tippen oder wechselnden Druck ausüben. Allmählich lernen sie, die wechselnde Spannung und die verschiedenen Rhythmen, die sie über diese Berührungen aufnehmen, mit ihren Händen zu reproduzieren. Sie können die Hand einer anderen Person nehmen und ihr die Rhythmen und wechselnde Druckstärke übertragen, wie in einer Art Telefonspiel. Die Mutter spürt einen sanften Wiegerhythmus am Rücken und vermittelt das, was sie spürt, durch eine sacht schaukelnde Bewegung an jemand anderen weiter. Das ist eine Möglichkeit, wie Familienmitglieder an den Gefühlen der Mutter teilhaben können. Während Mutter und Vater lernen, den Fluß wechselnder Muskelspannung und -entspannung zu reproduzieren – mit all seinen unterschiedlichen Qualitäten: abrupt, allmählich, gleichbleibend oder mit feinen Anpassungen, mit hoher oder geringer Intensität –, lernen sie, sich auf ihr Baby einzustellen und mit ihm zu kommunizieren.

2. Schritt:

Man kann auch lernen, den Fluß der wechselnden Muskelspannung aufzuzeichnen. Die Mutter, die ihr sich bewegendes Baby spürt, überträgt diesen Rhythmus auf ihre Hand. Wenn sie einen Bleistift nimmt und ihn über ein Blatt Papier gleiten läßt, zeichnet sie die Bewegungen des Babys auf. Bei unserer Methode ziehen wir zuerst eine waagrechte Linie quer über das Papier. Wenn sich die Bewegungen des Babys angespannt oder gebunden anfühlen, geht der Bleistift unter die Linie. Wenn sich das Baby frei und entspannt bewegt, fährt der Bleistift über die Linie. Die Zeichen werden größer und beschreiben weitere Bögen, wenn die Intensität der Spannung zunimmt, und werden kleiner, wenn die Intensität nicht sehr hoch ist.

freier Fluß

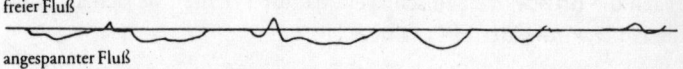

angespannter Fluß

Diese Muster hängen mit klar definierbaren Gefühlszuständen zusammen. Ärger z. B. drückt sich normalerweise durch einen hohen Grad an Spannung aus. Freude äußert sich durch frei fließende, niedrige Spannung. Wenn sich die Freude zu Aufregung steigert, nimmt die Spannung zu. Ein friedlich entspanntes Baby erkennen wir daran, daß die Spannung gleichbleibt oder sich nur allmählich verändert. Viele Variationen sind möglich, um die ganze Bandbreite der Gefühle auszudrücken. Es ist eine wichtige Aufgabe der Eltern, sich im zweiten Schwangerschaftsdrittel mit dem Baby im Mutterleib vertraut zu machen. Indem die Mutter und auch die übrige Familie Kontakt zum wachsenden Baby aufnimmt und ihm so Unterstützung gewährt, entsteht schon vor der Geburt eine innige Bindung zueinander.

Ganz allgemein kann gesagt werden, daß Mütter darauf achten sollten, sich fit zu halten. Spaziergänge in flottem Tempo und das Weiterführen der gewohnten sportlichen Aktivitäten helfen, den Körper zu kräftigen, um der Schwangerschaft Halt zu gewähren und um später die Schwerarbeit der Entbindung durchstehen zu können. Die im folgenden beschriebenen Übungen fördern das Einfühlungsvermögen, das auf Kommunikation beruht, und geben dem Baby Halt. Die Mutter hat so das Gefühl, alles unter Kontrolle zu haben, und das Baby fühlt sich beschützt und entwickelt so etwas wie ein Zugehörigkeitsgefühl. Schwangerschaft ist nicht etwas, das der Frau zustößt, es ist – wenn die Elternschaft unter einem guten Zeichen beginnen soll – etwas, woran die Frau aktiv teilnimmt.

Übungen

a) Massage der Brustwarzen.

Es ist sinnvoll, wenn Frauen gegen Ende des zweiten Schwangerschaftsdrittels damit beginnen, die Brustwarzen und den Warzenhof etwas abzuhärten, um so für das Stillen besser gewappnet zu sein. Wir empfehlen, während des Duschens ein kaltes, nasses Tuch leicht gegen die Brustwarzen zu schlagen; dadurch richten sie sich auf, und die Brust wird widerstandsfähiger.

b) Die Schließmuskeln anspannen und wieder loslassen.

Wir lehren die Frauen, zwischen drei verschiedenen Muskelgruppen zu unterscheiden, die jeweils die Öffnung des Darms, der Blase oder

der Vagina aufmachen oder verschließen. Mit einem Schließmuskel nach dem anderen wird das Anspannen, das Loslassen und das Öffnen geübt. Wenn wir loslassen, atmen wir auch bis in diesen Körperteil hinein – das hilft bei der Dehnung. Mit einer gewissen Übung schaffen es die Frauen, jeden einzelnen Schließmuskel bzw. jede Muskelgruppe willkürlich zu entspannen und zu dehnen. Diese Übung und eine regelmäßige Massage des Scheideneingangs dienen dazu, um bei der Geburt einem Dammschnitt (= Episiotomie) zu entgehen.

c) Sich strecken, um dem Baby Platz zu machen.

In unserem Eltern-Kind-Zentrum praktizieren wir eine Übung, die Mütter dazu anleitet, sich so zu strecken, daß es dem Baby guttut. Die Mütter machen sich ganz groß, recken ihren Oberkörper in Richtung Decke und strecken gleichzeitig ihre untere Körperhälfte nach unten aus. Wir nennen das „bipolares Wachsen" bzw. „sich verlängern". Wir stellen uns ein Seil vor, das uns gleichzeitig nach oben und nach unten auseinanderzieht, sehr sachte natürlich. Wenn sich die Mutter streckt, atmet sie auch tief in ihren Körper ein und schafft damit Platz für das Baby.
Die Mutter empfindet Vergnügen, Selbstvertrauen und Wohlbehagen, wenn sie bis in den Brustkorb, in den Rücken, in den Bauch und bis ins Becken einatmet; dieses angenehme Gefühl überträgt sich auch auf das Baby, denn es kann sich ebenfalls recken und strecken, wenn es nur genügend Platz dazu hat.
Diese Streckübung kann auch dann eingesetzt werden, wenn das Kind auf eine Seite des Bauches, auf Blase oder Muttermund, drückt und boxt. Indem die Mutter tief in den Teil des Körpers hineinatmet, wo sie das Baby strampeln spürt, und sich mit dem Atem entspannt, erhält das Baby Raum, um sich zu bewegen. Das ist für beide Seiten sehr viel angenehmer, als wenn die Mutter angespannt und verkrampft auf das Treten reagiert. Während der gesamten Schwangerschaft müssen sich die Frauen entsprechend den Bewegungen des Babys strecken und weit machen. Diese Übung ist auch eine gute Vorbereitung auf die Entbindung.

Fortsetzung früherer Übungen

Die Abstützung des Babys durch Anspannen der Muskeln im Unterbauch und die Kräftigung des Zwerchfells und des Beckenbodens durch Singen sollten während der gesamten Dauer der Schwangerschaft fortgesetzt werden.
Obwohl alle diese Übungen zu Hause durchgeführt werden können, macht es mehr Spaß, wenn Schwangere miteinander üben und ihre Aufzeichnungen vergleichen; jede profitiert davon. In unserem Zentrum genossen es Frauen, die zum ersten Mal schwanger waren, den Austausch mit erfahrenen Müttern und das gemeinsame Üben mit ihnen. Unter erfahrener Anleitung werden neue Übungen entwickelt, die den Bedürfnissen der jeweiligen Mutter entsprechen.

Der dritte und letzte Schwangerschaftsabschnitt

In dieser Zeit sind fast alle Sinne des Babys schon ziemlich gut entwickelt. Es kann durch Mutters nackte Haut Licht und Dunkel unterscheiden und erinnert sich an Musik, die es schon einmal gehört hat. Einige Eltern behaupten, daß das Baby mittels eines ausgeklügelten Klopfzeichensystems mit ihnen kommuniziere. Dabei können die verschiedenen Rhythmen des Babys und auch neu erfundene, eigene, sanft auf Mutters Bauch getrommelte Rhythmen verwendet werden. Vielleicht antwortet das Baby sogar im selben Rhythmus.
Je größer das Baby wird, desto häufiger kreisen die Gedanken der Eltern um die Entbindung. Viele Mütter träumen davon, irgendwohin zu fahren, zu schwimmen, schizulaufen, Schlitten zu fahren. Die Vorstellung, sich in einer Flüssigkeit zu bewegen, scheint von der Identifikation mit dem Baby zu stammen, ähnlich wie Träume von Tunnels, aus denen anscheinend kein Weg hinausführt. Wer soll die Frau führen? Wird sie ertrinken oder einfach weiterwandern? Vielleicht spiegeln diese Träume bestimmte Ängste wider: daß das Baby gegen den Willen der Frau aus ihr weggenommen oder daß sich das Kind verirren und nie mehr aus ihr hinausfinden wird. In manchen

Träumen fällt das Baby einfach aus der Mutter heraus oder kämpft so heftig darum, sich aus der Mutter zu befreien, daß es sie verletzt.
Wenn Sie die Bewegungen des Babys aufgezeichnet und sich auf seine Rhythmen eingestimmt haben, werden Sie bemerken, wie sich die Bewegungen des Kindes im Laufe des Wachstums verändern. Gegen Ende des zweiten und vor allem im dritten Drittel der Schwangerschaft sind normalerweise umfangreichere Bewegungen zu verzeichnen, die anzeigen, daß das Baby seine Position verändert. Der Kopf oder ein Ellbogen stehen plötzlich auf einer Seite des Bauches heraus. Manche Positionen des Babys können für die Mutter unangenehm sein, in solchen Fällen kann sie versuchen, das Kind durch sanftes Schaukeln dazu zu veranlassen, seine Lage zu ändern.
In dieser Phase der Schwangerschaft bewegen sich manche Babys ununterbrochen, so daß sich die Mutter von den Bewegungen bei der Arbeit oder beim Autofahren gestört fühlt. Die Aufzeichnungen zeigen eine unausgesetzte Folge von Positionsänderungen, unterbrochen von Strampeln und Boxen. Viele Frauen ordnen die Lebhaftigkeit dem männlichen Geschlecht zu. Wenn die Fußtritte und Boxschläge in ihrem Inneren in der Überzahl sind, stellen sie sich vor, daß es ein Junge sein muß. Vielleicht träumen sie sogar von einem (männlichen) Einbrecher in ihr Haus. Selbstverständlich schlagen auch weibliche Babys um sich, aber in unserer Gesellschaft wird solches Verhalten vorschnell dem männlichen Geschlecht zugeschrieben.
Die Frauen sind fasziniert, wenn sie die Bewegungsmuster in ihren Träumen mit den Rhythmen des Babys vergleichen und entdecken, wie diese beiden Phänomene zusammenspielen. Ganz offensichtlich beeinflussen die Bewegungen des Kindes Gefühle und Gedanken der Frau. Wenn ein Baby z. B. gleitende Bewegungen macht, träumt die Mutter vom Schi- oder Schlittenfahren; wenn sich das Baby dreht, ruft das Träume von verwinkelten Gängen hervor.
Gegen Ende des letzten Schwangerschaftsdrittels verwandelt sich das schöne Gefühl, das Baby gut zu halten und zu stützen, möglicherweise in Müdigkeit und in das große Bedürfnis, sich auszuruhen. Die Schwangere freundet sich mit dem Gedanken an, das Kind freizugeben. Ein weiterer Anreiz dafür ist der wachsende Druck auf die Blase. Falls es bis dahin noch nicht vorgekommen ist: spätestens jetzt muß die Mutter mehrmals pro Nacht aufstehen, um zu urinieren. Je

schwerer das Baby wird, desto größer wird auch der Wunsch der Frau, von ihrer Last erlöst zu werden.

Gleichzeitig verspürt sie Hoffnung, Vorfreude und Aufregung, die sich oft mit einer gewissen Angst vor dem letzten Schritt in der Schwangerschaft, d. h. vor der Entbindung, vermischen. Je mehr Horrorgeschichten eine Frau von äußerst schmerzhaften oder gefährlichen Entbindungen gehört hat, desto mehr Sorgen macht sie sich. Sie möchte von ihrem Mann oder ihrer Mutter, von der Hebamme oder vom Arzt beschützt werden, die alle „wissen", was zu tun ist. In vielen Fällen erweist sich jedoch der Mann als Fels in der Brandung, der die Frau beruhigt, ihr Mut macht und ihr seine Stärke bietet. In anderen Fällen fürchtet sich der Mann selbst auch und zögert bei dem Gedanken, während der Geburt anwesend zu sein, weil er nicht weiß, was er tun oder wie er helfen kann.

Geburtsvorbereitungskurse geben beiden Elternteilen mehr Sicherheit. Wenn sie die körperlichen Vorgänge während der Geburt verstehen und wissen, welche Vorbereitungsmaßnahmen der weibliche Körper dafür trifft, mildert das oft die Sorgen der Eltern und hilft ihnen, die Reste alter Kindheitsängste zu bewältigen. Die Väter erhalten eine klar definierte Rolle. In unseren Kursen veranlassen wir die Eltern häufig, sich gegenseitig zu massieren, um so im vorhinein Babymassage zu lernen. Beiden Elternteilen tut es gut, bemuttert zu werden, Gefühle aus der Kindheit nochmals zu durchleben und sie so zu bearbeiten, daß sie dann bereit sind, selbst die Rolle der Eltern zu übernehmen. Außerdem ist es für die Mutter sehr entspannend, wenn ihr während der Geburt der Nacken oder der Rücken massiert wird. In manchen Kulturkreisen ist es üblich, daß der Mann oder die Hebamme die Frau während der Geburt hält und dabei Schultern und Rücken reibt. Auch in unserer westlichen Welt ist diese Methode im Vormarsch.

Der Vater kann die Rolle des „Leibtrainers" übernehmen, der die Frau durch die verschiedenen Stadien der Entbindung begleitet und beschützt, eine Zeit, in der sie besonders verletzlich und empfindsam ist. Wir möchten noch einmal klar betonen, daß auch der werdende Vater alle nur erdenkliche Unterstützung braucht. Diese gegenseitige Hilfestellung innerhalb der Beziehung des Paares ebnet den Weg für das gemeinsame Unternehmen, das Baby zu unterstützen.

Übungen

Körperliche Übungen vor der Geburt sind ein wichtiger Bestandteil der Vorbereitung auf dieses Ereignis. Es fällt den Frauen leichter, wenn sie dabei eine aktive Rolle übernehmen können. Unter den vielen verschiedenen Übungen zur Geburtsvorbereitung möchten wir drei besonders erwähnen. In den „Lamaze-Kursen" lernen die Frauen verschiedene Atemübungen, die sie dann während der verschiedenen Phasen der Entbindung mit Erfolg anwenden können. Diese Methode hilft den Frauen, sich nicht von den Kontraktionen überwältigen zu lassen; indem sie sich auf den Atem konzentrieren, werden sie weniger schmerzempfindlich und bleiben entspannter. Einige Lamaze-InstruktorInnen behaupten sogar, daß die Geburt gänzlich schmerzfrei verlaufe; solange die Mutter entspannt bleibe, gebe es nur starke Muskelkontraktionen.

Manche Kurse unterrichten die „Bradley-" und „Grant-Dick-Methode". Dabei geben die Frauen den Kontraktionen eher nach, anstatt sich allzuviele Gedanken darüber zu machen. Dick fand heraus, daß sich die Frauen so sehr in die Aufgabe des Gebärens vertieften, daß sie vollständig in diesem Prozeß versanken; sie gingen so darin auf, daß sie selbst in den Pausen zwischen den Wehen nichts von der Realität rund um sie herum wahrnahmen.

In unserem Zentrum praktizieren wir eine dritte Methode. Wie wir weiter oben schon erwähnt haben, fordern wir die Schwangeren zum Singen auf. Beim Singen lernen sie, die Dauer und Intensität des Ausatmens der Dauer und Intensität des Melodieabschnitts anzupassen. Ähnliches passiert, wenn man ein Klavier transportieren oder ein schweres Möbelstück verrücken will – oder eben gebären. Beim Schieben und Drücken wird ausgeatmet, unmittelbar danach wird kurz und rasch eingeatmet. Durch die Singübungen sind die Frauen darauf vorbereitet, während der Wehen und während der gesamten Entbindung in Abstimmung mit der Länge und Stärke der Kontraktionen auszuatmen. Zusätzlich werden durch das Öffnen des Kehlkopfs beim Singen alle anderen Schließmuskeln ebenfalls geöffnet. Die vorher regelmäßig ausgeführte Übung, in die Scheidenmuskeln einzuatmen, sie zu entspannen und zu öffnen, macht sich zu diesem Zeitpunkt bezahlt. Mit dieser Vorgangsweise hilft die gebärende Frau dem Baby, zur Welt zu kommen; ihre Gedanken richten sich dabei auf die gemeinsam zu bewältigende Aufgabe, anstatt das Atmen als Ablenkung zu benützen. Wir leugnen keineswegs, daß Wehen sehr schmerzhaft sein können, aber die Schmerzen spielen nicht die Hauptrolle bei der Geburt; der Schwerpunkt liegt auf der harten Arbeit, auf der großen Anstrengung, die von Mutter und Kind gleichermaßen geleistet werden muß.

Die Anstrengung tut weniger weh, wenn die betreffenden Muskeln vorher trainiert wurden. Wir zeigen den werdenden Müttern, wie sie anhand verschiedener Übungen ihre Bauch- und Beckenbodenmuskulatur willkürlich bewegen können. Wir fordern die Frauen dazu auf, lange Spaziergänge zu machen und sich auch zu Hause körperlich zu betätigen. Gegen Ende der Schwangerschaft lernen die Frauen, so zu singen, daß sie innerlich nach unten drücken: Beim Ausatmen drückt gleichsam eine Pumpe nach unten, und die Luft entweicht leicht und locker nach oben. Diese Übung wird nur gelegentlich gemacht, dennoch aber oft genug, um den Frauen auf diese Weise während der eigentlichen Entbindung das Singen zu ermöglichen, wenn es wünschenswert ist, daß sie pressen.

Wehen und Entbindung

Während der Wehen zieht sich die Gebärmutter gleichzeitig von unten und von oben her zusammen. Dadurch wird der Muttermund gedehnt und geöffnet. Singen fördert diesen Vorgang: Während beim Ausatmen die Luft nach oben gedrückt wird, wird auch die Gebärmutter nach oben gezogen.

Sobald der Muttermund weit genug offen ist, beginnt die Austreibungsphase. Der Uterus zieht sich zusammen, drückt nach unten und schiebt das Baby in den Geburtskanal. Auch das Baby selbst streckt sich in diese Richtung. Jetzt beginnt die Mutter zu singen, atmet ein und vor allem gründlich aus und drückt dabei gleichzeitig nach unten. Die Mutter schiebt, während das Baby sich bemüht herauszukommen. Während das Baby den mütterlichen Körper verläßt,

hört es die Mutter singen. Dieses harmonische Zusammenwirken leistet eine gute Vorarbeit für den Wechsel von der Geborgenheit im Mutterschoß in die mit Luft erfüllte Außenwelt. Wenn sie so geboren werden, muß für viele Babys der erste Atemzug nicht zugleich das erste Weinen bedeuten.
Viele Krankenhäuser bemühen sich heute, eine weniger schockierende Umgebung für die Neugeborenen zu schaffen. Die Vorschläge Le Boyers – oder wenigstens Variationen seiner Ideen – werden in gar nicht so wenigen Krankenhäusern ausgeführt. Das Baby kommt in einem nur schwach erleuchteten Raum zur Welt und wird unmittelbar nach der Geburt auf den Bauch der Mutter gelegt. Der Hautkontakt zwischen Mutter und Kind führt dazu, daß sich die Gebärmutter zusammenzieht, die Plazenta ausstößt und so den Geburtsvorgang beendet. Auch das Baby profitiert vom Hautkontakt: In Mutters Armen fühlt es ihren Herzschlag und ihren Atemrhythmus – das hilft ihm, die noch ungewohnte Fertigkeit des regelmäßigen Atmens selbst zu lernen. Tatsächlich wird nicht nur die gefühlsmäßige Bindung gefördert, wenn das Neugeborene im Arm gehalten und getragen wird: Auch die noch untrainierten Atemorgane lernen leichter, ordnungsgemäß zu funktionieren. Wenn das Baby an der Brust saugen darf, kann es dort nicht nur die wertvolle Vormilch trinken; Mutter und Kind erhalten auch die Chance, sich nach der Geburt aneinander zu gewöhnen; indem das gemeinsame Atmen gefördert wird, wird auch die gefühlsmäßige Bindung von Anfang an gestärkt.
Die gesamte Schwangerschaft war eine einzige Erfüllung eines Kindheitstraums: ein Kind zu haben. Diesmal ist das Baby keine Puppe, kein unter die Bluse gestopfter Polster, kein Ding, das früher oder später hinunterfällt, sondern ein lebendiges Wesen, das tatsächlich aus dem Körper kommt und immer wieder in den Arm genommen und in das Kinderbett gelegt werden kann. Viele Mütter und Väter sind fasziniert und in Hochstimmung, weil sie nun ein echtes Baby umsorgen können.
Obwohl wir dieses Kapitel gerne positiv ausklingen lassen würden, müssen wir doch darauf hinweisen, daß viele Mütter nach der Geburt erschöpft und gefühlsmäßig ausgelaugt sind. In den meisten Krankenhäusern werden die Babys von der Mutter getrennt und in

ein eigenes Kinderzimmer gebracht, „damit sich Mutter ausruhen kann". Wenn das Baby dann später zurückgebracht wird, ist es ein fremdes Wesen. Woher es wohl gekommen ist? Die Krankenschwestern raten den Müttern, sich nicht zu beunruhigen, wenn sie anscheinend nichts für ihr neues Baby empfinden. Die Beziehung werde sich entwickeln, die Liebe komme noch. Aber die Liebe existiert schon, und sobald sich die Frau dazu in der Lage sieht, sollten Mutter und Kind nicht voneinander getrennt werden. Sie können (unter Aufsicht) miteinander dösen; das Baby muß nicht unbedingt aus Mutters Armen gerissen werden, um es sofort zu waschen, zu wägen und zu messen. Das Baby erleidet keinen Schaden, wenn Mutter und Kind ein wenig Zeit erhalten, um sich aneinander zu gewöhnen; ganz im Gegenteil: Diese Maßnahme wird den Schock mildern, den das Baby erleidet, wenn es von einer Person zur nächsten weitergereicht wird, ohne vorher die Gelegenheit zu haben, sich an seine neue Umgebung zu gewöhnen. Nach einer Weile werden beide bereit sein, sich voneinander zu trennen. Nach einer kleinen Ruhepause können Mutter oder Vater (oder beide) dabei helfen, das Baby zu säubern und die Maße festzustellen. Damit beginnen sie ohne größere Verzögerung die gemeinsame Sorge für das Neugeborene. Je weniger das Fachpersonal in diesen Vorgang eingreift, desto größer ist der psychologische Nutzen.

Die Gefühle der Entfremdung kommen gar nicht erst auf, wenn die Mutter schon während der Schwangerschaft Kontakt mit ihrem Baby aufgenommen hat und wenn sie nicht unmittelbar nach der Geburt von ihrem Kind getrennt wird, sondern die Chance hat, es zu halten, zu versorgen und an die Brust zu legen. Gebären ist harte Arbeit. Die Pflege des Neugeborenen und Nächte mit wenig Schlaf sind ebenfalls ganz schön anstrengend. Niemand hat gesagt, daß es leicht sein werde; eine lohnende, wunderbare Erfahrung – ja; aber nicht einfach. Und doch wird es umso einfacher, je inniger die Bindung zwischen Eltern und Kind wird.

ANHANG

Beispiel für eine Bildergeschichte

An zahlreichen Stellen dieses Buches werden Eltern und PädagogInnen ermutigt, für ihre Kinder Bildergeschichten zu aktuellen oder sonstwie bedeutsamen Ereignissen zu zeichnen.

Solche bildlichen Darstellungen erleichtern den Kindern das Verstehen komplexer Zusammenhänge, die ihrem unmittelbaren Erfahrungsradius noch nicht zugänglich sind. Auch zur Verarbeitung belastender, traumatischer Erlebnisse können Bildergeschichten viel beitragen.

Die folgenden Seiten bringen ein Beispiel für eine solche Bildergeschichte – hier zum Thema „Ankunft eines weiteren Kindes". Die Zeichnungen sind bewußt einfach ausgeführt, denn sie sollen Ihnen Mut machen zu eigener Aktivität: So oder ähnlich kann das jede/r von uns.
Gefragt ist nicht so sehr die künstlerische Begabung, sondern der Wille, Ihrem Kind einen schwierigen Sachverhalt verständlich zu machen. Alltagssprache mit dem Zeichenstift.

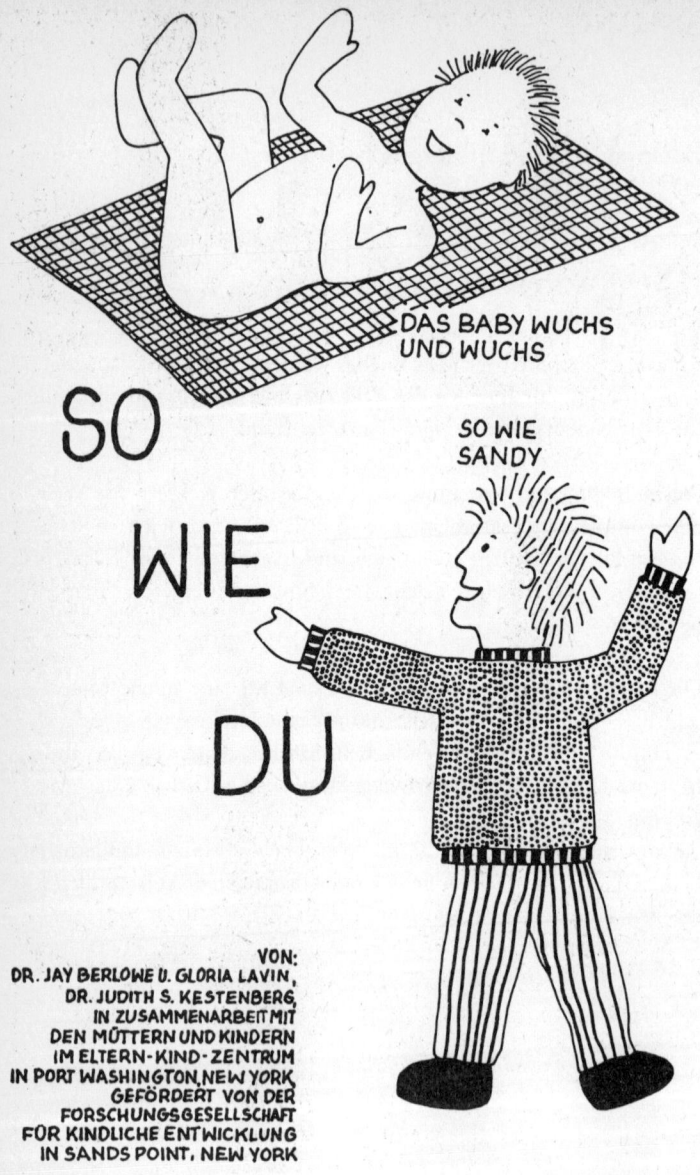

MAMA UND PAPA SAGEN: "SANDY IST JETZT SCHON GRÖSSER. WIR WOLLEN MEHR KINDER IN UNSERER FAMILIE HABEN."

SO LIESSEN DIE ELTERN AN EINEM BESONDEREN PLATZ IN MAMAS BAUCH EIN KIND WACHSEN. DIESES KIND WAR JEMAND ANDERER ALS SANDY, ES WAR EIN WINZIGES BABY. ES WUCHS IN MAMAS BAUCH, SO WIE SANDY VOR LANGER ZEIT IN MAMAS BAUCH GEWACHSEN WAR – SO WIE DU.

MAMA SAH ETWAS DICKER AUS, WEIL JA DAS BABY IN IHREM BAUCH IMMER GRÖSSER WURDE.

IHR BAUCH WURDE RUNDER....

UND RUNDER

DIE SACHEN FÜR DAS BABY WURDEN HERGERICHTET. MAMA SAGTE: "ALLE DIESE SACHEN HABEN WIR AUCH FÜR DICH HERGERICHTET, ALS DU AUF DIE WELT GEKOMMEN BIST.

NIEMAND KONNTE DAS BABY IN MAMAS BAUCH DRIN SEHEN, ABER ALLMÄHLICH KONNTEN MAMA, PAPA UND SANDY SPÜREN, WIE SICH DAS BABY IN MAMA BEWEGTE.

SANDY BEKAM VON MAMA UND PAPA EIN NEUES BETT. GLAUBST DU, DASS SANDY DAS ALTE KINDERBETT DEM BABY GESCHENKT HAT?

ALS DAS BABY GROSS GENUG UND STARK GENUG WAR, UM HERAUSZU- KOMMEN, SAGTE MAMA ZU PAPA: "JETZT IST ES ZEIT".

MAMA GAB SANDY NOCH EINEN KUSS, BEVOR SIE FORTGING. WAS GLAUBST DU: GING SANDYS MAMA AM TAG ODER IN DER NACHT INS KRANKENHAUS?

SANDYS PAPA BRACHTE MAMA INS KRANKENHAUS.

WEISST DU, WER BEI SANDY BLIEB, ALS DIE MAMA NICHT DA WAR? WAR ES DIE OMA? WER IST BEI DIR GEBLIEBEN, ALS DEINE MAMA WEG WAR?

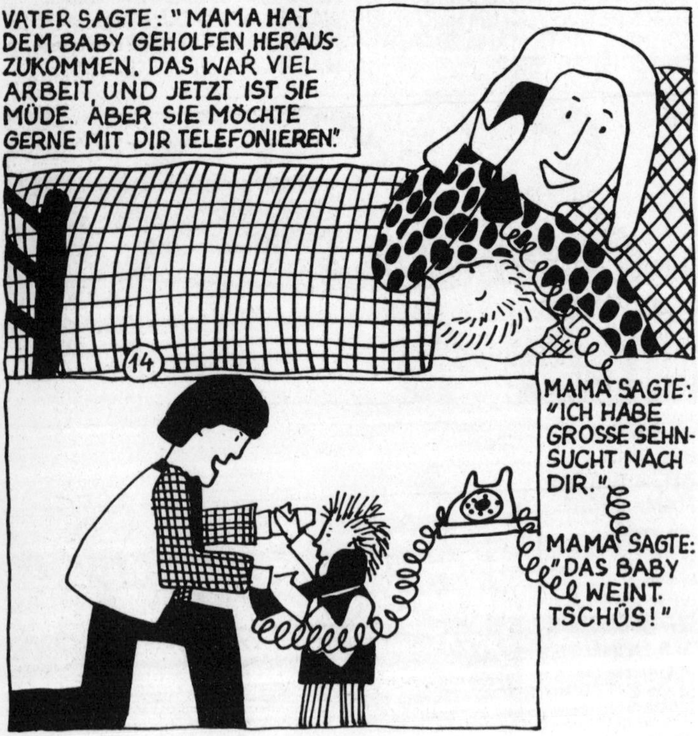

AM NÄCHSTEN TAG WAR MAMA NICHT ZUM FRÜHSTÜCK DA.

SIE WAR AUCH NICHT ZUM MITTAGESSEN DA.

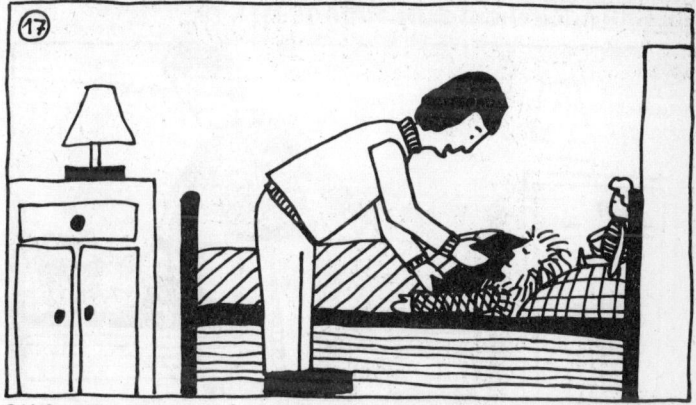

SANDY ASS MIT PAPA ZU ABEND, UND PAPA BRACHTE SANDY INS BETT.

UND WIEDER AM NÄCHSTEN TAG WAR MAMA NICHT ZUM FRÜHSTÜCK DA.

SIE WAR AUCH NICHT ZUM MITTAGESSEN DA.

SANDY ASS MIT PAPA ZU ABEND, UND PAPA BRACHTE SANDY INS BETT.
DIE ZEIT VERGING SOO LANGSAM!

AM NÄCHSTEN TAG KAM MAMA NACH HAUSE ZURÜCK.

MAMA WAR WIEDER DA!

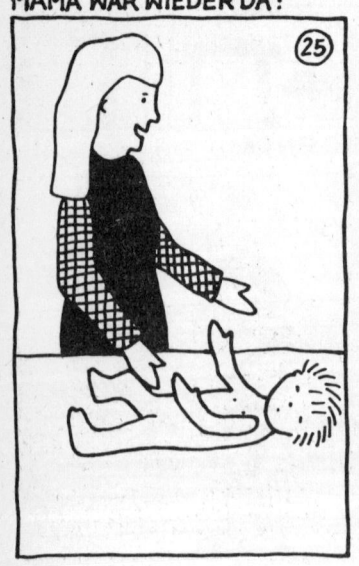

AUCH DAS BABY WAR DA!
SANDY SAGTE: "DAS IST MEIN BABY!
MAMA UND PAPA SAGEN: "NEIN, SANDY DAS IST NICHT DEIN BABY. WENN DU GROSS BIST, WIRST DU EINMAL EIN EIGENES BABY HABEN."

MANCHE BABYS TRINKEN AN MUTTERS BRUST. MANCHE BABYS TRINKEN AUS DER FLASCHE. WAS GLAUBST DU: WIE HAT DIESES BABY SEINE MILCH BEKOMMEN?

MAMA UND PAPA BADEN DAS BABY, SO WIE SIE ES MIT SANDY GEMACHT HATTEN, ALS SANDY NOCH EIN BABY WAR -SO WIE ES DEINE ELTERN MIT DIR GEMACHT HABEN.

MAMA UND PAPA SPIELTEN AUCH MIT SANDY.

DAS BABY WURDE GRÖSSER UND GRÖSSER.

DAS BABY LERNTE ZU SITZEN UND AUS EINER TASSE ZU TRINKEN. ES ASS FLEISCH, GEMÜSE UND OBST - SO WIE SANDY, SO WIE DU.

ES KRABBELTE - SO, WIE ES SANDY GEMACHT HATTE, UND SO, WIE DU ES GEMACHT HAST.

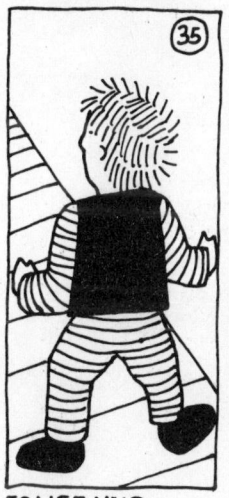

Kinder verstehen

Verena Kast
Loslassen und sich selber finden
Die Ablösung von den Kindern
Band 4002

Sich loslassen und sich als Erwachsene neu begegnen. Phasen und Chancen im Ablösungsprozeß von den Kindern.

Roswitha Defersdorf
Drück mich mal ganz fest
Geschichte und Therapie eines wahrnehmungsgestörten Kindes
Band 4041

Daniel – ein scheinbar ganz normales Kind. Und doch ist er nicht in der Lage, Sinneseindrücke zu ordnen. Eine betroffene Mutter erzählt vom Weg der Therapie.

Werner Gross
Was erlebt ein Kind im Mutterleib?
Aktualisierte Neubearbeitung
Band 4051

Was man tun kann, um die seelische Entwicklung und die Erlebnisfähigkeit des Kindes bereits vor der Geburt positiv zu beeinflussen.

Rudolf Dreikurs/Loren Grey
Kinder lernen aus den Folgen
Wie man sich Schimpfen und Strafen sparen kann
Band 4055

Ein Erziehungsstil, der Kindern frühzeitig dazu verhilft, eigenständige Erfahrungen zu sammeln und mit Freiheit richtig umzugehen.

Johann-Christoph Student
Im Himmel welken keine Blumen
Kinder begegnen dem Tod
Band 4071

Sensibel, ehrlich, tröstlich: „Antworten auf die brennenden Fragen aller Betroffenen" (Ja zum Kind).

HERDER / SPEKTRUM

Marianne Oesterreicher-Mollwo
Tagebuch für meine indianische Tochter
Geschichte einer Adoption in Peru
Band 4084

Ein Buch, wie es nur das Leben selbst schreiben kann. Die Geschichte von der abenteuerlichen Suche nach einem verlassenen Kind.

Rüdiger Rogoll/Ulrike und Christa Marwedel
Ich mag mein Kind – mein Kind mag mich
Transaktionsanalyse für Eltern
Band 4095

Gelassenheit und Freude im Umgang mit Kindern: Erziehung kann zum Spiel werden in einem Team von Partnern. Eine verlockende Pädagogik.

Marianne Arlt
Pubertät ist, wenn die Eltern schwierig werden
Tagebuch einer betroffenen Mutter
Mit einem Nachwort von Christine Swientek
Band 4100

Wenn Kinder „in die Jahre kommen", ist der Familienfrieden dahin. Marianne Arlt erzählt von heftigen Erfahrungen und wie man trotzdem ganz gut mit ihnen leben kann.

Walter Pacher
Wenn Kinder immer anders wollen
Mehr Sicherheit und Gelassenheit für Eltern
Band 4118

Zuckerbrot und Peitsche sind keine Wundermittel gegen kleine Querulanten! Mehr wirkt da schon ein klärendes Gespräch am runden Familientisch.

Walter Pacher
Ich will doch nur das Beste für mein Kind
Spielregeln und Übungen nach Gordons Familienkonferenz
Band 4119

Dieses jahrelang erprobte Modell bietet leicht nachvollziehbare Hilfen, die frischen Wind ins Familienklima bringen.

HERDER / SPEKTRUM

Emmi Pikler
Friedliche Babys – zufriedene Mütter
Pädagogische Ratschläge einer Kinderärztin
Band 4141

Emmi Pikler warnt vor frühen Überforderungen: Babys brauchen Zeit, um in Ruhe ins Leben zu wachsen. Ein Klassiker der Erziehungsliteratur.

Erziehen mit Musik und Bewegung
Praxisanleitung zur musikalisch-rhythmischen Erziehung
Herausgegeben von Catherine Krimm-von Fischer
Band 4171

Eine umfassende Einführung in die musikalisch-rhythmische Erziehung mit vielen praktischen Beispielen.

Anne C. Bernstein
Deine, meine und unsere Kinder
Die Patchworkfamilie als gelingendes Miteinander
Band 4178

Eine Ehe scheitert, eine neue Beziehung wächst – und die Kinder beider Partner? Konkrete Hilfen für ein entspanntes Familienklima.

Emil E. Kobi / Heidi Roth
Kinder von Aggressiv bis Zerstreut
Ein Ratgeber für den Erziehungsalltag
Band 4182

Damit aus einer Kinderzimmer-Mücke kein Elephant wird: überzeugende Vorschläge, die Probleme lösen und Fehlentwicklungen erkennen helfen.

Christine Swientek
Was Adoptivkinder wissen sollten und wie man es ihnen sagen kann
Band 4199

„Wie sag' ich's meinem Kinde?" – die zentrale Frage für alle Adoptiveltern. Praktische Tips für ein entspanntes, offenes Familienklima.

HERDER / SPEKTRUM

Armin Krenz
Seht doch, was ich alles kann
Was uns Kinder sagen wollen
Band 4209

Die Innenwelt des Kindes. Ein Buch, das die Vielfalt kindlicher Ausdrucksformen lesbar macht und hilft, Fähigkeiten besser zu entfalten.

Eva Rachor-Waldeck
Mama, sag bravo!
In der Familie offen miteinander umgehen
Band 4210

Friede, Freude, Eierkuchen – so sieht kein Familienalltag aus. Dennoch gibt es Wege, das Zusammenleben von Kindern und Eltern harmonisch zu gestalten.

Irene Johns
Zeit alleine heilt nicht
Was wir wissen müssen, um sexuell mißhandelten
Kindern zu helfen
Band 4216

Das Kind darf mit seiner tiefen Verletzung nicht alleine bleiben. Irene Johns, Leiterin des Kinderschutzzentrums in Kiel, zeigt, wie richtiges Reagieren möglich ist.

Ingeborg Becker-Textor
Unser Kind soll in den Kindergarten
Ein neuer Schritt für Eltern und Kinder
Band 4219

Praktische Tips für das Miteinander von Eltern, Kindern und ErzieherInnen.

Thilo Kroll/Franz Petermann
Was kranke Kinder brauchen
Hilfen für den Alltag mit chronisch kranken Kindern
Band 4239

Ein Ratgeber vom ersten Artbesuch bis zur Entlassung aus dem Krankenhaus – und für die Zeit danach, wenn der Alltag ungewohnte Anforderungen stellt.

HERDER / SPEKTRUM

Roswitha Defersdorf
Ach, so geht das!
Wie Eltern Lernstörungen begegnen können
Band 4243

Damit die Lust am Lernen nicht zum Frust wird: erprobte Hinweise, wie Eltern ihrem Kind helfen können, Lernblockaden abzubauen.

Leo Gehrig
Reden allein genügt nicht
Haltung und Verhalten in der Erziehung
Band 4246

Die Prinzipien gelingender Erziehung. Beispiele und Anregungen für eine phantasievolle, ehrliche Eltern-Kind-Beziehung.

Maria Montessori
Kinder lernen schöpferisch
Die Grundgedanken für den Erziehungsalltag mit Kleinkindern
Band 4262

Kinder sind eigenständige Individuen: neugierig, kreativ, spielerisch lernend. Die geniale Pädagogin vermittelt Eltern eine ganzheitliche Sicht im Umgang mit ihnen.

Gunhild Gutschmidt
Single mit Kind
Alleinerziehen – wie es die anderen machen
Band 4276

Erfahrungen alleinerziehender Mütter und Väter, die ihr Leben in die Hand genommen haben. Die positiven Beispiele zeigen, worauf es dabei ankommt.

Claudia Gürtler
Freizeit – freie Zeit?
Grundschulkinder und ihre Freizeit
Band 4277

Langeweile: kein Thema? Weil nach den Hausaufgaben noch Turnverein, Geigenprobe und Haustierpflege anstehen? Praktische Tips, wie Eltern und Kinder Freizeitprobleme in den Griff bekommen.

HERDER / SPEKTRUM

Neue Chancen für Beziehungen

Margot Dombrowe
Ab morgen nie wieder
Der verzweifelte Kampf einer Mutter um ihr drogensüchtiges Kind
Band 4028

Wie eine Mutter die Sucht ihres Sohnes erlebt. Eine Geschichte, die packt.
Ein Buch, das Mut macht.

Dietmar Mieth
Das gläserne Glück der Liebe
Band 4063

Ein sensibles Buch über ganzheitliches Leben und darüber, wie
Beziehungen gelingen können.

Gunda Schneider
Noch immer weint das Kind in mir
Eine Geschichte von Mißbrauch, Gewalt und neuer Hoffnung
Mit einem Nachwort von Irene Johns
Band 4097

Alle haben es gemerkt, und jeder hat geschwiegen – auch Gunda selbst.
Erst als erwachsene Frau kann sie die Erfahrung des Inzests in Worte
fassen.

Julie und Dorothy Firman
Lieben ohne festzuhalten
Töchter und Mütter
Band 4117

Ein einfühlsames, ehrliches Buch für ein geglücktes Verhältnis von
Töchtern und Müttern in allen Phasen des Lebens.

Thea Bauriedl
Wege aus der Gewalt
Analyse von Beziehungen
Band 4129

„Es genügt nicht mehr, sich in der eigenen Gruppierung wohlzufühlen.
Es geht darum, mit den anderen Kontakt aufzunehmen"
(Thea Bauriedl in: Psychologie heute).

HERDER / SPEKTRUM

Gisela Steineckert
Aus der Reihe tanzen
Ach Mama! Ach Tochter!
Band 4147

Gisela Steineckert spürt der besonderen Beziehung von Frauen nach.
Ein engagiertes Stück Literatur gegen jede Form von Anpassung.

Evelyne Buchmann
Mein Sohn – ein Fixer
Erlebnisbericht einer frustrierten Drogenmutter
Band 4201

Es genügt nicht, Fixer als „arme Opfer" zu bedauern und die Beschaffung des Rauschgifts zu erleichtern. Dadurch kommt keiner von seiner Sucht los.

Samuel Osherson
Männer entdecken ihre Väter
Die ersehnte Begegnung
Band 4207

Männer brauchen Väter als Orientierung für ihr eigenes „Mannsein".
Eine Wahrheit, die immer mehr ins Zentrum rückt.

Heidi Gidion
Und ich soll immer alles verstehen ...
Auf den Spuren von Müttern und Töchtern
Band 4214

Die vielen Nuancen der Mutter-Tochter-Beziehung, mit psychologischem Spürsinn erschlossen anhand von Texten großer Dichterinnen.

Heidi Gidion
Was sie stark macht, was sie kränkt
Töchter und ihre Väter
Band 4225

Trotzkopf wider Tyrann? Die Beziehung zwischen Töchtern und ihren Vätern: prägend und vielschichtig, wechselhaft und kompliziert. Mit Texten von Sylvia Plath, Ingeborg Bachmann, Christa Wolf u. a.

HERDER / SPEKTRUM

Zeit für Kinder

Antoine de Saint-Exupéry
Briefe an seine Mutter
Botschaften eines großen Herzens
Band 4007

Zeugnisse der Sensibilität einer großen Seele und der tiefen Sehnsucht nach Verbundenheit.

Eugen Drewermann
Das Eigentliche ist unsichtbar
Der Kleine Prinz tiefenpsychologisch gedeutet
Band 4068

Ist es der ewige Traum verlorener Kindheit, der Saint-Exupérys Kleinen Prinzen so faszinierend macht?

Der Baum, der einem Mann ein Kind schenkte
Indianische Märchen und Mythen aus dem Regenwald
Herausgegeben von Klaus Keplinger
Band 4191

Schauplatz: der Amazonasurwald Perus. Paradiesische Erzählungen aus dem Volk der Ashininca. Ein Dschungelbuch zum Verschlingen.

Rudolf Kaiser
Indianische Kinder- und Wiegenlieder
Band 4220

Texte aus allen indianischen Völkern und Stämmen, die unsere Wahrnehmung der Wirklichkeit eines Kindes zu schärfen vermögen. Mit zahlreichen schmückenden Vignetten.

Rafik Schami
Zeiten des Erzählens
Herausgegeben von Erich Jooß
Band 4259

Rafik Schami ist einer, der mit Worten zaubern kann. Wirklichkeit und Märchen, Vergangenheit und Gegenwart verwebt er zu einem farbenprächtigen orientalischen Erzählteppich.

HERDER / SPEKTRUM